ENSEIGNEMENT
ET
RELIGION

ÉTUDES PHILOSOPHIQUES

PAR

GEORGES LYON

Recteur de l'Académie de Lille,
Ancien maître de conférences à l'École normale supérieure.

PARIS
FÉLIX ALCAN, ÉDITEUR
LIBRAIRIES FÉLIX ALCAN ET GUILLAUMIN RÉUNIES
108, BOULEVARD SAINT-GERMAIN, 108
—
1907
Tous droits de traduction et de reproduction réservés.

ENSEIGNEMENT ET RELIGION

LIBRAIRIE FÉLIX ALCAN

DU MÊME AUTEUR

L'idéalisme en Angleterre au XVIIIᵉ siècle, 1 vol. in-8 de la *Bibliothèque de philosophie contemporaine*. . . . . 7 fr. 50

La philosophie de Hobbes, 1 vol. in-12 de la *Bibliothèque de philosophie contemporaine*. . . . . 2 fr. 50

ENSEIGNEMENT ET RELIGION

INTRODUCTION

LA PÉDAGOGIE ET L'ÉCOLE NORMALE EN 1902

I

La plus grande partie de ce volume est consacrée à des études qui ont pour objet l'art d'enseigner, envisagé dans ses relations avec la pensée philosophique et la croyance religieuse. Ces études elles-mêmes ont primitivement revêtu la forme de conférences et il ne sera sans doute pas sans intérêt d'en mentionner l'occasion qui ne fut autre que la crise, dès longtemps ouverte, dont le dénouement devait être la transformation du régime de l'École normale.

Destinée, par ses origines, à devenir, selon une très heureuse expression, « le grand Séminaire de notre enseignement secondaire », l'École normale était accusée d'avoir depuis longtemps perdu le souvenir des fins qui justifièrent sa création. D'un si persistant oubli, ni les pouvoirs publics ni l'opinion ne tinrent rigueur à l'enfant gâtée. Tant de beaux talents dans tous les ordres s'étaient formés dans l'aimable retraite offerte par elle à une élite studieuse qu'il eût paru quelque peu béotien de la rappeler trop rudement à une idée plus juste de sa mission. Sans compter que si elle tirait vanité de ceux de ses élèves qu'elle se trouvait avoir préparés à briller comme publicistes, comme orateurs, comme leaders politiques, comme diplomates, comme administrateurs, comme romanciers, comme dramaturges, elle était en droit de s'enorgueillir de la pléiade de grands esprits et de puissants travailleurs qui avaient, forts des méthodes apprises auprès d'elle, si largement contribué au bon renom de la science française. Socrate déclarait avoir mérité d'être nourri au Prytanée par l'État athénien. On eût pu croire que l'École était comme un Prytanée français, voué par l'État généreux à entretenir non sans doute des sages, mais de futurs écrivains de marque et de futurs savants voués à l'illustration. Assurément, tous n'atteignaient ni même n'aspiraient à ces brillantes destinées. Aussi bien, la troisième année d'études révolue, force était, pour le plus grand nombre, de retomber de la poésie du rêve dans la prose de la réalité. Et cette prose, c'était une chaire de lycée ou de collège, dans une province lointaine. Le jeune exilé apprenait tardivement alors ce léger détail sur lequel son attention ne s'était point encore arrêtée : instruire des collégiens était un art auquel l'École normale avait eu pour mission de l'initier. Cela, rue d'Ulm, on ne le lui avait pas dit, ou si peu ! Par contre, il se répétait, afin de prendre courage, un mot que les générations s'étaient transmis, mot que les murs de l'École eux-mêmes lui eussent au besoin crié : « on ne réussit dans l'enseignement (dans le secondaire surtout) qu'à la condition d'en sortir ».

En parlant ainsi, nous ne voudrions pas généraliser à outrance. Si nous rappelons une disposition d'autant plus fréquente chez de jeunes esprits que tout était pour l'encourager, dans le système d'élégante et haute culture que, trois années durant, ils avaient uniquement connu, il est indéniable que nombre d'entre eux, moins poussés par l'ambition ou moins favorisés par les circonstances, se révélèrent très simplement des maîtres accomplis dans cet ordre du secondaire que leurs visées premières avaient autrefois dépassé. Ce fut en vain ; la légende resta la plus forte. De cet ordre d'enseignement le public ne voulut nommer que les heureux déserteurs et le plus qu'il consentît, ce fut que l'École normale pouvait accidentellement former d'excellents professeurs.

Cependant, aux yeux attentifs, les signes ne manquaient pas qui présageaient pour l'École normale de nouvelles destinées. Sans nous arrêter aux incidents ni aux détails, relevons les deux grands faits qui devaient entraîner dans l'institution centenaire peut-être un bouleversement, à tout le moins une réforme. Le premier, très précis, qui se développa par degrés et n'atteignit son terme qu'après les péripéties d'une longue procédure parlementaire, fut la création des Universités, ces centres d'enseignement supérieur, en qui l'énergie vitale fut prompte à se manifester. L'Université de Paris, comme il était à prévoir, déploya bien vite une activité merveilleuse, mais une activité envahissante, quelque peu usurpatrice, dont la puissance d'absorption ne laissait pas d'inquiéter. Que serait, en présence de ce grand corps, le délicat et tellement moindre organisme en qui le vouloir être ne pourrait vaincre qu'en ayant pour auxiliaire le vouloir s'adapter? Or les mois et les ans avaient beau s'écouler, il persistait identique à lui-même, non modifié, presque hiératique, immobile au milieu d'un monde en marche. — Le second fait, bien plus diffus, non perceptible en quelque nouveauté très déterminée, et cependant manifeste dans l'Europe entière, était l'importance souveraine attribuée par les hommes de réflexion, par les Parlements, par les pouvoirs publics, au problème de l'éducation. La pédagogie, science et art tout ensemble, était partout débattue. Des philosophes hors de pair en avaient traité, beaucoup avec ingéniosité, quelques-uns avec profondeur; les chaires se multipliaient dont elle était la raison d'exister; les problèmes qu'elle soulève étaient mis au premier rang de ceux qui doivent préoccuper et le sociologue et l'homme d'État. Notre jeune République, en particulier, comprenait qu'il n'y avait pas pour elle de question plus urgente. Désireuse d'avoir un meilleur destin que ses deux aînées, comment ne se fût-elle pas dit que la plus élémentaire prévoyance lui dictait de lier à ses lois, par cette chaîne d'or qu'est une loyale instruction civique, la pensée et le cœur des générations à venir? Il y eut là un élan admirable. L'enseignement primaire surtout se signala par son intelligence exacte et compréhensive des besoins intellectuels et des exigences morales d'une démocratie. Le monde secondaire fut plus long à se mettre en branle. Pourtant, à son tour, il bougea. Il ne devait que bien plus tard recevoir la poussée décisive.

La pédagogie était enseignée dans diverses Facultés des Lettres, et à Paris premièrement. Elle était méthodiquement étudiée dans les Écoles normales primaires, qui lui assignaient une large place dans leurs programmes d'examens. Mais l'autre École normale, celle qui n'est point primaire, celle qui, par définition, doit donner « la norme » aux maîtres du secondaire, quelle part réservait-elle, et dans ses leçons et dans ses travaux pratiques, à cette science grandissante, de jour en jour plus en faveur? Dirai-je qu'elle la dédaignait? Ce serait mal parler. Pour dédaigner, il faut connaître et la vérité c'est qu'elle l'ignorait.

Était-ce mauvais vouloir? Nullement. Et ce qui le prouve, c'est que le jour où, décidés enfin à entrer spontanément dans les voies nouvelles, au lieu d'attendre que l'on nous y entraînât d'office, nous prîmes,

mes collègues et moi, à l'appel de notre directeur, M. Georges Perrot, l'initiative d'organiser tout un ensemble de travaux théoriques et pratiques qui rendraient familières à nos élèves les difficultés de l'art d'instruire, l'empressement de ces jeunes gens à nous suivre, mieux encore, à collaborer avec nous; a dépassé nos espérances. Ils y ont trouvé et de l'intérêt et du profit et du plaisir. Et j'ai la conviction que si cet apprentissage pédagogique mené en commun, simplement, sans apparat, se fût produit quatre ou cinq années plus tôt; si nous ne nous étions pas laissé gagner de vitesse par la réglementation, le rajeunissement de l'École normale eût pu s'opérer sans crise; des modifications moins graves à sa structure entière eussent été réclamées. Elle n'eût pas été, bien à tort d'ailleurs, dépeinte comme n'ayant su se renouveler qu'à la condition de périr en ce qui d'elle avait le plus de prix et personne n'eût été tenté de lui appliquer le mot du philosophe ancien : « la vie d'un homme est la mort d'un dieu ».

Nous nous mîmes tous résolument à l'œuvre. Notre effort ne se borna point à nous constituer en une Commission organisatrice, prenant sur elle d'élaborer un programme complet de leçons dogmatiques et d'exercices d'application portant sur la pédagogie, programme qu'il appartiendrait au ministre d'approuver ou de rejeter. Nous prîmes les devants et, chacun pour notre compte, maîtres de littérature, de grammaire, de philosophie, d'histoire, nous inaugurâmes, au cours des années 1901 et 1902, le nouvel entraînement. M. le directeur Georges Perrot a publié sur l'ensemble de ces essais un élégant rapport adressé au ministre de l'Instruction publique. Cet opuscule apporte la preuve irrécusable que l'École normale, dans la personne de ses maîtres, n'était nullement asservie à la tradition et que, si on lui eût fait confiance, elle eût su accomplir d'elle-même sur elle-même la transformation réclamée[1].

Chargé, pour ma part, de diriger les conférences de deuxième et de troisième année (mon collègue et ami, M. Rauh, conduisait celles de première, celles aussi de troisième année), j'instituai un cycle de leçons, les unes faites par les élèves, les autres que je développerais moi-même, sauf à les soumettre à l'épreuve d'une discussion contradictoire. Toutefois, il me parut bon, avant de donner la parole à mes jeunes collaborateurs, de désarmer par avance l'esprit critique ou railleur, si redoutable aux nouveautés, si complaisant, en dépit de sa libre allure, à l'indolence des habitudes. Et je risquai l'introduction suivante, dont j'ai gardé le canevas.

II

« L'enseignement pédagogique, le mot même de pédagogie sont, en certains milieux, l'objet de singu-

---

[1]. Georges Perrot, *Rapport adressé à M. le ministre de l'Instruction publique*, 1902.

lières préventions. Depuis peu de temps seulement, ce préjugé défavorable — qui ne règne point, que je sache, dans les centres intellectuels et scientifiques de l'étranger — commence à s'affaiblir. Il ne faudrait pas qu'il persistât ici. L'École normale, par ses origines historiques, est appelée à fournir l'archétype de l'enseignement que devront distribuer des multitudes de maîtres dans notre pays. Dès lors, comment se désintéresserait-elle, sans encourir les plus graves reproches, des problèmes théoriques et pratiques que soulève l'art d'instruire et d'élever ? Vous, ses élèves, vous êtes avant tout de futurs éducateurs. Cette mission, on ne vous l'a pas imposée ; vous l'avez délibérément choisie. Il ne s'agit donc pour vous que d'être conséquents avec votre libre vocation.

« D'ailleurs nous n'avons pas l'alternative. Ce que les pouvoirs publics, ce que l'opinion attendent de nous est déterminé avec force dans la dernière partie de la lettre du ministre à M. Ribot, où il est dit que l'École normale doit devenir, en même temps qu'un établissement d'études scientifiques originales, « *un haut Institut pédagogique* ». Or les innovations formulées dans cette lettre n'ont rien d'une fantaisie gouvernementale destinée à ne durer qu'un jour. Elles ne font que condenser une consultation grandiose à laquelle s'est associée, soit directement devant la commission parlementaire, soit indirectement dans les journaux et les revues, l'élite de la nation. La Chambre des députés, en les consacrant par un ordre du jour, a voulu marquer l'accord du pouvoir politique, si l'on peut dire, avec le pouvoir intellectuel. — L'École normale n'a pas le droit de se dérober.

« Et pourquoi se déroberait-elle ? Le problème éducatif est digne de son effort, digne de ses méditations. Il est actuellement posé dans le monde entier. Il y a peu de jours, en Angleterre, le discours du Trône le signalait à l'attention du Parlement, comme l'un des plus indispensables à résoudre. Mais nulle part, — dans la mesure du moins où il concerne l'enseignement secondaire — il n'est plus pressant que chez nous. Et d'abord, parce que nous sommes une démocratie, une jeune démocratie. Or, la formation intellectuelle et morale d'une démocratie est le premier devoir imposé à un pays où chaque citoyen détient une part de la souveraineté. En second lieu, le Gouvernement républicain a, dans l'ordre intellectuel, deux grandes choses à son actif : il a créé l'enseignement primaire laïque ; il a créé les Universités autonomes et par là régénéré l'enseignement supérieur. Mais entre les deux est demeuré incertain, hésitant, attardé, l'enseignement secondaire, sollicité par deux attractions contraires, l'une dans le sens du formalisme traditionnel, l'autre dans le sens du progrès moderne, sans qu'il ait pu jusqu'ici s'arrêter à autre chose qu'à de flottants compromis. Des innovations successives, conçues sans dessein d'ensemble, ont plutôt accru le malaise, devenu un véritable péril. Enfin voici qu'un plan de réforme entière a été tracé, celui-là même auquel la Chambre a donné son adhésion, plan à mon sens très heureux, qui, s'il est loyalement appliqué, aura facilité la solution de cette difficulté antinomique : sans sacrifier la culture classique, adapter l'instruction générale aux exigences de la vie contemporaine. Et il n'y a nulle exagération à prétendre que, s'il est suivi exactement, l'adoption d'un tel projet sera un événement aussi décisif dans l'histoire de la République que l'a été la création ou la rénovation des deux autres ordres d'enseignement.

« Mais, pour cela, il faut que le corps enseignant renonce à ses partis pris contre les nouveautés ; il faut qu'il se prête, sans bouderie, de bonne humeur, à la grande expérience qu'on lui demande. Et il faut que l'École normale, dans sa modeste sphère, donne l'exemple ; qu'elle ne tienne pas pour une déchéance mais bien plutôt pour un titre d'honneur d'orienter l'enseignement secondaire selon les directions que commande l'esprit de notre temps.

« En quoi serait-ce pour elle déchoir ? Elle ne cesserait en rien pour cela de cultiver les études originales et désintéressées. Seulement ses élèves feraient une part, une large part, dans leurs méditations et dans leurs lectures, à la question de savoir suivant quel ordre, dans quel esprit, selon quelles méthodes, les résultats de ces études peuvent et doivent être transmis aux générations qu'ils seront à leur tour invités à conduire. Comment serait-ce pour eux déroger de porter leur curiosité critique sur ces grands sujets éducatifs qui ont retenu longtemps l'attention des plus profonds penseurs, d'examiner attentivement ce qu'en ont écrit un Platon, un Locke, un Rousseau, un Kant, un Herbert Spencer, et je ne me place pour l'instant qu'au point de vue théorique ? J'ajoute que cette part prélevée sur vos méditations par les sujets pédagogiques vous détournera de vous considérer comme vivant une vie intellectuelle isolée, secrète, analogue à celle que menaient dans les intermondes les égoïstes dieux d'Épicure ; elle vous replacera dans la réalité, dans la vie. A ce point de vue même, elle vous sera un agrément, par l'heureuse diversion qu'elle apportera à vos travaux purement spéculatifs.

« N'est-ce pas, quand on y songe, un défi au bon sens qu'il puisse sembler étrange de rappeler l'École normale à sa destination originelle, qui est de former des professeurs ; qu'en cette école, il vous soit parlé de tout, sauf de vous préparer à devenir professeurs ? Or, précisément, vous serez, en grande majorité, des professeurs de l'enseignement secondaire. Ceux d'entre vous qui entreront dans les Facultés, passeront, pour la plupart, un certain nombre d'années dans les lycées. Même dans les Universités, professeurs et maîtres de conférences sont incessamment en contact avec l'enseignement secondaire, puisqu'ils ont à préparer de nombreux candidats aux licences et aux agrégations, c'est-à-dire aux examens qui qualifient pour cet enseignement. Selon toute vraisemblance, ce contact se fera de plus en plus étroit. N'était-il point, par exemple, question, dans une récente séance de la Société de philosophie, de confier ici ou là à des professeurs de Facultés des inspections régionales dans nos lycées et nos collèges? Pour qu'une telle proposition — très digne d'être retenue — pût prévaloir un jour, encore faudrait-il que ces inspecteurs occasionnels eussent la compétence requise. Et cette compétence, comment la possèderaient-ils, s'ils n'avaient relativement à l'enseignement secondaire que leurs souvenirs d'écoliers ?

« Il est un dernier ordre de considérations sur lequel je ne puis ne pas m'arrêter. Vous savez quelles controverses, à l'heure présente, provoque l'abrogation prochaine de la loi Falloux. Et, comme chacun doit avouer son drapeau, je tiens à déclarer que je suis de cette loi l'adversaire déterminé. La liberté d'enseignement est à mes yeux une pseudo-liberté, dont les partisans sont, pour la plupart, les détracteurs séculaires de la liberté d'examen. Parler de « monopole universitaire » est, d'autre part, une expression aussi vicieuse que malsonnante. L'instruction des citoyens n'est pas affaire de négoce ; aussi bien d'une telle affaire, l'État serait le mauvais marchand, à en juger par ce que coûte finalement à son budget la gestion de ses lycées. A mon avis, l'éducation collective, l'enseignement collectif, sont, comme pensait Platon, des fonctions de la Cité. — On dit: l'enfant appartient au père de famille. — L'examen le plus superficiel de nos lois civiles prouverait le contraire. Au vrai, l'enfant s'appartient à lui-même. Et l'État a le devoir de veiller à ce que les collectivités investies du droit d'enseigner — collectivités, notons-le bien, qui doivent à l'organisation sociale et politique leur autorité, que dis-je ? leur existence — se proposent le développement intégral de la personnalité de l'enfant, l'élargissement complet de son esprit, le libre épanouissement de sa raison, la pleine possession de ses facultés critiques, et cela en l'inondant de la lumière scientifique et philosophique, en lui inculquant, par-dessus toutes choses, l'amour passionné du vrai. Si l'Université, institution ouverte, chez qui tout se passe au grand jour, dont l'indépendance, la pure passion pour la recherche, sont les caractères traditionnels, mérite que l'État démocratique lui délègue sa prérogative, c'est un point dont il appartient à celui-ci de décider.

« Je le sais, la question est très débattue et il vous est permis d'avoir sur ce sujet des convictions diamétralement opposées aux miennes. Il n'en reste pas moins un fait : c'est qu'une série de mesures législatives arrêtées par l'État républicain, d'autres encore dont la mise en vigueur est imminente, vont dans le sens d'un rappel total de la loi Falloux et que la conséquence finale en sera l'extension du crédit fait par la Nation à l'Université. Or c'est là un honneur qui entraîne sa contre-partie. Il serait trop commode d'avoir les bénéfices sans les charges ! La contre-partie, pour l'Université enseignante, doit être un redoublement de foi active dans son œuvre. Sous le régime de la concurrence, elle eût pu se relâcher; c'eût été à ses risques et périls. Étant donnée la condition nouvelle qui va sans doute lui être faite, un indolent dédain, prétexte aux défaillances, serait un manque de probité. Nulle excuse, non pas même celle de la recherche personnelle et de l'attachement à la science pure, ne rendrait pardonnable, en aucun de ses membres, la disposition à déserter sa mission qui est d'instruire une démocratie. »

III

Ce préambule reçut un bon accueil et, sans plus de délais, notre programme fut exécuté. Programme théorique, sans doute, et c'était le seul qu'en des conférences générales il nous appartînt de remplir. Il ne tenait qu'au pouvoir central de lui assurer une contre-partie pratique, par un stage plus ou moins prolongé dans les classes de nos lycées. Ce complément, d'ailleurs, nous l'appelions de tous nos vœux.

Nos quatre élèves de la section de philosophie se tirèrent à leur honneur de cette épreuve[1]. Ils parlèrent pédagogie, furent écoutés, soutinrent le feu de la discussion. Ils parlèrent en philosophes, certes, mais aussi en très prochains éducateurs.

---

1. J'ai plaisir à citer leurs noms. Ce furent MM. Berthod, Chevalier, Frossard et Goineau.

Puis ce fut à leur maître de payer de sa personne.

C'est ainsi que je me trouvai conduit à donner trois leçons sur un problème qui m'a dès longtemps préoccupé et qui me paraît de plus en plus, à mesure que s'éloignent les aimables années où j'enseignai dans la chère maison, dominer notre enseignement public : comment et dans quel esprit le professeur d'État doit-il, devant ses élèves, s'exprimer sur le fait religieux ?

Un tel sujet présentait, il y a cinq ans, un intérêt déjà très vif. On peut dire qu'aujourd'hui, les difficultés soulevées par la rupture du Concordat lui prêtent une saisissante actualité. Traité d'un point de vue qui ne pouvait être que spéculatif, il m'a permis cependant des conclusions pratiques très simples, toujours valables, que ne peuvent affaiblir les prétentions des partis extrêmes et ces conclusions tiennent en trois mots : tolérance, pensée libre et respect. Un enseignement docile à ce triple devoir peut aborder toutes les questions, faire front à toutes les critiques ; suspect peut-être aux exaltés, aux défiants, aux lanceurs d'anathèmes, il sera universitairement impeccable et socialement correct.

Après avoir plaidé, pour mon compte, la cause de la modération et de l'indépendance en matière religieuse, j'ai tenu à me placer sous un grand patronage. C'est ainsi qu'après avoir, par manière de délassement, reproduit un article de polémique souriante que motiva certain discours de Jules Simon exigeant de nous philosophes, dans nos leçons doctrinales, plus de timidité qu'il ne convenait, j'ai appelé le plus tolérant des penseurs au secours de la tolérance. Il m'a donc semblé qu'une étude sur la philosophie religieuse et éducative de l'auteur de l'*Essai sur l'Entendement humain,* étude suspendue elle-même à l'exposé des idées directrices de ce célèbre écrit, ne serait nullement dépaysée dans le présent volume. Il y a eu des métaphysiciens supérieurs à Locke ; il y a eu de plus profonds psychologues ; il y a eu des écrivains politiques plus originaux. Y a-t-il eu de plus exacts observateurs de la nature humaine ; de plus sagaces analystes de notre avoir intellectuel et moral ; de plus judicieux conseillers de l'action ; des guides plus entendus à faire prédominer le goût de la mesure et, par la mesure, l'amour de la concorde ? Il est permis d'en douter. Une part de sa vie fut dépensée à combattre et à vaincre le despotisme ; une part à déterminer l'origine de nos connaissances ; une dernière part à mener, comme écrivain, l'apostolat de la paix civile et de la liberté.

L'autorité d'un pareil maître ne saurait vieillir. Dans les périodes troublées où des conflits se rouvrent qui ont eu, de temps immémorial, le don d'affoler les esprits et de déchaîner les pires colères, il y a toujours profit à réentendre le sage Locke. La démocratie française qui a connu tant de tourmentes, a maintenant acquis l'art de garder son sang-froid. Si cependant elle était jamais en péril de le perdre et si, devant les prétentions toujours refoulées et toujours renaissantes de la théocratie, elle inclinait à se départir d'une magnanimité qui n'est, en dernière analyse, qu'une forme supérieure de l'esprit de justice, qu'elle se remette, ne fût-ce qu'une heure, à l'école du prudent Anglais.

Lille, février 1907.

I

L'ENSEIGNEMENT D'ÉTAT ET LA PENSÉE RELIGIEUSE

I

QUELLE EST LA LIMITE DU DEVOIR DE NEUTRALITÉ ?

I

Il est une objection préalable constamment adressée aux études de pédagogie. « L'art d'enseigner, déclare-t-on sans cesse, n'est pas lui-même un objet d'enseignement. La pratique seule y rend expert. C'est en instruisant que l'on se rend habile à instruire, comme c'est en nageant que l'on devient bon nageur et en forgeant que l'on devient forgeron. »

Sans nous demander si les rapprochements dont on use pour justifier cette condamnation sommaire défient eux-mêmes la critique ; si l'expérience n'atteste pas au contraire que, dans tous les arts et notamment dans ceux que l'on cite en exemple, une part d'explication, c'est-à-dire, en somme, de théorie ne devance pas la pratique [1] ; si, sauf au cas extrême d'actions quasi instinctives ou d'imitations purement automatiques, des indications méthodiques ne sont pas requises pour coordonner et régler en vue d'une fin donnée notre activité musculaire, faisons aux adversaires de la pédagogie large mesure. Donnons leur gain de cause sur le point exact où ils appuient. Il reste qu'ils se sont fait de cette science une conception non seulement superficielle, mais incomplète et fragmentaire. Ils ont pris la partie pour le tout. Ils ne l'ont considérée que sous un de ses aspects : en tant qu'elle développe l'aptitude à se faire écouter, comprendre et suivre des jeunes gens sur qui

---

1. Personne mieux que James Mill, ce fervent d'éducation rationnelle (tout sensualiste qu'il fût par ailleurs) n'a fait ressortir à quel point la pratique était inséparable de la théorie : « La théorie, dit-il, n'est que l'ensemble du savoir que nous possédons sur un sujet quelconque, mais dans l'ordre et sous la forme où il est le plus facile d'en tirer de bonnes règles pratiques. » Nous empruntons cet extrait au savant livre de M. Elie Halévy : *L'évolution de la doctrine utilitaire*, chap. III, sect. 3. Cette section est l'une des plus remarquables de l'ouvrage de M. Halévy. Elle mérite d'être étudiée et méditée par tous ceux qu'intéresse l'histoire des doctrines éducatives.

Il va sans dire qu'à mesure que l'on s'élève dans l'échelle des techniques et que l'on atteint à des formes d'art plus proprement spirituelles (ce sera éminemment le cas avec l'éducation) la part de la pure empirique s'y réduit toujours davantage et de plus en plus s'y fait prépondérante la contribution de la connaissance raisonnée, c'est-à-dire de la théorie.

l'on a autorité, qu'elle accroît l'adresse à gagner leur confiance, à emporter leur respect, à conquérir de l'ascendant sur leurs volontés ; et c'est là, répètent-ils, un don de la nature ou un talent qui s'acquiert à l'user. — Mais ce que nos contradicteurs oublient c'est qu'à côté ou plutôt au-dessus de ce don et de ce talent il y a autre chose, savoir la réflexion sur la substance elle-même de l'enseignement que l'on donne, sur l'utilité qu'il y a à le donner, sur l'esprit suivant lequel il doit être donné[1]. Cette réflexion directrice, la nature ne la fait point pour nous et la dextérité pratique, loin d'y suppléer, ne serait, à son défaut, qu'un assez vulgaire empirisme. Ce que l'on prétend tenir lieu de science éducative n'est qu'un

---

[1]. Et nous ne parlons pas ici (car ce serait sortir de notre sujet) de la diversité des méthodes suivant lesquelles l'enseignement a été autrefois, est aujourd'hui donné. Si bien doué que l'on soit par la nature et quelque large expérience que l'on ait pu soi-même acquérir, on ne saurait sans une outrecuidance ridicule, avoir en matière d'éducation et d'instruction, tout su, tout inventé, tout deviné, de sorte que ni l'histoire des institutions éducatives, ni la relation des pratiques actuellement suivies ou des réformes récemment accomplies dans les États contemporains ne vous puisse mettre sur la voie d'aucune amélioration. Nous dirions volontiers, au contraire, qu'il y a une histoire, comme il y a une géographie des systèmes éducatifs, l'une et l'autre singulièrement instructives pour un maître aimant sa mission. Sur une vaste étendue de ce double domaine, on peut très fructueusement consulter M. Ch.-V. Langlois : *La question de l'Enseignement secondaire en France et à l'étranger* (1900) et : *La préparation professionnelle à l'Enseignement secondaire* (1902). — Mais on comprendra que nous insistions sur ce point : qu'il y a une philosophie des questions éducatives. De cette philosophie, nombre des plus profonds ou des plus brillants penseurs, Socrate, Platon, les deux Bacon, Locke, Rousseau, Condillac, Fichte, Herbart, les deux Mill, Herbert Spencer, firent l'objet incessant de leurs méditations. Le problème que nous agitons dans cette étude relève, en toute évidence, de cette dernière juridiction.

mécanisme commode d'où la pensée coordinatrice est absente. Ce don, ce talent, que l'on dit suffire à tout, feront peut-être de très adroits orateurs d'écoliers, mais non des éveilleurs d'âmes, des guides intellectuels. Comment prétendraient-ils à conduire les autres, ces maîtres qui ne savent pas où ils vont et ne se sont jamais demandé où ils voulaient aller ? La pédagogie n'est donc pas l'art d'enseigner avec maëstria n'importe quoi et de pétrir à sa guise les esprits qui vous sont confiés ; elle est avant tout une application personnelle à découvrir le meilleur, le τέλος disait l'antiquité ; elle est, de plus, un effort méthodique pour que, ce meilleur une fois conçu et déterminé, nos conseils, nos exhortations, nos préceptes concourent à lui attirer le plus possible le cœur et l'intelligence de l'enfant. Sans doute la conception de ce *meilleur* pourra considérablement varier. Aussi y a-t-il eu dans l'histoire et existe-t-il encore des types d'éducations très divers. Il en est de mystiques ; il en est d'intellectuels ; il en est de réalistes et de positifs. Entre toutes ces formes et, par conséquent, entre les principes qui les commandent, il faudra s'être prononcé, sous peine d'aller à la dérive et d'accomplir une œuvre d'incertitude et de confusion.

Mais il ne suffirait pas d'être fixé sur ce point primordial. Il y a là une question de principe qu'il faut sans doute avoir tranchée une fois pour toutes et que le maître ne doit jamais, pour son compte, oublier, mais qu'enfin il serait fastidieux de remuer indéfiniment. Ce qui importe d'abord c'est que cette conviction morale, dès le début acquise, donne à tout le système éducatif son unité et sa cohésion ; qu'elle se fasse percevoir à travers tout un enseignement ; que jeunes gens et professeur en soient également pénétrés. Ce qui importe, en second lieu, c'est que l'excellente pratique d'une réflexion en commun ne se limite pas à l'unité suprême de l'œuvre d'instruction ; c'est qu'elle se multiplie ; qu'elle se renouvelle à propos des différentes sections de cette œuvre ; qu'il soit constamment fait appel au bon sens, à la raison de l'écolier, aussitôt qu'il commence à penser par lui-même ; que l'explication lui soit fournie des programmes qu'il devra remplir ; qu'il aperçoive pourquoi on l'engage dans telles ou telles études souvent ardues où il fait ses premiers pas ; qu'il se rende compte que ce n'est ni par caprice ni par routine qu'on l'astreint à ce labeur, mais que la fin générale, dont il a compris que la haute idée devait lui être, dans son cours d'études, comme une étoile polaire, commande les multiples tâches intellectuelles auxquelles il sera ou il est soumis. Parmi tant de belles leçons que Platon a prodiguées dans ses *Lois*, il en est une dont l'application est remarquable à l'objet qui nous occupe. L'étranger Athénien, en qui nous reconnaissons l'interprète du philosophe, exprime le vœu que le législateur, avant d'édicter ses prescriptions impératives, en fasse, dans un préambule, comprendre le pourquoi et agréer l'intention par ceux auxquels il les impose : de la sorte il les aura dès l'abord gagnés à son dessein[1] et c'est spontanément qu'ils se décideront ensuite à l'obéissance. Nos éducateurs ne seraient-ils pas bien inspirés de mettre eux aussi en pratique cette sage recommandation? Les « préambules » dont ils feraient usage, en des causeries familières exemptes de dogmatisme, convaincraient sans peine leurs jeunes interlocuteurs que le cycle des travaux scolaires n'a pas été tracé par une autorité despotique, mais bien par une volonté amie, éclairée, prévoyante. Ce n'est pas sans de bons motifs qu'on les initie à l'histoire naturelle, à l'arithmétique, à la géométrie, à l'algèbre; qu'on les exerce à la grammaire; qu'on leur enseigne l'histoire des hauts temps, les lettres anciennes et les littératures modernes, les éléments des beaux-arts. La raison des efforts si divers qu'on leur demande, sitôt que par une méditation loyale ils l'auront découverte, préviendra, de leur part, cette forme invincible de l'indocilité que l'on appelle l'inertie; elle préviendra, de la part des maîtres, l'étalage puéril et irritant d'une érudition oiseuse et, comme l'on dit d'un mot bien expressif, « les chinoiseries ». Tout le monde ne pourra qu'y gagner. « C'est une

---

[1]. « Les doubles lois dont nous parlons ne sont pas proprement deux choses, mais elles comprennent deux parties : la loi et le préambule de la loi. L'injonction autocratique qui a été comparée aux ordonnances des médecins, hommes que nous avons appelés illibéraux, était la loi pure et simple ; la partie qui précédait et que notre ami appelait persuasive, était bien réellement persuasive et avait toute la vertu du préambule usité dans les discours. C'est en effet pour créer le bon vouloir et par le bon vouloir la docilité à suivre la prescription qui est précisément la loi, chez celui à qui elle s'adresse, que le législateur emploie, dans son préambule, ce langage de persuasion. » (*Lois*, IV, 722-723.)

règle excellente, dit très justement M. Lavisse, de projeter une lumière sur la route de l'écolier, puis de l'arrêter de temps en temps pour l'inviter à se retourner vers le chemin parcouru[1]. »

Ce n'est pas tout. Il est un troisième ordre de sujets sur lesquels doivent s'être formées les convictions du maître et auxquels la pensée de l'élève ne saurait, le voulût-on, demeurer étrangère. Ces sujets ne rentrent pas expressément, il est vrai, dans les cadres des cours. Et cependant ils n'en peuvent être considérés comme absents. Ils y sont sans trêve intéressés d'une manière au moins latente. Aux questions multiples qu'ils soulèvent, des solutions générales sont sous-entendues qui inclineront dans tel ou tel sens l'action morale d'un enseignement. — Par exemple, l'idée de patrie ne fait nulle part, dans les programmes, la matière d'une étude systématique. Cependant n'est-il pas inévitable qu'en de fréquentes occasions, au moment le plus imprévu, par l'intermédiaire d'un beau texte littéraire ancien ou moderne ou

---

1. *Revue de Paris* du 15 novembre 1902 : *Souvenirs d'une éducation manquée.* — Le conseil de M. Lavisse ne répond pas, il est vrai, de tout point, à notre desideratum. Comme lui nous jugeons désirables ces retours périodiques sur l'œuvre accomplie en commun. Mais nous tenons pour indispensables d'abord ces explications inaugurales qui rendront apparent le but vers lequel l'élève est dirigé. Que l'on nous permette d'invoquer notre propre expérience. Nous nous souvenons de notre désarroi lorsque, pour la première fois, au lycée, en classe de seconde, nous nous vîmes introduit dans l'étude de l'algèbre, sans un mot d'éclaircissement sur l'objet de cette science, sur le sens et l'utilité de ces abstractions d'abstractions. Un maître de grande autorité nous rappelait qu'il eut une surprise pareille, pendant les premières classes où la géométrie élémentaire lui fut enseignée.

d'une leçon d'histoire ou d'un aperçu philosophique, la grande image de la patrie se dresse devant les esprits ? N'est-il pas constant, d'autre part, que cette image se prête à des réfractions bien décevantes ou bien dangereuses? Qu'il y a une bonne comme une mauvaise manière de comprendre et de pratiquer l'amour de la patrie ? Comment, dès lors, consentir que le maître ne se soit pas interrogé lui-même sur la nature, les exigences et les limites d'un tel culte ? Les discordes terribles qui troublent si profondément la société contemporaine — et nous ne parlons pas de notre pays seulement ; le monde actuel tout entier est comme affecté d'hyperesthésie patriotique — attestent assez les maux que peuvent soulever des contresens trop prolongés sur ce problème vital[1]. — Autre exemple : la notion de progrès social ne constitue pas davantage un objet des cours scolaires. Et nous reconnaissons sans peine qu'elle comporte une extrême variété d'interprétations, dès que l'on aborde certains domaines où il n'est pas à souhaiter que des

---

1. De tels contresens ne sont pas seulement graves en eux-mêmes, comme on a pu le voir dans la crise dite « nationaliste », que nous avons récemment traversée. Ils le sont davantage encore par le prétexte qu'ils ont pu offrir aux malfaisants négateurs de cette idée vénérable entre toutes, qui ne rougissent pas de s'appeler « antipatriotes », titre qui est à lui seul une injure au bon sens et un défi au devoir. — Nationalisme, antipatriotisme, ce sont là deux aberrations opposées, dont il faut bien avouer que la seconde est la plus condamnable, en ayant soin d'ajouter qu'elle tire le plus souvent de la première sa raison d'exister. L'une et l'autre ne sauraient résister à un loyal examen critique ; l'une et l'autre se dissiperont, ainsi que les sophismes dont elles s'escortent, devant la déduction historique et morale de la notion de patrie.

intelligences novices s'aventurent avant l'heure, le domaine économique notamment. Et cependant, sur telle ou telle manifestation de ce progrès, il est inadmissible que le maître demeure muet et manque de la sorte au meilleur de sa mission. Il serait grave que la noble idée de solidarité, pour ne citer que celle-là, n'obtînt de sa part que de la froideur.

Il serait grave, également, que le maître ne se fût jamais consulté sur la relation qui unit tout l'avenir du progrès humain à la possibilité d'une condition internationale de paix indéfinie, quelques obstacles que la situation politique du monde contemporain et surtout les servitudes historiques qui pèsent si lourdement sur les États modernes opposent à son avènement prochain. Il se peut que cet examen critique conduise un penseur sincère à se persuader qu'il se trouve en présence d'une utopie. Mais une telle utopie — à laquelle les diplomaties du monde civilisé ont rendu à La Haye, sur l'initiative de l'autocrate du Nord, un solennel hommage — ne sera-t-elle pas traitée par lui avec un respect, mettons, si l'on préfère, avec un regret respectueux, qui déjà porterait en lui-même une leçon? Une utopie, à force d'être vénérée, admirée, aimée, désirée, a plus d'une fois, dans l'histoire, cessé d'être l'irréalisable : ainsi la suppression de l'esclavage, ainsi la conquête morale des gentils par les apôtres du Christ[1]. — Que si une réflexion approfondie mène au contraire l'es-

---

1. « *La folie de la croix* », dit une parole sacrée.

prit impartial à cette conclusion que l'établissement d'une paix perpétuelle est pratiquement réalisable, sans même présupposer une métarmophose de ces groupements politiques que l'on appelle des États ; que déjà les instruments de cette pacification sont, grâce à la procédure internationale d'arbitrage, aux mains des gouvernements ; que ce qui manque le plus souvent à ces derniers, c'est la volonté d'en faire usage ; qu'il dépend des démocraties, où chaque citoyen est détenteur d'une part de souveraineté, de faire de plus en plus passer dans les âmes cette volonté ; et que, parmi les moyens dont les démocraties disposent pour que soit obtenu ce fécond résultat, il n'en est pas de comparable à l'éducation, qui, par les associations de sentiments et d'idées qu'elle noue, par les habitudes qu'elle crée, par la pente où elle incline d'une manière permanente les désirs et les tendances, a toute la puissance requise pour modifier dans le sens souhaité les aspirations des générations nouvelles ; si, disons-nous, un guide de jeunes esprits s'est pénétré d'une pareille conviction, qui ne voit que tout son enseignement, toute son action éducative s'en ressentiront profondément ? Que ses leçons littéraires, historiques surtout, au lieu de se prêter à cette glorification de la force, à cette exaltation sans mesure de la gloire militaire qui, présentement encore, empoisonnent les livres de l'enfance et insinuent dans les intelligences neuves le préjugé guerrier, convergeront à rendre aimable et populaire l'idée de la paix appuyée sur le droit ? Qui ne conviendrait qu'un tel dessein, suivi avec persévérance, ne dût aboutir à la longue à modifier totalement pour les enfants, puis pour les jeunes hommes, enfin pour les hommes faits, l'optique de l'histoire et la perspective de l'avenir national, sans que d'ailleurs ce revirement rendît les contemporains ingrats ni oublieux des grands sacrifices de vies que nos ancêtres s'imposèrent pour nous doter de la France, ou indolents et sans ressort vis-à-vis des tâches défensives que l'injustice et la violence des autres les contraindraient d'affronter ?

2

Avant de poursuivre et d'aborder un dernier exemple qui corroborerait avec une force singulière les inductions fournies par les deux idées de patrie et de progrès social ; bref, avant d'en venir au problème de l'attitude à garder par le professeur d'État devant le fait de la croyance religieuse, il est une objection redoutable qui se lève devant nous, dont il faut que nous ayons déblayé notre route, sous peine, à notre point de départ même, de nous voir immobilisés.

On nous dira : le plan que vous proposez serait parfaitement acceptable au cas où il s'agirait d'une éducation particulière, alors qu'un précepteur unique et permanent suit son pupille jusqu'au terme de ses études. Mais, dans l'éducation collective, au lycée ou au collège, la situation est bien différente. D'une année à l'autre, le professeur change. Pour une même classe, différents professeurs se partagent la tâche pédagogique, mettant ainsi en pratique la règle de la division du travail. Or, comment espérer que tous ces maîtres et simultanés et successifs feront une réponse pareille aux graves questions dont nous citions les principales tout à l'heure ? Et, si ces réponses ne sont pas concordantes, dans quel chaos moral n'aura-t-on pas précipité l'âme des enfants devant qui on les aura produites ? On aura tour à tour plaidé, devant l'élève, des causes contradictoires. D'autant plus embarrassé qu'il concevra pour ses maîtres plus d'affection et de déférence, il ne trouvera d'issue à ses propres perplexités que dans un indifférent scepticisme. Le soin même que l'on aura pris de l'accoutumer à penser l'aura mis dans l'impossibilité de conclure et son jugement, ballotté du pour au contre, se résignera enfin à demeurer à jamais flottant.

Telle est l'objection, dans toute sa gravité. Et si nous la présentons sans en atténuer la force, c'est non seulement parce qu'il est indispensable de la dissiper, mais aussi parce que, dissipée, elle aura été particulièrement instructive et qu'elle nous aura donné un utile avertissement.

Mais rassurons-nous : on la peut résoudre. Et, de fait, elle se trouve journellement résolue par les innombrables maisons religieuses, à quelque Église qu'elles se rattachent, qui répandent l'instruction ou président à l'éducation de collectivités. En chacune d'elles, les divers collaborateurs appliqués au devoir commun ne sont aucunement, si l'on peut dire, coulés dans le même moule. Ce ne sont pas des esprits jumeaux. Chacun a son tempérament intellectuel et affectif, ses prédispositions, ses vues, ses habitudes d'esprit, ses aspirations qui lui sont propres et ne se retrouveraient point toutes pareilles chez ses collègues. Voyons-nous cependant que cette variété fasse tort à l'unité et à la constance du dessein religieux? Ne remarquons-nous pas, au contraire, cette sorte de parenté spirituelle que, sauf exceptions, présentent les générations d'élèves sorties de ces établissements et que souvent elles conservent à travers les péripéties de l'existence ? Il a suffi que la fin poursuivie fût une pour que régnât entre toutes ces âmes une certaine union. C'est que l'attraction d'un même idéal n'a jamais exclu la pluralité des voies désignées pour y conduire. Pourquoi cette conciliation de l'un avec le multiple serait-elle le seul privilège des établissements confessionnels ?

— Sans doute, insistera-t-on ; mais entre l'enseignement confessionnel et l'enseignement séculier il n'y a nulle parité. Le premier s'appuie sur un dogme et ses corollaires rituels. De toutes les controverses théoriques, historiques, critiques, ce dogme avec ses conséquences est toujours excepté. Il est le roc stable; tout est mobile, si ce n'est lui. Il n'en peut aller de même d'un enseignement laïque, fût-il donné sous la tutelle de l'État. A moins que ce dernier ne prétende instituer un credo, dicter une doctrine et ce serait l'origine d'une servitude intellectuelle qui serait jugée par tous et d'abord par les maîtres parfaitement intolérable.

— Non certes, répondrons-nous, nous ne demandons point que l'enseignement d'État — et, dans l'espèce, on peut dire : l'Université, car c'est à ce grand corps que l'État, en matière d'instruction, a commis ses pouvoirs — crée d'office une dogmatique. Rien ne serait plus stérilisant. Mais l'Université peut propager mieux qu'une doctrine, c'est à savoir une méthode. Ou, pour parler avec plus d'exactitude, elle initiera à des méthodes inspirées par un même esprit. Favoriser cet esprit, l'entretenir, le faire prévaloir, sera sa mission. Et cet esprit n'est autre que *celui de vérité*. Entendons que, par-dessus tout, les élèves seront conviés à aimer le vrai, à le vouloir, quel qu'il puisse être, à ne rien tenir pour supérieur à lui, à ne le faire dépendre d'aucune considération étrangère, si respectable, si touchante, si sainte même qu'elle puisse être[1]. De plus ils se pénétreront

---

1. Rappelons les admirables paroles que, dans une allocution, M. Gaston Deschamps empruntait à M. Gaston Paris et que ce dernier prononça, le 8 décembre 1870, au Collège de France : « Je professe absolument et sans réserves cette doctrine que la science n'a d'autre objet que la vérité et la vérité pour elle-même... Celui qui, pour un motif patriotique, religieux ou même moral, se permet dans les faits qu'il étudie, dans les conclusions qu'il tire, la plus petite dissimulation, l'altération la plus légère, celui-là n'est pas digne d'avoir sa place dans le grand laboratoire où la probité est un titre d'admission plus indispensable que l'habileté. » Dans la même intention, le sincère Locke avait dit noblement : « C'est notre devoir envers Dieu, source et auteur de toute vérité et envers la vérité elle-même d'avoir nos esprits constamment disposés à entretenir et recevoir la vérité partout où nous la rencontrons et sous quelque aspect, facile et ordinaire ou étrange, nouvelle et peut-être déplaisante, qu'elle

de cet axiome que la vérité doit se mériter; qu'on ne la possède qu'à la condition de la chercher sans relâche, d'un cœur loyal et candide, à la condition, comme disait François Bacon, de redevenir, devant elle, un enfant. Cette disposition est déjà, par elle-même, hautement morale; si elle n'est pas la vertu, elle est génératrice de vertus. Car enfin ne rouvrons pas le débat peut-être insoluble auquel a donné lieu le problème de la relation entre la Science et le Bien moral. Admettons que la sincérité avec soi-même, l'attachement invincible au vrai ne contienne pas encore toute l'essence de la moralité, du moins on accordera que le Bien lui-même, pour être embrassé et obéi, exige qu'on en ait l'intelligence. Il est, avant toute chose, un objet de savoir. Il est donc lui-même tout d'abord une vérité et, en ce sens, nous pouvons reprendre et faire nôtre le mot de Socrate : la vertu est science, τὰς ἀρετὰς ἐπιστήμας εἶναι[1].

puisse se présenter sur notre chemin. La vérité est le propre objet, la richesse propre de l'esprit et, selon la provision qu'ils en ont, un homme diffère d'un autre et vaut mieux que lui. » Comment un tel langage ne s'appliquerait-il pas à l'éducateur? Quelle serait la valeur morale d'un enseignement fondé sur le mensonge ou l'équivoque? *Non oportet mentiri pro Deo*, disait l'auteur du *Novum Organum*. Tout au plus pourrait-on concéder, lorsqu'il s'agit de l'éducation, que certaines vérités ne soient pas intégralement enseignées, mais cela seulement dans l'hypothèse où leur énonciation totale ne serait pas accessible à des esprits insuffisamment préparés et risquerait soit d'être prise à contresens, soit de ne donner lieu qu'à une connaissance purement verbale.

1. Subsidiairement, nous attacherons une réelle importance à ce que l'élève se persuade que toute vérité, d'ordre si modeste soit-elle, ennoblit l'effort dépensé à la découvrir. Il apercevra ainsi la grandeur de la science et se gardera de ce snobisme, si répandu dans certains milieux mondains, qui fait que l'on en dédaigne les patients ouvriers. A la science elle aussi

Cette haute conviction sera — soyons plus justes envers nous-mêmes et disons qu'elle est — le dogme, l'unique dogme de l'enseignement universitaire. De ce principe aussitôt posé résultent de fertiles conséquences. La première de toutes est que ce qui importe le plus n'est pas de servir à l'élève des vérités toutes préparées, mais de le rendre apte à les atteindre. Imbu de notre maxime, il comprendra sans effort l'intention des disciplines auxquelles on l'astreint. Il s'expliquera l'intérêt général, l'utilité supérieure de la critique historique et philologique, aux éléments de laquelle on l'initie, de l'analyse psychologique ou des méditations métaphysiques et morales, auxquelles, en ses dernières classes, son professeur l'invite à s'exercer. Tout le système de son instruction acquerra pour lui une signification claire et, dans ce labyrinthe des programmes, il aura saisi le fil conducteur. Que l'élève apprenne à penser et à chercher. Puis il croira ce qu'il voudra, mais en connaissance de cause.

Et ainsi tombe l'obstacle qui nous avait tout à l'heure barré la route. En ce qui concerne telle ou telle de ces grandes idées auxquelles nous avons vu qu'à peu près toutes les branches de l'enseignement étaient intéressées, idées qui ne relèvent point de « l'esprit géométrique » et qui écartent toute possibilité de démonstration, supposons que deux maîtres se trouvent en sérieux désaccord. L'élève qui les

---

peut s'appliquer le mot du Stoïcien : « Il n'y a rien de vil dans la maison de Jupiter. »

aura entendus l'un et l'autre soutenir leurs opinions contraires avec conscience et loyauté, inférera seulement de cette dissidence que le sujet est difficile et complexe ; qu'on n'en saurait omettre aucune des faces ; qu'il faut, à le discuter, faire preuve d'un esprit large, puisque deux hommes expérimentés, réfléchis, également sincères, l'envisagent aussi différemment. Et alors de trois choses l'une : ou bien il se rangera à l'un des deux avis, mais sans méconnaître le poids de l'autre ; ou bien il estimera que le désaccord est plus superficiel que profond, qu'entre l'un et l'autre toute conciliation n'est pas interdite et c'est bien souvent le cas ; ou bien il se jugera insuffisamment informé pour rendre intérieurement son arbitrage et décidera d'ajourner, jusqu'au temps où il se reconnaîtra plus de lumières et de compétence, le prononcé de son verdict. Dans toutes les hypothèses, il aura reçu ou mieux il se sera donné à lui-même une salutaire leçon de sagesse et de modestie. Que si la troisième alternative prévaut auprès de lui, ce ne devra pas être en vertu d'une mollesse de jugement, naturelle aux enfants et à la plupart des hommes. Loin de là, cette divergence entre deux maîtres également dignes de sa déférence sera tout au contraire un stimulant pour son initiative[1]. Ce que nous devons nous proposer n'est pas qu'il prononce, mais

1. On comprend de reste que nous parlons ici du bon élève et du moyen élève. L'autre, le paresseux quand même, nul procédé ne réussira à le galvaniser. Faisons du moins tout ce qui dépendra de nous pour rendre ce dernier cas le plus rare possible et ne nous décidons qu'en désespoir de cause à le déclarer désespéré.

qu'il examine ; qu'il emporte de la classe des formules et des articles de foi, mais des motifs et, pour ainsi dire, des thèmes de méditations. Le danger, ce n'est pas la curiosité de l'esprit, ce n'en est même pas la mobilité, l'équilibre instable, c'en est la torpeur et la stagnation ; c'est cette apathie qui fait que l'on reçoit, sans en critiquer la source, ses opinions toutes faites, en s'épargnant l'effort de les repenser par soi-même. Or, que voulons-nous, par-dessus toutes choses ? Ce n'est point fabriquer de dociles poupées parlantes, mais préparer des hommes libres.

Pour que ces heureux résultats soient obtenus, une règle doit être observée et c'est ici la moralité dernière à tirer de l'objection qui nous a si longtemps retenus. Il est indispensable que le professeur maintienne aux grands sujets dont il s'agit leur sérénité ; qu'il évite de les aborder par leur côté contingent, accidentel, de céder complaisamment au goût de l'actualité, d'ouvrir sa classe aux bruits violents de la mêlée politique ou religieuse, aux mutuelles accusations des partis, aux philippiques des journaux. Ou si, pour donner plus de piquant à ses considérations générales et rendre plus vivant son entretien, il touche aux questions du jour, il ne doit le faire qu'avec une extrême réserve, une prudence qui ne saurait assez se tenir sur le qui-vive. On en voit les raisons. Et d'abord il ne convient pas d'introduire dans la leçon les querelles qui agitent la place publique et divisent jusqu'à la famille. Mais surtout il faut comprendre que cet élément d'actualité et de contingence fait courir le risque de substituer à la réflexion rationnelle que nous devons, par tous les moyens susciter et encourager chez l'élève, la prévention et le parti pris de la colère, d'évoquer des associations de sentiments irrités ou haineux qui s'interposent entre la vérité et l'intelligence, obscurcissent le jugement et altèrent le sens de l'équité. Sans doute cette circonspection ne sera pas toujours sans nous coûter. Si les écoliers sont des êtres éminemment émotifs, le maître n'est pas lui-même un esprit impersonnel, un impassible intellect. Il a lui aussi ses ardeurs, ses colères, ses indignations. Son mérite n'en sera que plus grand de résister aux impulsions passionnelles contre lesquelles il met en garde ses disciples et il n'en sera que plus persuasif et mieux écouté quand, fort de son propre exemple, il rappellera à son jeune auditoire que prononcer sur le vrai est l'office de la raison et non du préjugé.

3

Et maintenant nous voici en présence de l'objet considérable que nous avions fait prévoir et dont il serait vain de prétendre pouvoir se détourner. Le mot fameux d'Aristote nous revient ici très à propos : εἰ μὴ φιλοσοφητέον, φιλοσοφητέον. S'en détacher, c'est encore, vis-à-vis de lui, prendre position. De tout temps l'attitude à observer devant lui a réclamé l'attention du maître ; jamais plus qu'au temps où nous sommes le problème n'a été pressant et délicat. L'objet que nous voulons dire n'est autre que la Religion et la question qui se pose est celle de savoir dans quelle mesure, sous quelle forme, moyennant quelles garanties, il peut trouver place dans les leçons de maîtres laïques préposés à l'enseignement d'État. Quand nous disons : l'enseignement, on comprend de reste qu'il ne s'agit que du secondaire. Non certes que les délégués au primaire ne puissent trouver profit à nos recherches sur une telle matière et, si nous ne nous flattons, tirer personnellement plus d'une application des remarques et des conclusions auxquelles nous serons conduits. Mais enfin la loi elle-même, en constituant l'enseignement primaire public, a, théoriquement du moins, levé la difficulté. Cet enseignement, en effet, elle l'a voulu obligatoire, gratuit et laïque ; la neutralité religieuse[1] était la conséquence logique du principe de l'obligation. Les études secondaires ne sont pas obligatoires. Elles ne sont pas

---

1. Il est très vrai que proclamer cette neutralité dans le code et la faire passer dans la pratique sont deux choses très différentes. D'une enquête activement poussée par le journal *la Raison* (n°s des 24 janvier, 1er, 8, 15, 22 février, 1er mars 1903), il résulte que trop nombreuses sont les écoles publiques où l'intention de la loi a été méconnue. Tous les témoignages réunis dans cette enquête sont loin, au reste, d'avoir même portée. Il en est notamment qui tendraient à dénoncer des propositions théistes ou spiritualistes tenues par le maître comme autant d'atteintes à la neutralité, ce qui serait assurément dépasser la volonté du législateur. Mais il faut reconnaître que, dans la très grande majorité des cas, se trahit l'antique pression du credo établi, pression souvent consentie de ceux qui la subissent. Ces abus ne disparaîtront que grâce à un progrès moral, toujours lent à s'accomplir. Le flot qu'il s'agit de refouler vient de si loin !

davantage gratuites. L'exception des bourses nationales, exception qui, dans une démocratie, ne saurait être trop élargie, constitue de la part de l'État un sacrifice motivé tantôt par le désir de rémunérer des services rendus par les parents, tantôt par la volonté de permettre aux enfants bien doués de remplir leurs mérites; ce sont ou des dettes dont il s'acquitte ou des profits qu'il se promet de forces par lui mises en valeur; dans l'un et dans l'autre cas, il vise une utilité politique, il ne se conforme pas à un principe doctrinal, comme celui qui a commandé la gratuité du primaire. Ces études seront-elles soumises à la règle de neutralité ? Tel est, à n'en pas douter, le vœu de l'État républicain. Sans doute certains faits pourraient donner l'impression d'une certaine ambiguïté dans la pratique. A plusieurs reprises, par exemple, les partis avancés ont réclamé la suppression des aumôniers de nos lycées ; cette mesure radicale a toujours été refusée jusqu'ici par les Cabinets et les Chambres [1]. Bien plus, on a pu voir, jusqu'en ces dernières années, des établissements d'État dont l'administration avait été confiée à des ecclésiasti-

---

[1]. Dans une lettre adressée au ministre de l'Instruction publique (du 10 mars 1903) M. Ferdinand Buisson, au nom du groupe parlementaire de la Libre Pensée, dont il est président, fait connaître qu' « on signale, dans un certain nombre d'établissements de l'État, la part abusive d'influence donnée à l'aumônier ». Il a d'ailleurs pris soin de concéder que « la loi qui régit l'enseignement secondaire ne comporte pas encore la plénitude de la neutralité ». — Chose remarquable, la loi de séparation n'a, jusqu'ici du moins, modifié en rien cet état de choses. Si des incidents locaux ont pu amener, ici ou là, le départ de l'aumônier, de tels faits ont été exceptionnels. A peu près partout, le *statu quo* a été maintenu.

ques, séculiers cela va sans dire. Au vrai ce ne sont là que des infractions provisoires à notre principe ; elles n'entraînent en aucune façon pour le professeur laïque l'exemption d'observer la neutralité confessionnelle. Le préjugé qu'elles constituent en faveur de ce qui fut jadis la Religion d'État est tout extérieur ; il n'affecte en rien la substance même de l'enseignement. Des considérations d'opportunisme politique réussissent seules à les excuser ; mais, à l'égard de ce que l'on pourrait appeler la philosophie éducative de notre démocratie, elles doivent être tenues pour nulles et non avenues.

Ne nous attardons pas davantage aux aspects transitoires de notre problème et demandons à des notions plus hautes d'y projeter leur lumière.

Et d'abord, pour ce qui regarde la Religion prise en elle-même, ce n'est pas ici le lieu d'ouvrir un débat en vue d'en déterminer l'essence. De distingués penseurs estiment — ainsi font M. Leuba et, plus récemment encore, M. William James [1] — qu'il serait décevant de se mettre en quête d'une définition simple qui enveloppât avec exactitude le contenu d'un tel objet. Nous le prendrons, nous du moins, comme il s'offre à la conscience commune et, plus précisément encore, tel que, dans notre monde occidental, la généralité des hommes s'accorde à le concevoir. Bref, le mot de Religion désignera pour nous l'en-

---

1. *Monist,* janvier 1901. *Introduction to a psychological study of Religion,* by Prof. J. H. Leuba. — W. James, *The varieties of religious experience,* 1902.

semble des actes par lesquels l'âme humaine, dépassant le réseau phénoménal qui l'enserre, témoigne son amour ou son respect ou sa crainte à une puissance éternelle et souveraine qu'elle se représente comme dominant le monde naturel et seule capable d'assurer aux êtres qui le peuplent la félicité future. Cette donnée initiale une fois posée, nous accepterons la division que M. William James a tracée entre les deux grands domaines qui se partagent « le champ religieux ». Ce sera, d'une part, *la religion institutionnelle*, qui a pour éléments principaux « le culte et le sacrifice, les procédés pour influer sur les dispositions de la divinité, la théologie, les cérémonies, l'organisation ecclésiastique » et, de l'autre, *la religion personnelle*, qui comprendra les « dispositions intérieures de l'homme lui-même, sa conscience, ses mérites, son manque de secours, et le sentiment de son imperfection (*his incompleteness*) ». — D'ailleurs, on aperçoit bien vite que les deux domaines sont étroitement reliés l'un à l'autre : car, s'il existe des institutions d'essence religieuse, c'est pour satisfaire à des aspirations « personnelles » *sui generis* ; et la « religion personnelle », dès là que les personnes composent un agrégat social, tend à se régulariser, à se systématiser, à s'encadrer dans des institutions.

Parce que nous avons envisagé le fait religieux dans sa plus grande généralité, nous sommes d'autant plus en droit, quand nous cherchons à nous tracer des directions pédagogiques, de circonscrire, nous ne disons pas l'espace (il est bien clair que c'est plus spécialement pour notre pays que nous parlons) mais le temps où se posent les problèmes auxquels il peut donner naissance. Ce temps n'est autre que celui où nous sommes. — Si, au contraire, nous nous reportions en esprit à soixante ans en arrière, force nous serait de surveiller de très près notre langage, sans quoi les gouvernants ne nous laisseraient même pas parler du tout. Que l'on relise, pour s'en assurer, la spirituelle et mordante monographie consacrée à Victor Cousin par son irrespectueux disciple, Jules Simon. On verra dans quelle position subordonnée, au total assez humble, l'autocrate de l'éclectisme, en dépit de certaines fanfaronnades dans d'imaginaires réfutations d'évêques, maintenait l'enseignement de la philosophie vis-à-vis de la foi catholique. Cousin avait beau parler avec emphase des « deux sœurs immortelles »[1], espérant ainsi, non sans quelque naïveté, gagner à ses philosophes la bienveillance du clergé. Entre les deux sœurs, quelle inégalité ! L'une, la petite, devait se faire toute modeste et soumise, demeurer aux ordres de l'autre, l'orgueilleuse, la grande sœur ! L'École normale, en particulier, connut ce régime de sujétion forcée au culte établi et le même Jules Simon nous conte, à ce propos, de bien piquantes anecdotes. La loi de 1850 apportait la soi-disant liberté de l'enseignement. Combien cette étiquette était mensongère, on le vit par ce qui se passa dès après la promulgation. Une ère s'ouvrit d'abaissement et de persécution pour la raison indépen-

[1]. La religion et la métaphysique.

dante ; jamais les pouvoirs ecclésiastiques ne se montrèrent plus inquisitoriaux, plus jaloux, plus accueillants à la délation, sitôt qu'apparaissait, dans tel ou tel coin des établissements d'État, un symptôme de libre pensée. Toute cette histoire a été faite et il serait superflu d'y revenir, sinon pour rappeler avec quelle exactitude le mot fameux de Louis Veuillot a résumé l'intention secrète des détenteurs de la puissance ecclésiastique [1].

Aujourd'hui, en apparence, les choses ont bien changé et c'est sans nulles réserves que le principe de liberté est réclamé par les avocats de l'enseignement confessionnel. Ils demandent la liberté totale indistinctement pour tous les cultes, pour toutes les opinions, même pour les déistes, même pour les libres penseurs [2]. Cette attitude de l'Église Romaine nous paraît absolument nouvelle. Il est vrai que ce sont surtout — pour ne pas dire exclusivement — des laïques qui l'ont adoptée et il y aurait lieu de se demander dans quelle mesure on les peut tenir pour les interprètes autorisés de cette même Église. Nous avouons n'être pas, à cet égard, très fixés. Ce n'en est pas moins là un fait d'importance et qui atteste quel chemin les esprits ont parcouru. On se l'expliquera si l'on considère l'évolution considérable qui, depuis un quart de siècle, s'est opérée dans notre pays. Les

---

1. « Nous réclamons de vous la liberté, au nom de vos principes ; nous vous la refusons, en vertu des nôtres. »

2. Ces déclarations ont été solennellement faites par quelques-uns des chefs de la Ligue d'enseignement libre, en particulier dans la séance générale du 17 novembre 1902.

quelques traits suivants permettront de la mesurer : défiance toujours croissante de l'État républicain à l'égard des autorités ecclésiastiques qui, en dépit des instructions pontificales [1], se sont opiniâtrées à favoriser les desseins de ses ennemis jurés ; laïcisation légale de l'enseignement primaire ; reprises successives de nombreuses clauses de la loi de 1850 ; enfin, imminente abrogation de la totalité de cette loi.

4

Dans ces conditions, on sera peut-être tenté de croire que le bonheur — le malheur des temps, diront nos adversaires, — a amené les choses à ce point de rendre désormais oiseuse la question même que nous nous proposions d'agiter. Puisque le système de la neutralité religieuse a prévalu et dans l'esprit et dans la lettre de nos institutions, le plus simple n'est-il pas de s'y tenir ? Et le maître s'y tiendra, en se dérobant devant tout ce qui, de près ou de loin, intéresse la croyance religieuse. S'il est malaisé de parler juste, il est toujours facile de se taire et, en se taisant sur tout ce qui n'est pas d'or-

---

[1]. Il s'agit ici des instructions émanées du feu pape Léon XIII. Seraient-elles aussi formelles, sous le pontificat actuel ? Personne ne l'oserait admettre. Depuis que ces pages ont été écrites, la politique du Saint-Siège s'est, à l'égard de nos institutions, singulièrement modifiée. En vain le Saint-Siège s'en est-il défendu. Une publication retentissante a fourni surabondamment la preuve de cette variation. Et il ne semble pas que de cette attitude nouvelle l'Église romaine ait précisément eu à se féliciter.

dre manifestement séculier, il se conformera tout ensemble aux dictées de la prudence et aux intentions de la loi. Indemne de tout reproche, il aura respecté les consciences sans avoir forfait à ses devoirs envers l'État.

Ce serait là une grande, une déplorable illusion. Mais, pour mettre notre pensée dans tout son jour, nous compléterons la division de tout à l'heure par une seconde distinction, également empruntée à M. William James. On peut, lorsque l'on traite de la Religion, émettre « des jugements existentiels » (nous préférerions dire : *des jugements de relation*) ou « des propositions de valeur » (nous préférerions dire : *des jugements de transcendance*[1]). Il suffit, pour qu'il y ait lieu aux premiers, que le concept soit posé,

---

1. La différence est loin d'être purement verbale entre les formules que nous proposons et celles qu'a employées M. James. Le mot *existence* est équivoque. Dans la pensée d'un métaphysicien, ce terme désignera éminemment la réalité nouménale dont cet auteur prétend faire abstraction. Et le mot *valeur* est vague, sujet aux confusions. Exclure les propositions de valeur semblerait interdire des jugements comparatifs portant sur le caractère social ou simplement moral des notions religieuses mises en contraste et quel philosophe, digne de ce nom, se prêterait à une exclusion de ce genre ? — L'opposition que nous instituons entre les deux notions de *relatif* et de *transcendant* échappe à toute objection semblable. Le noumène, supposé réel, par cela seul qu'il se projette dans le devenir phénoménal, y devient un légitime objet de notre science du relatif et cette science peut, sans entreprendre de dépasser cette sphère de relativité, en décrire, en comparer, en expliquer les manifestations. Que si l'on nie toute hyperexistence, toute réalité nouménale, la difficulté se trouve encore plus simplement tranchée. Mais nous verrons plus bas que sur cette hyperexistence l'éducateur public n'a pas, selon nous, à se prononcer, d'autant qu'à cet égard il ne pourrait qu'affirmer ou nier, tout moyen de preuve lui étant, par hypothèse, refusé.

comme ayant ses caractères, rentrant dans notre expérience, comportant la description, l'analyse, l'explication génétique. Les difficultés, que soulèvent les *existences* empiriques qui lui correspondent, sont de l'ordre naturel, historique et critique. Quant à la seconde classe de jugements, elle porte sur des points d'ordre supra-phénoménal, c'est-à-dire, dans l'espèce, sur la vérité dernière des dogmes, le bien-fondé intrinsèque de tel ou tel système de révélation. De telles propositions engagent la valeur absolue ; ce sont les seules qui usurpent sur le credo individuel.

Que les propositions de ce second genre soient déplacées sur les lèvres d'un maître de l'enseignement secondaire public, alors qu'il exerce sa fonction, ce nous semble une vérité de bon sens. Outre qu'il n'a pas qualité pour engager et trancher des débats qui n'iraient à rien moins qu'à métamorphoser sa classe en une miniature de concile ; outre qu'il indisposerait à bon droit des familles qui lui ont confié leurs enfants pour les éclairer sur tout autre chose que le surnaturel et son mystère, il irait certainement à l'encontre des volontés de l'État qui lui a réservé, dans son immense étendue, la région rationnelle de l'enseignement, mais a excepté le domaine confessionnel, précisément pour que nulle conscience, religieuse ou irréligieuse, ne fût offensée par sa parole. C'est l'équité elle-même qui formule cette sage prohibition. En vain nous alléguerait-on que les propositions de valeur ou de vérité transcendante relèvent, au même titre que toute autre, de la discussion rationnelle. Une telle objection reposerait sur une pétition de principe flagrante. En effet, la presque unanimité des théologiens chrétiens regardent la foi comme le fruit d'une collaboration entre la grâce, ou action divine surnaturelle d'une part et, de l'autre, notre volonté. De quel droit, par conséquent, assignerions-nous à comparaître devant la raison, pour en apprécier la *valeur transcendante,* une conviction qui, par hypothèse, serait, dans une large mesure, d'essence extra-rationnelle[1]? Et ainsi, à supposer

1. L'argument auquel nous prêtons à dessein une forme théologique peut être présenté sous des aspects tout différents. Les uns invoqueront une intuition spéciale du divin, soustraite à l'investigation critique. Les autres, et à leur tête M. William James, feront provenir la certitude religieuse du fonds inaccessible de notre vie inconsciente et une telle certitude, quand elle émerge, pour ainsi dire, à la surface du moi conscient, se trouverait, suivant eux, trop tardivement soumise à l'examen de la pensée discursive pour en subir utilement et même légitimement la critique : cette pensée en ignorera à jamais l'essence originelle et la nature première. Quelle que soit l'alternative adoptée par le fidéiste, nous avons assurément le droit d'accepter ou de repousser son principe ; mais nous ne pouvons le réfuter rationnellement, puisque le point en litige est précisément celui de savoir si quelque certitude ne saurait subsister là même où la raison n'atteint pas. Ce dont le rationaliste se prévaudra justement devant le fidéiste c'est que sa conception des choses est plus cohérente ; mais le fidéiste répondra que la sienne est plus complète ou même la seule complète. C'est donc une libre affirmation de l'esprit qui décidera en dernier ressort. Une telle affirmation ne saurait être imposée à d'autres, que ce soit des hommes faits ou des enfants, que par un abus d'autorité.

Il est clair que nous sommes ici parvenus au point culminant de notre doctrine pédagogique en matière de neutralité. On nous contestera notre critère ; et cependant, comme il est le plus loyal, il se pourrait bien aussi qu'il demeurât, tout compte fait, le plus efficace. Il ne demande nul abandon à la dignité du rationaliste et ne rendra pas intenable parmi nous la position d'un esprit attaché aux points fondamentaux de sa croyance.

qu'il pût, sans manquer à l'esprit de nos lois, émettre un verdict de transcendance, le professeur d'État se rendrait coupable envers la logique, puisque sa conclusion, inévitablement circulaire, se trouverait, *in limine,* entachée de paralogisme.

Viennent ensuite les jugements « existentiels », disons plutôt : *de relation.* Ceux-ci porteront sur la Religion comme fait social et comme donnée psychologique. Ils viseront par conséquent la Religion à ses deux points de vue, « institutionnel et personnel ». C'est-à-dire que, d'une part, ils concerneront les organisations sacerdotales, leurs interférences avec la vie civile et l'histoire politique, la fondation et la succession des dogmatiques, etc. ; d'autre part, la disposition fidéiste, état d'âme spécial et complexe, dont la nature, l'origine, le progrès, le déclin, les variétés d'aspect, les anomalies pathologiques sollicitent à bon droit l'attention de l'observateur et toute la pénétration de la pensée critique. Dans l'un et l'autre cas, il va sans dire que l'appréciation « de valeur », disons : *de vérité transcendante,* n'a pas à être émise. D'ailleurs nous reconnaissons qu'il y aura des questions frontières où la séparation des deux ordres *relation* et *transcendance,* ne sera point tout aisée. Il y faudra de la finesse, mais surtout du bon vouloir et de la loyauté. Notre critère, en effet, n'a rien de mathématique. Dans l'immense majorité des cas, nous ne

---

Les faciles objections d'où l'on prétendrait conclure que tout jugement de relation implique un jugement de transcendance ne résistent pas (nous le montrerons dans une étude ultérieure) à une discussion approfondie.

doutons pas qu'il ne soit suffisamment net. Mais, dans les occasions mêmes où il ne permettra pas un discernement immédiat, il indiquera du moins une limite idéale qu'il suffira de ne jamais quitter du regard pour être sûr de ne jamais se méprendre gravement. Vouloir l'observer, cela même est déjà l'observer.

Ce monde des jugements de relation devra-t-il être exclu de l'enseignement secondaire d'État ? — Comment le prétendre ? Comment soutenir que les futurs maîtres de cet enseignement n'ont qu'à s'en abstenir, seul moyen de se murer dans la neutralité la plus littérale ? Mais ce serait le plus souvent demander l'impossible. De tels jugements, un exposé d'histoire, un développement littéraire, le commentaire d'une page classique, une leçon de morale les fera surgir. Comment se dérober, alors que ce sont les questions elles-mêmes qui, si nous les évitons, nous prendront par le collet ? Il faudrait, pour cela, en venir à vider de tout contenu des chapitres entiers, des livres entiers, de nos chefs-d'œuvre traditionnels. Toute la littérature du xviie siècle devra être dénoncée et sans doute aussi sa contre-partie, celle du xviiie. Dans l'enseignement de l'histoire, ce seront des pans énormes qu'il faudra abattre. Il ne sera parlé ni du Kulturkampf, ni de la chute du pouvoir temporel, ni de la proclamation de l'infaillibilité Pontificale, ni du Concordat, ni de la Constitution civile du clergé, ni de l'Édit de Nantes, ni des guerres de Religion, ni de la Réforme, ni de l'Inquisition, ni des Conciles, etc. Nous pourrions remonter plus haut encore, à travers tout le moyen âge, les exemples foisonneraient. Il n'est même pas très sûr que l'antiquité échappât à cette mesure d'exclusion. Il y a peu de mois, on nous donnait la preuve que l'exposition de l' « Histoire Sainte » faite devant de très jeunes auditoires pouvait se ressentir des querelles de la politique. On nous citait tel manuel estampillé, que nous ne voulons pas désigner davantage, où bouillonnait toute l'ardeur batailleuse d'un pamphlet, en sorte que, sur ce terrain archaïque, les partis qui nous déchirent trouvaient encore le moyen de s'insulter[1].

5

Nous pourrions poursuivre. Il apparaîtrait qu'à mesure surtout que les classes deviennent plus élevées, qu'elles réunissent par conséquent des élèves plus âgés et développent des programmes plus fournis, le parti pris radical de ne hasarder, en matière religieuse, aucun jugement même de relation, ne serait rien moins que puéril. Que sera-ce donc, si nous en venons enfin à cette dernière classe, la philosophie, qui, dans le plan d'études du 31 mai 1902, forme avec les mathématiques, selon l'expression de M. Liard, le double confluent « où se rapprochent et se fondent les quatre types du second cycle » ? Là

---

1. V. *L'Univers israélite* : *L'Histoire ancienne au Lycée* (n° du 31 octobre 1902).

il n'est pour ainsi dire plus de section de l'enseignement où ne se trouve engagée la Religion tant sous sa forme institutionnelle que sous sa forme personnelle. L'étude génétique du sentiment religieux, favorisée par la publication de documents historiques et ethnographiques de jour en jour plus abondants, est en voie de constituer l'un des plus importants chapitres de la psychologie comparée. La critique des phénomènes intellectuels de la foi et de la croyance est une partie non négligeable de la logique. Autour de l'idée du divin pivote la métaphysique. La prérogative de Dieu comme législateur de l'Éthique et garant de la sanction morale continue d'être l'un des sujets les plus controversés de la morale théorique. Quant à la morale appliquée, à la sociologie et à la politique, en tous ces domaines, le fait religieux se dressera, au moment le plus inattendu, avec toutes ses conséquences. Comment serait-il acceptable qu'au professeur de philosophie toute cette magnifique région fût une province fermée?

Mais, à supposer que cette abstention rigoureuse, absolue, fût possible, on ne saurait trop déplorer qu'elle se produisît et l'on en va comprendre la raison. L'éducation modèle serait, de l'aveu unanime des esprits sages, celle qui ne se bornerait pas à verser des connaissances dans les mémoires, mais qui créerait ou cultiverait dans les sensibilités et les vouloirs des tendances susceptibles d'imprimer une direction morale à la vie entière. Et il faut bien en convenir, c'est ici peut-être le plus grave *deside-*

ratum que l'on ait sans mensonge dénoncé dans les errements universitaires. Actuellement les efforts se multiplient pour que ce reproche ne soit plus justifié. Or, voici, au premier chef, une occasion de faire en sorte que l'esprit laïque, en ce qu'il a de plus sain, de plus droit, de plus pur, pénètre les jeunes âmes et leur insinue le préservatif qui leur vaudra l'immunité contre la pire folie qui désole le monde, contre le fanatisme, sous quelque forme d'ailleurs, religieuse ou antireligieuse, que ce fléau se déchaîne. Mais supposez que l'élève, par suite d'un étroit mot d'ordre, aveuglément imposé et aveuglément obéi dans les divers établissements d'instruction qu'il aura traversés, ait été tenu toujours à l'écart des grands problèmes qu'évoque devant la pensée séculière le fait même de la Religion ; supposez qu'on ait évité de lui en prononcer seulement le nom, comme en ces pensionnats de jeunes filles où l'on taisait jusqu'au mot d'Amour, qu'arrivera-t-il ? Au sortir du collège, une fois devenu homme, il se laissera docilement embrigader par les premiers factieux dont il entendra l'appel. Toutes les entreprises de haine et de colère exerceront sur lui, sans qu'il leur sache résister, leurs funestes prestiges. Il sera une proie toute livrée aux charlatans et aux sophistes et notre pays comptera un sectaire de plus.

Et pourtant si jamais occasion fut belle pour la pensée universitaire, pénétrée comme elle est de sincérité, d'équité, de modération, d'étendre très loin son influence pacificatrice, c'est assurément quand s'est levée devant elle l'idée religieuse. Les disciplines variées auxquelles elle préside concourent si harmonieusement à inspirer la déférence envers toutes les convictions nobles et profondes sur tout ce qui touche au divin, en même temps que l'aversion pour tous les despotismes enclins à exercer, en ce domaine réservé, leur pression physique ou spirituelle! Les multiples enseignements peuvent si efficacement collaborer à éteindre le plus redoutable des brandons agités par la fureur civile! Et cette possibilité, que disons-nous? cette certitude d'une action modératrice, nous la négligerions! C'est cependant le cas ou jamais d'appliquer l'idée qui a été le principe de toute notre étude. Si l'éducation n'est pas un vain mot, cette œuvre exige que certaines réflexions directrices circulent sans arrêt à travers l'enseignement du maître, de manière qu'à la longue elles passent et se fixent dans la mentalité de l'élève. Parmi ces réflexions il n'en est pas de plus salutaire que celle qui prédisposera les âmes à la vertu de tolérance.

II

OBJECTIONS POSSIBLES A NOTRE CRITÈRE ET RÉPONSES
A CES OBJECTIONS

Dès l'instant où une norme serait unanimement reçue qui assurerait l'accord entre ces deux devoirs, à première vue difficilement compatibles : celui d'ouvrir le champ des choses religieuses à la réflexion rationnelle comme à l'investigation historique et celui de respecter en son for intérieur la croyance ou l'incroyance de chacun, les principales difficultés provoquées par les susceptibilités plus ou moins légitimes du credo confessionnel ou de la libre pensée seraient bien près d'être levées. Mais une pareille norme peut-elle exister ? A supposer qu'on la découvre, a-t-elle chance de réunir toutes les adhésions ? Nous avons cru possible d'en dégager une de la distinction instituée par M. William James entre les *jugements existentiels* et les *jugements de valeur*. Mais nous n'avons pas la simplicité de croire qu'elle fera immédiatement tomber toutes les résistances. Il est à prévoir au contraire qu'elle donnera occasion à des controverses dialectiques, qu'on lui opposera des cas de conscience, des « apories » pratiques, inaptes, soutiendra-t-on, à être résolues par elle. Contre ces objections probables ou simplement possibles nous avons donc à défendre notre critère. Or, elles semblent pouvoir se répartir en deux divisions générales : on accusera notre norme : 1° d'être incapable de se justifier elle-même ; 2° d'être impuissante et vaine devant les exigences de certaine orthodoxie que nulle concession ne saurait désarmer.

1° L'on dira : Tout jugement existentiel, en matière religieuse, est inséparable d'un jugement de valeur. Si je raconte la genèse psycho-physiologique d'un état spirituel auquel une Église déterminée assigne un caractère miraculeux et une portée surnaturelle, j'ai par là même implicitement démenti les conclusions théologiques ou canoniques que cette Église déduit de la constatation de cet état. Si je retrace le processus historique de tel ou tel dogme, de manière à faire ressortir les éléments de philosophie « païenne » (de l'Alexandrine, par exemple) — qui, en se fusionnant, ont concouru à le former, j'ai par là même situé ce dogme dans le devenir mental, j'en ai fait un résultat humain et j'en ai ruiné les prétentions extra-temporelles. Et ainsi là où la séparation entre « l'existentiel » et « la valeur » serait sans doute souhaitable, elle n'est pas possible ; ajoutons que, là où elle serait possible, il ne la faudrait pas désirer. Il serait, en effet, loisible de décrire, dans leur ordre historique de filiation, les grandes données que concentre un système de révélation, d'énumérer et d'interroger les monuments, les livres sacrés, les traditions, les légendes, les enseignements, les paraboles, les maximes qui leur correspondent et cela en s'abstenant de toute appréciation au fond. Or, en mainte occurrence, une pareille abstention ne serait-elle pas regrettable ? Soit le Sermon sur la Montagne. Je puis négliger ici le problème existentiel ; il n'a que peu ou point d'intérêt à mes yeux. Que Jésus ait ou non rempli une mission rédemptrice ; que les conditions dans lesquelles furent rédigés les Évangiles soient ou non conformes à ce que la tradition en rapporte, toutes ces questions et autres du même ordre sont secondaires, sinon indifférentes. Mais une question ne l'est pas : celle de l'autorité morale de ce discours, celle de sa conformité avec la conscience éternelle ; celle de savoir si nous n'y trouvons pas l'expression de la plus haute, de la plus pure philosophie pratique qu'il ait été donné aux hommes d'esquisser. C'est là, par excellence, un jugement de valeur auprès duquel pâlit tout jugement existentiel.

— A cette objection nous répondrons d'abord en nous étendant davantage sur le *distinguo* adopté par M. William James et en rappelant quelques-unes des raisons qui ont conduit le pénétrant auteur à en faire usage : *distinguo* que, d'ailleurs, nous n'avons adapté à notre problème qu'après avoir pris soin de le modifier assez gravement. — Que prétend M. William James ? Soucieux de maintenir intégral, absolu, son droit d'enquêteur psychologue, même dans l'ordre des institutions, des pratiques, des idées et des convictions religieuses et cela sans que personne ait le droit de préjuger de ses convictions propres pour ou contre la foi, il proteste énergiquement contre le sophisme qui consiste à méconnaître ou à nier le côté « spirituel » d'une notion, sous prétexte que l'on en a précisé le mode d'acquisition ou que l'on en saurait décrire les déchéances pathologiques. Ce sophisme est couramment commis par ce qu'il appelle le « matérialisme médical », matérialisme dont on reconnaît l'expression fréquente dans le langage tenu par les personnes « non sentimentales », lorsqu'elles apprécient les dispositions éthiques de leurs amis. Et de citer, avec quelque humour, les traits suivants : « Alfred ne croit si fortement à l'immortalité que parce qu'il a un tempérament très émotif. La mélancolie de William au sujet de l'Univers est due à sa mauvaise digestion : il a probablement le foie paresseux. Le plaisir qu'Élisa éprouve à l'Église est un symptôme de sa constitution hystérique. Pierre serait moins troublé au sujet de son âme, s'il se décidait à prendre plus d'exercice au grand air, etc. Un exemple plus complètement développé de ce même genre de raisonnement est la façon tout à fait commune chez certains écrivains, de critiquer les émotions religieuses en en montrant la connexion avec la vie sexuelle. La conversion est une crise de la puberté et de l'adolescence. Les macérations des saints et la dévotion des missionnaires ne sont que des cas de l'instinct parental d'abnégation dévié. Pour la nonne hystérique, affamée de vie naturelle, le

Christ n'est que le substitut imaginaire d'un plus terrestre objet d'affection. Et ainsi de suite.

« Nous sommes tous, continue M. William James, généralement familiers avec cette méthode de discréditer les états d'esprit qui nous inspirent de l'antipathie. Nous l'employons tous à quelque degré quand nous critiquons les personnes dont les états d'esprit nous paraissent forcés. Mais quand d'autres critiquent nos envolées d'âme plus exaltées et les dénomment la simple expression de notre disposition organique, nous nous sentons outragés et blessés, car nous savons que, quelles que soient les particularités de notre organisme, nos états d'esprit ont leur valeur substantielle comme révélations de la vérité vivante et nous voudrions que tout ce matérialisme médical fût forcé de tenir sa langue...

« Mais donnons à la question toute son ampleur. La psychologie moderne, découvrant des connexions psycho-physiques solidement établies, admet comme une hypothèse commode que la dépendance des états d'esprit à l'égard des conditions organiques doit être absolue et complète. Si nous adoptons l'hypothèse, alors, certes, ce sur quoi insiste le matérialisme médical doit être vrai d'une manière générale, sinon dans chaque détail. Saint Paul eut certainement un accès épileptoïde, sinon épileptique ; George Fox était un dégénéré héréditaire ; Carlyle fut sans aucun doute auto-intoxiqué en quelqu'un de ses organes. Mais, maintenant, je vous le demande, comment une telle explication existentielle des faits de l'histoire mentale peut-elle décider en un sens ou en l'autre de leur signification spirituelle ? Selon le postulat de la psychologie rapporté plus haut, il n'y a pas un seul de nos états d'esprit, élevé ou inférieur, sain ou morbide, qui n'ait quelque processus organique pour condition. Les théories scientifiques sont organiquement conditionnées tout autant que le sont les émotions religieuses et, si seulement nous connaissions les faits assez profondément, nous verrions sans aucun doute le foie déterminer les dires de l'athée brutal aussi décisivement qu'il détermine ceux du méthodiste que sa conviction rend anxieux au sujet de son âme...

« Dans les sciences naturelles et les arts industriels, il n'arrive jamais à personne d'essayer de réfuter des opinions en décrivant la constitution neurologique de leur auteur. Dans ce cas, les opinions sont invariablement soumises à l'épreuve de la logique et de l'expérience ; il n'importe ce que peut être le type neurologique de celui qui les professe. Il ne devrait pas en être autrement pour les opinions religieuses. Leur valeur ne peut être établie que par des jugements spirituels directement émis à leur sujet, jugements basés premièrement sur nos propres sentiments immédiats et en second lieu sur ce que nous pouvons affirmer de leurs relations expérimentales à nos besoins moraux et à l'ensemble de ce que nous tenons pour vrai.

« Bref, la clarté immédiate (*immediate luminousness*), la rationalité philosophique et la plénitude de l'assistance morale (*moral helpfulness*) sont les seuls critères valables... »

Il est remarquable qu'un Descartes, écrivant son *Traité des Passions*, un Malebranche composant les premiers livres de sa *Recherche de la Vérité*, auraient pu s'approprier de tout point un tel langage. Et, de fait, nous serions assez tenté de croire que, pour son propre compte, M. William James incline vers une sorte d'occasionnalisme, comme on en peut juger par son opuscule sur l'*Immortalité de l'âme*[1] : il se reconnaîtrait ainsi le droit de considérer tous les faits de la vie mentale, par conséquent tous nos concepts eux-mêmes, comme organiquement conditionnés, sans que ce conditionnement préjuge en quoi que ce soit de leur nature intrinsèque et de leur validité objective. Les mêmes considérations valent d'ailleurs pour tous les autres objets de l'activité spirituelle. L'explication génétique d'idées morales, telles que celles de droit, de vertu, de devoir, ne diminuera pas, quelle qu'elle puisse être, leur prise sur une conscience. De quelque manière que je me représente la façon dont le sentiment de l'honneur a pris place dans mon âme, je ne me croirai pas devenu

---

1. *Human immortality*, 1899. — Je ne veux rien exagérer. Et l'on comprendra combien un tel occasionnalisme est original, quand on saura que ce que veut établir, dans cet opuscule, M. William James, c'est cette thèse hardie : « Même alors que la vie de notre âme pourrait être, avec une exactitude littérale, définie la fonction d'un cerveau périssable, il n'est cependant pas tout à fait impossible, mais au contraire entièrement, possible, que la vie puisse continuer encore quand le cerveau lui-même a cessé de vivre. »

libre de forfaire à l'honneur. De même dans l'ordre théorétique : un sensualiste extrême aura beau ramener à des associations héréditaires d'impressions phénoménales les notions de cause et de loi, il n'en continuera pas moins à regarder ces notions comme les fondements légitimes de la science de la nature. Pour tout dire, une vérité, en elle-même et par elle-même universelle et nécessaire, éternellement déployée peut-être devant quelque éternel Esprit, peut, dans des intelligences limitées comme les nôtres, n'avoir été introduite que par un processus empirique, graduel, relatif et il n'y aurait à cela nulle espèce de contradiction.

Il en sera de même des enquêtes auxquelles se livre le psychologue. Tant que ce dernier se tient sur son domaine, qui est avant tout descriptif, comparatif et relationniste, la conviction religieuse ne saurait prendre ombrage. Raconter et rapprocher les unes des autres les formes multiples et successives, d'abord à peine ébauchées, bientôt plus déterminées, qu'aux termes de telle ou telle théorie la pensée religieuse aurait revêtues, n'a rien d'attentatoire à la valeur essentielle, à l'objectivité transcendante de celle-ci. Quant à la pathologie du système nerveux, elle ne peut écarter de son aire d'observation les affections neurotiques concomitantes des états psychiques où telle Église, la Romaine pour ne citer qu'elle, découvre une marque de sainteté et comme un signe surnaturel. Mais, d'une part, cette Église ne peut guère nier et, de fait, elle ne nie pas cette coexistence possible ou réelle. Elle ne saurait, sans une trop périlleuse imprévoyance, se mettre en opposition avec les découvertes ou acquises ou imminentes de l'esprit scientifique. S'il lui arrive de les repousser d'abord, elle ne tarde pas à s'en accommoder[1]. Elle est une maîtresse d'opportunisme. La solidité de la pathologie nerveuse et les déterminations précises, indiscutables, que cette pathologie inscrit, elle ne songe pas à les nier. Mais elle garde par devers elle son droit imprescriptible à une explication complémentaire ou, si l'on aime mieux, supérieure, qui l'autorise à envisager certains phénomènes, dont le physiologiste a décrit le côté naturel, sous un aspect différent que le physiologiste ignorera à jamais et qu'elle s'est réservé : l'aspect par lequel ces mêmes faits sont susceptibles ou non de manifester à ses yeux une intervention miraculeuse. Le cas pathologique naturel peut n'être que le cadre spatial d'une intervention du surnaturel. Et, dans cet exemple encore, jugements existentiels et jugements de valeur n'auront pas interféré.

Ce que nous venons de dire de l'information psychologique doit s'étendre à toutes les formes de la recherche critique et historique. J'aurai beau m'être

---

[1]. Personne n'a mieux que François Bacon fait remarquer la souplesse tactique des théologiens. Dans leur attitude devant toute découverte, il note deux moments : 1er moment : la découverte est encore hypothétique ; ils la nient et la condamnent au nom de l'Écriture ; 2e moment : la découverte est établie ; ils affirment qu'elle n'est point si neuve et qu'on aurait pu la lire déjà dans l'Écriture, si cette dernière avait été mieux comprise.

convaincu que le dogme chrétien de la Trinité divine fait renaître, sous une forme d'ailleurs nouvelle, les notions néo-Platoniciennes des hypostases et de la πρόοδος, en quoi, si je suis croyant, cette persuasion altérera-t-elle le caractère sacré que j'attribue à ce dogme ? Et je n'invoquerai même pas, pour me pleinement rassurer, l'hypothèse trop ingénieuse de ces apologistes qui ont admis, dans l'antiquité philosophique, une sorte de révélation avant la lettre; hypothèse résumée toute dans le mot fameux : Τί ἔστιν ὁ Πλάτων; Μωϋσῆς ἀττικίζων. « Qu'est-ce que Platon ? Un Moïse attique ? » Sans s'engager dans les aventures d'exégèse, il sera toujours loisible à l'orthodoxe de se demander si cette rencontre entre les parties vives d'un dogme donné et tels ou tels articles d'une doctrine grecque ou judéo-grecque ne s'expliquerait pas autrement que par un syncrétisme intentionnel, une combinaison arbitraire opérée par les auteurs de ce dogme ? Pourquoi ne pas admettre, dira-t-il, que l'antiquité païenne ait eu, par l'organe des plus éminents de ses penseurs et de ses poètes, des pressentiments signalés et nombreux de la vérité chrétienne ? L'Église s'est fréquemment honorée de presciences de cet ordre, chez un Virgile par exemple ou chez un Sénèque. C'est pourquoi la dogmatique chrétienne incorporant dans son système certaines conceptions des philosophies antérieures, ce ne serait plus la foi nouvelle se taillant son credo dans l'étoffe des spéculations anciennes ; ce serait l'immuable Vérité reconnaissant et reprenant, partout où il brille, son propre bien. — Enfin, pour emprunter un exemple à des temps moins lointains, en quoi, si l'histoire consultée me révèle que la prétention des Papes à l'infaillibilité en matière de dogme, toujours combattue au sein de l'Église elle-même, n'a prévalu, en 1870 au concile du Vatican que par un concours de circonstances politiques exceptionnelles (selon quelques-uns, il eût suffi à la France, pour en prévenir l'affirmation officielle, d'annoncer, comme représailles, le rappel de notre corps d'occupation) en quoi, disons-nous, ce fait admis détournera-t-il le catholique exact de professer et de se juger tenu à professer que l'infaillibilité pontificale est une vérité de foi ?

En de certains cas, il est vrai, la difficulté devient tout à fait épineuse et l'on peut être fort embarrassé, si l'on consulte notre critère. Ce sont ceux où le dogme se ramasse, en quelque sorte, dans un fait, qui, précisément parce qu'il est un fait, s'insère dans l'histoire et relève de la critique. Prenons un exemple remarquable qui, par delà l'Océan surtout, a fait et fait encore répandre des flots d'encre et de paroles : celui de « la succession apostolique ». Les Épiscopaliens proclament comme un article de foi que cette succession a été ininterrompue : Jésus a imposé les mains à Pierre et Pierre fut le premier évêque de Rome. C'est là le principe de toute ordination. De Pierre « les clefs » passèrent à l'Église romaine, puis de celle-ci aux Églises anglicanes. Ce point doctrinal offre aux yeux de ses défenseurs une telle importance qu'il fait dire au théologien Haddan : « sans évêques point de prêtres ; sans évêques et sans prêtres point de légitimité certaine des sacrements ; sans sacrements point d'union certaine avec le corps mystique du Christ, c'est-à-dire avec son Église, sans cette dernière, point d'union certaine avec le Christ et sans cette union point de salut. » Chrysippe, réfutant les prétentions acataleptiques de la Nouvelle Académie, n'a jamais forgé de sorite plus rigoureux. Et l'on voit que la solidité de ce sorite dépend toute de son premier anneau ; entre les évêques et Jésus s'est placé un intermédiaire : la mission épiscopale de Pierre. Or toute la chaîne est rompue et la doctrine se brise si la thèse de certains critiques est fondée, selon qui Pierre n'aurait jamais quitté la Palestine et son voyage à Rome serait purement fabuleux.

Avec les Églises anglicanes la situation est grave évidemment, non tout à fait désespérée. Un dialecticien tant soit peu avisé s'en tirera par une distinction entre le sens mystique ou symbolique et l'interprétation littérale et matérielle ; il lui suffira de ne prendre qu'au premier de ces sens « l'imposition des mains » par Jésus[1]. Mais vis-à-vis d'autres Églises, telles que la Romaine, nous aurons à compter avec une dogmatique de moins facile composition. Elles ne s'accommoderaient pas d'une transaction aussi

---

1. V. *The Open Court*, juin 1902 : *The Apostolic succession. Dogma and criticism.*

simple. D'autre part, cependant, ces mêmes Églises ne s'exposeront pas volontiers au risque d'une réfutation péremptoire ; elles éviteront les coups précis de la critique historique. Aussi leurs affirmations vraiment catégoriques porteront-elles sur des périodes de la durée où l'on peut tenir pour infiniment probable que l'authentique lumière de l'histoire ne pénétrera jamais pleinement. On peut opiner, admettre comme vraisemblable que Pierre est ou n'est pas descendu à Rome. De certitude scientifique ou de quasi certitude sur ce point, comment en acquérir? Et ainsi, dans ces cas extrêmes, forcément rares, les jugements existentiels ne sauraient être assez fermes pour que nos jugements de valeur en soient irrémédiablement troublés. Aussi bien, dans l'enseignement secondaire, les maîtres n'ont guère à soulever de ces problèmes critiques obscurs, peut-être insolubles. Ils ont assez à faire d'exposer et de faire comprendre les vérités prouvées ou tout au moins garanties par de hautes probabilités. Pour toutes ces raisons, les cas dont nous venons de parler sont de ceux qu'un éducateur judicieux fera plus sagement de ne pas soumettre à une discussion qui aurait trop de chances d'être stérile, sans issue, sujette aux affirmations les plus arbitraires et également embarrassante pour le libre penseur et pour le croyant.

Enfin rappelons que nous avons pris grand soin, lorsque nous avons fait nôtre la distinction posée par M. William James, de prendre en une acception moins flottante son expression de « jugements de valeur ». Oui, avons-nous dit, de *valeur absolue*, c'est-à-dire de *vérité transcendante*. Sans quoi nous courrions le risque, si peu que nous effleurerions un sujet mettant la pensée religieuse en cause, de nous entendre interdire tout commentaire philosophique, logique, sociologique ou moral. Sans doute il faut que je puisse dire que les enseignements renfermés **dans le Sermon sur la Montagne** sont, pour le philosophe lui-même, les plus sublimes que **des oreilles** humaines aient entendues. Mais il faut que je le puisse comparer aux entretiens d'un Socrate, aux maximes d'un Marc-Aurèle, même aux méditations d'un Confucius ou d'un Çakya-Mouni. Comparaison qui aboutira, nous le reconnaissons, à un jugement de valeur, mais non pas de vérité transcendante, cette dernière ayant été mise, par position même, hors de cause.

2° Il est à redouter que toutes les explications et distinctions qui précèdent ne soient impuissantes à apaiser les théologiens, « gent irritable », dirait le poète ; que tout notre bon vouloir, notre résolution tenace de nous conformer au principe de neutralité sans sacrifier, il est vrai, aucun des droits de notre raison, ne se brisent contre leurs exigences et leurs susceptibilités. Ils nous objecteront : « Le gage que vous nous offrez est insignifiant, enfantin, ce gage qui consiste à ne pas vous prononcer sur la réalité d'une existence surnaturelle et de sa manifestation aux yeux des hommes, sous forme de révélation. Vous raisonnez, en effet, comme si le credo religieux était, en quelque sorte, une vérité atomique, qu'il suffirait de désigner et de mettre purement et simplement à part de tous débats. Or il n'en va nullement de la sorte. Ce credo est au contraire un complexus serré et délicat, constitué par tout un ensemble de propositions mutuellement solidaires et dont aucune ne saurait être compromise sans que l'unité organique du tout soit elle-même menacée. Et l'étude de ce complexus forme précisément l'objet d'une sévère et subtile science, à laquelle des mains étrangères ou inexpertes ne sauraient impunément toucher et qui n'est autre que la théologie. Telle observation pychologique, qui semble ne concerner qu'un point de pathologie mentale, n'aboutirait à rien moins qu'à ébranler le dogme de la communion des Saints. Telle affirmation, historique celle-là et dont on penserait, à première vue, qu'elle se borne à fixer un simple point de chronologie, ne tend à rien moins qu'à contester l'immutabilité de l'Église et l'infaillibilité de son enseignement[1]. Telle thèse de philosophie pure, que vous jugeriez ne relever que de la plus abstraite métaphysique, serait de nature à nier les arrêts certains rendus par les conciles relativement aux articles fondamentaux de la foi catholique[2] et à cette vérité des vérités : l'exis-

---

1. Nous en avons eu récemment un exemple saisissant dans le sévère accueil fait par les autorités ecclésiastiques à l'exégèse, pourtant si respectueuse, de M. l'abbé Loisy.

2. C'est ainsi qu'une discussion, concernant l'idée de la substance dans son rapport avec les attributs, a ses contre-coups sur le dogme de la transsubstantiation. Descartes en sut quelque chose. De même une théorie

tence d'un Dieu en trois personnes, bien que substantiellement un. Vous ne pouvez, dès lors, éluder ce dilemme : ou bien vous observerez une réserve absolue non seulement sur tous les articles de la foi, mais sur toutes les questions de fait ou de droit qui, directement ou indirectement, tendraient à ramener ces questions et ce sont des provinces entières de votre enseignement rationnel dont il vous faudra vous dessaisir ; ou bien cet enseignement refusera de se laisser ainsi déposséder de la plus belle partie de son domaine et nous prévoyons que chacune de vos classes deviendra, en dépit de vous-mêmes, un nid à hérésies et ce sera vraiment se moquer que de nous parler encore de neutralité scolaire. »

— Ce dilemme est redoutable, insoluble même, sitôt qu'on nous y enferme. Le tout est de savoir si nous sommes réduits à nous y laisser enfermer.

Et d'abord, entre les théologiens il y a lieu de tracer une démarcation. Nombre d'entre eux, et ce ne sont ni les moins érudits, ni les moins profonds, ni les moins pieux, il s'en faut de beaucoup, estiment que leur science avec ses épines s'adresse non aux laïques mais aux clercs, c'est-à-dire à ceux-là qui, en vertu d'un mandat quelconque, peuvent être tenus pour les interprètes officiels de l'Église enseignante. L'idée maîtresse et distinctive à laquelle cette Église s'attache étant l'unité, l'invariabilité de son enseigne-

concernant la liberté et le déterminisme peut mettre en péril le dogme de la grâce et faire verser soit dans l'hérésie de Pélage ou d'Arminius soit dans celle de Calvin ou des Jansénistes.

ment, il importe que nul de ses dignitaires ou de ses délégués ne présente aux fidèles des articles de croyance erronés ou suspects. Sa doctrine doit être comme un étalon monétaire immuable, absolument correct, absolument pur, auquel on puisse, en toute sécurité, rapporter une richesse métallique quelconque pour en déterminer mathématiquement la valeur. D'où il résulte que toute hérésie doit être (c'est notre théologien qui parle) de la part des autorités sacerdotales, recherchée, dénoncée et condamnée, quand celui qui la commet dogmatise au nom même de cette foi qu'il a mandat de propager. Mais le fidèle laïque qui, en son âme et conscience, adhère aux propositions fondamentales de sa confession et qui, sans nulle affectation de dogmatiser, de se donner pour un arbitre sur ce qui est ou non de foi, ne demande qu'à exercer en toute liberté son raisonnement, sera-t-il donc traité en suspect, en brebis galeuse et l'Église se privera-t-elle bénévolement de l'élite de ses ouailles? Les théologiens dont nous parlons, esprits ouverts, intelligences avisées, se garderont d'une telle sottise et ils s'en gardent en effet. Leur libéralisme intellectuel (nous en pourrions citer de très honorables exemples) n'entraîne de leur part aucun renoncement à leurs convictions, aucune infraction, si légère soit-elle, à leur orthodoxie. Mais il discerne d'avec l'accessoire l'essentiel et, s'il était plus largement pratiqué, bien des désaffections seraient épargnées à l'Église, bien des bonnes volontés ne seraient pas sans retour rejetées dans l'incroyance.

Les théologiens, les ecclésiastiques auxquels nous faisons allusion ne nous emprisonneront pas dans le dilemme dont on nous menaçait. Avec eux, notre méthode de neutralité ne nous exposera pas à ce que nous nommerons l'*excommunication préalable*.

Par malheur à côté de ces théologiens raisonnables, il y a les autres, les éristiques, les contentieux et, derrière eux ou au milieu d'eux, les militants du cléricalisme, qui mènent contre les établissements séculiers d'éducation la guerre inexpiable, pour qui tous les moyens sont bons quand il s'agit de déconsidérer leurs concurrents aux yeux de la société bien pensante. Vis-à-vis de ceux-là nous n'avons qu'une attitude à garder : l'indifférence. — Et, en vérité, ce serait faire un métier de dupes que de chercher un terrain d'entente avec eux. Quant à se livrer contre eux à un assaut de dialectique, la duperie serait plus flagrante encore. A franchement parler, les conditions de la lutte entre eux et nous seraient trop inégales. Eux ne connaissent que l'offensive ; leurs positions propres sont hors d'atteinte, par la raison que, maîtres de syllogiser et de subtiliser à leur guise, ils peuvent à tout moment, dès que leur assiette logique est menacée, faire intervenir leur suprême loi, leur raison d'État, c'est-à-dire l'injonction formelle des Conciles ou des Papes. Avec eux donc, pas de milieu : ou le silence ou l'hérésie. Et nous ne voulons pas du silence.

Ceux-là donc, nous les négligerons sans regret. Et c'est du côté des familles que nous nous retournerons.

D'elles seules nous avons souci. C'est auprès d'elles que nous ambitionnons de trouver crédit. Et voici le langage que nous leur tiendrons :

« Vous êtes pénétrées de l'importance souveraine de la croyance religieuse et, cette croyance, vous entendez que, de notre fait, elle ne subisse chez vos enfants nulle atteinte. C'est fort bien. Nous nous sommes à nous-mêmes donné pour règle de ne l'affaiblir en rien, en même temps que nous nous sommes imposé de ne rien dire pour la corroborer.

« Maintenant, de deux choses l'une. Ou bien votre foi à vous-mêmes est ombrageuse, méticuleuse, inquiète de toute parole qui, à propos d'un objet quelconque, pourrait avoir sur elle un fâcheux contre-coup ; attachées par conséquent à la plus soupçonneuse orthodoxie ; estimant qu'en matière de credo rien n'est fondamental et rien secondaire ; que tout flottement sur un détail fait branler le système en son entier ; que les revendications de la raison doivent passer à l'arrière-plan, dès que la foi entre en scène ; que croire est le premier bien, le seul nécessaire et que raisonner est du superflu. En ce cas, nous ne sommes point vos hommes et vous vous tromperiez en frappant à notre porte. C'est aux théologiens du second genre, à leurs disciples, à leurs sectateurs, que vous devez vous adresser. — Toutefois, par charité chrétienne, nous voulons bien vous avertir que, même auprès de ceux-là, il ne vous sera pas très facile de réunir toutes les garanties que vous désirez.

« Le potier, dit un proverbe grec, est malveillant au

potier. » Rien n'est suspect à un théologien comme un autre théologien. Les propositions qu'ils énoncent sont pleines de pièges, fécondes en surprises. Est-on jamais sûr en les reproduisant, de demeurer dans la correction canonique ? Comme disait l'auteur des *Provinciales*, ce sont vérités si déliées et si fines que, pour peu que l'on s'en écarte, on verse dans l'erreur ; et ce sont erreurs si ténues que, dès que l'on s'en détourne, l'on retombe dans la vérité. En conséquence, le parti le plus sûr, c'est non seulement sur les questions religieuses, mais sur toutes celles où la foi peut se trouver engagée, de s'en tenir à des manuels, d'exercer uniquement la mémoire, d'interdire les usurpations de l'entendement. Et ainsi l'éducation à vos yeux la plus sûre sera celle qui se confine à la surface des choses, à la forme, au mode d'expression[1]. Elle fera de vos fils des stylistes mais évitera, comme un péril mortel, de faire d'eux de libres esprits et des penseurs autonomes. »

« Ou bien votre foi est ouverte et compréhensive, ferme sur les points fondamentaux, mais favorisant, loin de le suspecter, l'épanouissement des facultés intellectuelles, laissant à la spontanéité de l'élève et à la loyauté du maître d'obtenir l'accord désiré, hostile à une forme despotique de la croyance

---

1. Ce caractère purement formel a été très bien mis en lumière par M. Marcel Charlot dans son récent rapport sur les Écoles françaises d'Orient. « Au lieu d'être souple, vivant, adapté au milieu, l'enseignement congréganiste, écrit-il, reste très souvent figé dans une pédagogie surannée. Il y est beaucoup plus fait appel à la mémoire passive qu'à l'intelligence ou au raisonnement. »

qui ferait des esprits serviles et des intelligences sans fierté. En ce cas, vous pouvez sans crainte venir à nous. Autant qu'il est en nous, nous nous efforcerons d'inculquer à vos enfants ce que nous avons appelé l'esprit de vérité, de les mettre en possession des méthodes qui en facilitent le développement. Nous ne les détournerons point de croire, mais nous les exciterons à réfléchir et à raisonner. Dans l'avoir intellectuel humain, nous ferons plusieurs parts en notant avec un soin scrupuleux la valeur logique de chacune d'elles : ici les vérités positives, indiscutées et indiscutables, celles dont notre raison peut établir sans réplique la validité ; là les notions ou inférences seulement probables, dont cette même raison peut déterminer le degré de vérisimilitude ; là, des idées qui sont d'un autre ordre et qui, bien qu'à plus d'un égard elles offrent un côté rationnel et puissent être appuyées sur des considérations systématiques, échappent cependant, en leur intime essence, au contrôle de la logique consacrée. Ces idées — et la religion nous en propose le type le plus achevé — appartiennent à une sphère mentale qu'en notre qualité de moralistes, de psychologues, d'historiens et de critiques, nous revendiquons le devoir de décrire, d'étudier, de raconter en ses évolutions et ses révolutions. En cette sphère nous ne nous emprisonnerons pas ; mais nous laisserons aux jeunes consciences le choix de s'en éloigner ou de s'y enfermer librement. »

Ainsi donc toutes les arguties des théologiens de

combat ne réussiront pas à nous faire nous départir de notre ligne de conduite. Mais un dernier danger peut nous menacer et, cette fois, non pas du côté de nos adversaires scolastiques et casuistes, mais semble-t-il, du côté de nos amis naturels, les chefs officiels, les comités dirigeants et les représentants en titre de notre Université, de la part, en un mot, de ceux qui ont charge de réglementer nos études et qui tracent comme l'itinéraire intellectuel que nous avons à parcourir. Expliquons-nous.

Il est à prévoir, en effet, que, fort de nos documents publics, on viendra nous dire : la neutralité ! Mais comment s'y tenir réellement ? Vos programmes eux-mêmes ne l'autorisent pas. Consultez celui de la classe de philosophie. Vous y verrez que l'existence de Dieu, la Providence, y sont désignées comme des objets de l'enseignement philosophique d'État[1]. Or ces points de doctrine, ces « éléments de métaphysique », pour parler comme ses rédacteurs, sont les postulats initiaux de tout enseignement confessionnel. D'où il suit que, par le fait d'avoir à développer devant ses élèves ces postulats, le professeur d'État se voit dans l'obligation de fournir à l'enseignement religieux son préambule naturel ou, plus exactement, son premier chapitre. Du coup —

---

1. Cette rubrique a été encore simplifiée dans le nouveau plan d'études (V. les arrêtés du 31 mai 1902). Voici ce que l'on y trouve, au programme de la classe de philosophie : « Les problèmes de la philosophie première : la Matière, l'Ame et Dieu. » Remarquons la forme toute critique donnée à cet énoncé.

et par la faute de l'État lui-même — succombe la théorie de la neutralité.

— Nous répondons : A prendre les choses comme l'objection les présente, il est clair que, si le principe de la neutralité vaut encore à l'égard des divers systèmes de révélations, il ne subsiste plus entre les *religions* prises en bloc d'une part et, de l'autre, les *irréligions*. Ce serait une neutralité partielle, qui aurait encore bien son prix et dont il ne faudrait pas se montrer trop dédaigneux. Le temps n'est pas si loin où, même sous cette forme incomplète, elle eût été tenue pour une conquête précieuse et un grand bienfait.

Il est vrai que, depuis cette époque, notre rationalisme s'est fait, et à bon droit, plus exigeant. Sans doute les thèses dogmatiques énoncées par ces mots : *existence de Dieu, Providence,* sont impliquées par toute grande religion révélée ; mais la réciproque n'est pas vraie et ces thèses, si l'on y souscrit, n'impliquent point forcément l'adhésion à une révélation quelconque. Et ce que nous disons est tellement indéniable que ce que l'on nomme le déisme, doctrine dont on aperçoit le germe chez Locke et que reprirent ou portèrent à l'extrême certains continuateurs anglais de l'auteur de l'*Essai,* tandis que, de leur côté, s'y rangeaient la grande généralité des philosophes français du xviiie siècle, est ou négatif ou sceptique à l'endroit de la révélation, mais affirmatif et dogmatique en ce qui concerne la réalité d'un Dieu providentiel.

Il y a plus. Il existe une doctrine bien connue sous le nom de *religion naturelle,* laquelle se borne à énoncer ce que la raison commune nous apprend, éclairée de ses seules lumières, sans recours d'aucune sorte à des informations d'origine surnaturelle, sur l'existence et l'action tutélaire d'un Être suprême de qui le monde naturel est l'ouvrage. Cette doctrine a eu dans Herbert de Cherbury, au XVIIe siècle, l'un de ses plus célèbres théoriciens[1]. Mais pourquoi remonter aussi haut ? — Un de nos contemporains dont le théisme n'a pas varié sans que pour cela il ait jamais aux révélations donné d'autre gage que celui de la tolérance la plus bienveillante, Jules Simon a composé, voici tantôt un demi-siècle, un ouvrage considérable intitulé : la *Religion naturelle,* ouvrage qu'auraient certainement contresigné nombre des plus distingués représentants de l'école éclectique. Ce livre, sans doute un peu vieilli et où l'effort métaphysique s'enveloppe de trop d'éloquence, n'en expose pas moins une très méthodique et très dialectique théologie instituée par le seul entendement. Et que l'on ne se persuade pas que Jules Simon, trop docile aux stratégiques recommandations de son maître, Victor Cousin[2], voulût frayer,

---

1. V. Herbert de Cherburg, *De Veritate, prout distinguitur a Revelatione* (1624) ainsi que son *De religione gentilium* (1645), le plus renommé de ses ouvrages.
2. « Comme professeur, fait-il dire à Cousin, je démontre les vérités qui sont communes à tous les cultes. Je suis leur auxiliaire à tous... »
Jules Simon, *Victor Cousin* (p. 139).

par sa philosophie, la voie aux doctrines révélées. Voici comment il s'est exprimé sur le dessein qu'il poursuivait : « Il y a des esprits, en grand nombre, qui se reposent avec bonheur dans cette clarté, dans cette sécurité de la foi révélée ; mais il en est d'autres qui ne sauraient admettre le principe de la révélation, ou qui, ne pouvant croire à toutes les vérités enseignées par l'Église et comprenant qu'on ne fait pas sa part à la parole de Dieu et qu'il faut l'accepter ou la rejeter tout entière, se **sentent** obligés de renoncer à la religion **positive** et se livrent sans réserve à la philosophie. Ces esprits religieux, mais qui ne reconnaissent d'autre autorité que la raison, ne trouveront-ils pas en elle ce qu'ils lui demandent ? L'humanité est-elle placée sans autre ressource entre la révélation et le scepticisme ? N'y a-t-il rien en dehors de la foi révélée, qui puisse rattacher la terre au ciel ?[1] ». Loin donc de voir en elle le préambule des croyances confessionnelles, Jules Simon concevait cette « religion naturelle » comme éminemment destinée aux âmes volontairement étrangères à toute confession.

Mais une religion ainsi comprise est d'essence purement philosophique. C'est dire que, comme la philosophie tout entière, elle relève de la seule réflexion rationnelle et repousse toute ingérence d'une autorité, quelle qu'elle soit. Les auteurs des présents programmes, dans une université émancipée et

---

[1]. *Préface.*

qui ne connaît qu'un primat, celui de la raison, ne pouvaient pas plus enjoindre de *prouver* le théisme qu'ils n'auraient pu imposer de démontrer le créationnisme ou l'animisme ou le réalisme. Ils ont entendu seulement que les thèses du théisme et du providentialisme, avec les arguments dialectiques qui les appuient ainsi que les objections auxquelles ces arguments à leur tour se sont heurtés, fussent, dans leurs grandes lignes, exposées aux élèves, relativement avancés en âge, qui forment l'auditoire du maître de philosophie. La liberté doctrinale est accordée à ce dernier et bien rares sont aujourd'hui les cas où l'usage de cette liberté ait donné lieu aux protestations[1]. Sans doute ici encore peut se présenter l'hypothèse extrême où le droit de penser librement devant ces jeunes hommes rencontre sa limite. Faut-il, demandera-t-on peut-être, reconnaître au professeur d'État toute licence de proclamer ouvertement, dans sa classe, l'athéisme ? — La question ainsi posée, sous cette forme, disons-le, un peu grossière (et qui sent sa réunion publique) ne serait, dans aucun État moderne que je sache, tranchée dans le sens de l'affirmative : et les hommes de la Révolution, que l'on ne taxera certes point de timidité, n'auraient pas plus que l'immense majorité de nos contemporains consenti à étendre jusque-là le droit d'associer à tout ce que l'on professe soi-même les

---

[1]. Me sera-t-il permis de dire que, depuis trois ans et demi que j'ai l'honneur de diriger l'Académie de Lille, un cas de ce genre ne m'a pas été une seule fois signalé.

adolescents sur qui l'on a autorité. Pour des raisons multiples· mais dont la principale est certainement l'association traditionnelle qui s'est établie entre la notion de divinité et l'ensemble des idées morales auxquelles les États non moins que les individus sont foncièrement attachés, l'hypothèse d'un enseignement public délibérément, dogmatiquement athée, apparaîtrait comme un paradoxe pédagogique, une impossibilité sociale, au moins dans la condition actuelle de notre civilisation.

Mais rassurons-nous. La difficulté que nous relevons a bien peu de chances de se produire dans la réalité. Le professeur n'offensera la conscience de personne et en même temps n'obligera la sienne propre à nulle feinte qui viendra dire : « voici ce que les partisans d'une religion naturelle ont allégué à l'appui de leur affirmation et voici les objections qui leur ont été opposées. Pour moi je tiens leurs thèses pour indémontrables à la raison spéculative et le problème entier pour transcendantalement insoluble à nos esprits relatifs. » — Attitude sceptique, dira-t-on. Non pas forcément. Attitude critique plutôt ; en tout cas nullement négative et qui n'exclut en rien la possibilité d'autres sources de certitude, étrangères à la pensée dialectique. Et je ne parle pas de ces voies miraculeuses qu'une révélation peut ouvrir mais où nous n'avons pas le droit de nous engager, parce qu'elles nous ramèneraient au surnaturel et aux religions positives, c'est-à-dire nous replaceraient sur le domaine interdit. Mais je songe à cette thèse philosophique aujourd'hui en honneur auprès d'éminents et d'indépendants esprits, aux termes de laquelle, en matière de religion, de métaphysique même, les arguments, les démonstrations de la raison discursive ne sont que la superficielle enveloppe de croyances essentielles profondes, intimes, subconscientes, soustraites au contrôle ordinaire de la pensée logique. « Notre croyance impulsive, dit M. W. James, est toujours ici ce qui établit le corps originel de vérité et notre philosophie avec son verbalisme articulé n'en est que la fastueuse traduction en formules. L'assurance irraisonnée et immédiate est en nous la chose profonde, l'argument raisonné n'est qu'un déploiement de surface. L'instinct conduit, l'intelligence ne fait que suivre. » Et, pour que l'on ne s'y trompe pas, M. W. James insiste sur ce qu'en disant de la sorte il se borne à être l'interprète des faits. « Veuillez observer que je ne dis pas qu'il soit meilleur que le subconscient et le non-rationnel tiennent ainsi la suprématie dans le royaume religieux. Je me borne à signaler simplement qu'en fait il en va de la sorte. » — Nous sommes donc en droit d'avancer qu'un exposé critique — et même de tendances pyrrhoniennes (éventualité que d'ailleurs nous ne préconisons nullement), bref, qu'une conclusion suspensive relativement aux thèses de la théologie naturelle n'entraîne nullement l'athéisme radical comme sa conséquence.

Aussi bien l'athéisme dogmatique doit-il être tenu pour un cas exceptionnel dans le monde philosophique. C'est que rien n'est moins uniforme, rien n'est moins simple à définir que la notion du Dieu des rationalistes. Autant le Dieu des religions positives, avec ses déterminations rigoureuses que stipulent les *credo,* est, si l'on peut dire, à contours nets, à formes arrêtées, autant celui des théologiens naturels peut-il se prêter à des représentations ou mieux à des conceptions différentes. Tantôt il ressemblera au Dieu personnel des théologiens. Tantôt il n'aura que la consistance tout idéale d'une notion abstraite, d'une fin spirituelle toujours en voie de se réaliser et non d'une perfection en acte. Tantôt il sera la cause transcendante, tantôt l'universelle substance immanente au monde, tantôt la Pensée une, se réfléchissant à l'infini dans les pensées finies innombrables, tantôt la forme pure, éternellement réalisée, de l'unité la plus haute vers laquelle monte l'entendement. Et l'athéisme doctrinal ferait, par une seule et indistincte négation, table rase de ces acceptions si diverses, dont chacune correspond à un point de vue spécial de la pensée et de l'être, du physique et du métaphysique ! Il serait en situation d'affirmer tout uniment que ces multiples interprétations sont également négligeables ! Au lieu de dire : j'ignore si Dieu est, il serait assez sûr de soi pour déclarer : je sais pertinemment que Dieu n'existe pas, sous quelque forme, avec quelques attributs qu'on veuille le concevoir ! Pour notre part, nous envierions à un tel homme sa superbe; tout au moins nous le féliciterions de cette belle confiance. Nous le prierions seulement de n'en point faire étalage devant ses élèves. Un peu de modestie intellectuelle est, à notre avis, un des grands bienfaits que puisse apporter une bonne classe de philosophie.

Il y aurait bien un dernier parti qui offrirait de quoi séduire, un parti qui couperait court à toutes les distinctions comme à toutes les compromissions : il consisterait à prendre en un sens tout à fait nouveau la maxime de neutralité. Qui est neutre ? L'État. Mais l'État et son corps de maîtres font deux. Et la neutralité de l'État se réduirait à laisser les maîtres libres de professer, en matière religieuse, leurs opinions, quelles qu'elles fussent, à leurs risques et périls. « Fais ce que plaît, » disait Rabelais. « Enseigne ce que veux, » serait la devise universitaire.

Ce serait là, à notre avis, une parodie de neutralité, ou plutôt c'en serait la flagrante négation. Qu'importe aux élèves ce que tient et juge cette personne morale, l'État ? L'État, ils ne le connaissent point. Ce qu'ils connaissent, ce sont les hommes individuels qui, en vertu de la délégation de l'État, ont autorité sur eux et leur distribuent l'instruction. Si ceux-ci ne sont pas neutres, la neutralité de l'État n'est qu'un leurre. Et voilà les élèves vis-à-vis les uns des autres, une majorité ou une minorité d'entre eux vis-à-vis de leur professeur, dans une condition de discorde religieuse, c'est-à-dire de la plus amère des discordes, de celle qui émeut les plus âpres passions, de celle que l'intervention logique de la raison est la plus impuissante à apaiser ! Voilà, d'autre part, les maîtres non seulement assujettis à étaler leurs mutuelles dissidences, mais livrés aux protestations, délations, persécutions des meneurs régionaux, ici libres penseurs militants et là cléricaux forcenés ! Si l'État est neutre, les milieux sociaux ne le sont pas et sa protection lointaine abritera pauvrement et inefficacement ses délégués contre les oppressions immédiates. Ou bien la neutralité n'a pas de sens ou elle se doit dire du corps enseignant en son entier.

Du reste, on montrerait sans peine que la non-neutralité préconisée par des publicistes libres penseurs se heurterait tôt ou tard aux mêmes difficultés qui ont paru être l'écueil de la doctrine de neutralité. Eux aussi se voient, à un moment ou à un autre, dans l'impossibilité d'investir le professeur d'État du droit absolu de tout dire et sous toute forme. « Il ne s'agit pas, déclare l'un d'eux, de partir en guerre contre telle ou telle conception politique ou religieuse. L'école n'est ni une tribune ni un journal. Si les professeurs n'ont pas à soulever certaines questions, ils ne peuvent les éviter quand elles se posent. Qu'ils disent simplement alors, AVEC TACT et sérénité, ce qu'ils pensent juste... » Bref, ces publicistes en sont réduits à s'exprimer comme nous, à poser comme nous des garde-fous, à tracer comme nous des limites, à recommander le « tact ». Mais nous du moins, nous nous sommes assigné un critère ; eux n'en ont pas et leurs réserves ne peuvent constituer qu'une inconséquence[1].

1. V. *L'Aurore*, 28 décembre 1902 : *L'impossible neutralité*, par J.-J. Geste.

Non, ne regrettons pas la décision prise par l'État républicain. Il a suivi le parti le plus sage, celui qui coûte le moins au droit et à la dignité de tous. Car il ne faut pas nous arrêter à des arguments oratoires tirés de ce qu'il y aurait d'évasif, pour ne pas dire de timoré, à cette attitude neutre. Dans notre interprétation, on a pu voir quel champ immense le devoir de neutralité ainsi compris permettrait encore de parcourir à la critique rationaliste. Le terme de *neutre* n'a rien qui doive offenser, si on ne le prend pas à faux. « Une nation neutre », dans l'ordre politique, cela ne signifie pas une nation désarmée ou peureuse, mais bien une nation qui tient ses forces en réserve et a décidé de n'en point faire emploi là où leur mise en action lui paraîtrait ou inutile ou funeste. Une énergie qui se contient n'est, pour cela, ni humiliée ni ridicule. De même pour l'objet qui nous occupe. La neutralité n'est pas l'impuissance. La neutralité n'est pas l'indifférence. La neutralité n'est pas l'inaptitude à se prononcer. Elle est la manifestation d'une volonté réfléchie, bien déterminée à ne pas porter le poids de son autorité ou de ses préférences dans des débats que doit seule, en fin de compte, trancher la conscience individuelle.

III

LE DEVOIR DE RESPECT A L'ÉGARD DE LA PENSÉE RELIGIEUSE

Le maître de l'enseignement public, lorsqu'il rencontre sur son chemin la religion, sous forme soit de faits, soit d'institutions, soit de dogmes, soit d'idées et de sentiments, est tenu de n'en parler qu'avec sérieux et gravité, d'éviter la raillerie et le sarcasme, de s'interdire cette manière que l'on a appelée voltairienne, qui donne sans doute de la vivacité et du piquant à une polémique, mais qui, le plus généralement superficielle, très souvent injuste et partiale, est certainement déplacée chez un directeur de jeunes esprits. Ce devoir, je le désignerai d'un mot : c'est le devoir de *respect*.

Le respect est une certaine disposition de toute notre personnalité spirituelle : il est un sentiment, mais que la réflexion éclaire, recommande, dirait un Stoïcien, et auquel adhère notre volonté. Cette disposition est motivée par la conviction d'une supériorité chez l'être à qui nous le témoignons : supériorité qui pourra être physique (que d'hommes ont le respect de la force !), économique (que d'hommes ont le respect de la fortune !) ; mais elle n'aura sa valeur la plus haute et par là ne donnera lieu à la plus noble forme de respect que lorsque cette supériorité sera de l'ordre intellectuel et surtout moral (respect de la science, respect de la vertu). Dans tus les cas, elle atteste que nous sommes devant quelque chose de grand, qui dépasse le champ banal de nos pensées coutumières ; quelque chose qui arrête le sourire et dissuade des propos frivoles (respect de l'autorité, respect de la vieillesse, respect du malheur); mais cette grandeur, je le répète, n'atteint son sommet que si, par quelqu'un de ses caractères, elle participe à la moralité[1].

Une telle disposition, comme la plupart de celles que l'homme peut contracter, est sujette au progrès et au déclin, à l'hypertrophie et à l'atrophie. Chacun de ces deux excès a ses dangers. L'excès dans le respect peut engendrer la timidité d'esprit, l'oppression de toute pensée critique, émousser la réflexion, engendrer la superstition de l'autorité en des matières où l'autorité ne doit être de nul poids. Il peut, en d'autres natures, déchaîner la passion aveugle, qui imposerait même par la violence à la volonté des autres l'objet indiscuté de notre vénération, c'est-à-dire qu'il peut porter au fanatisme. — Mais l'absence de respect est un mal non moins déplorable. Elle favorise de façon bien dangereuse le scepticisme moral aux yeux duquel toutes les existences ont même valeur, toutes les affirmations même portée : car à

---

[1]. Cf. le rôle que lui prête Kant.

force de ne rien respecter, pourquoi n'en viendrait-on pas à ne pas plus respecter la vérité que tout le reste ? De plus, elle a facilement comme corrélatif une exaltation de la vanité individuelle, empêche de reconnaître et de percevoir toute vraie grandeur, prépare l'ingratitude envers les bienfaiteurs de l'humanité. Enfin, elle expose à une perturbation irrémédiable dans les rapports sociaux, car elle entraînerait soit la négation de toute subordination hiérarchique — dans la famille comme dans l'État, — ou elle réduirait la reconnaissance de cette subordination à une apparence extérieure, de pure hypocrisie. Certes, les hiérarchies sociales sont loin d'être, en fait, toujours respectables ; en droit, cependant, elles le sont, puisque, théoriquement, elles correspondent à des inégalités d'importance dans les services rendus à la collectivité.

Cette vérité reçoit du fait de l'éducation elle-même son éclatante confirmation. La suppression du respect de la part de l'enfant mettrait le maître dans l'impossibilité certaine d'exercer sur lui aucune action. Si l'élève, malgré son inexpérience, malgré l'insuffisance de ses informations, la témérité de sa critique forcément novice, n'admet pas, comme un postulat indiscuté, que tout jugement de son maître, par cela seul que son maître l'a énoncé, doit être pris par lui en sérieuse considération[1] ; que s'il lui est loisible, après

---

[1]. Je dis seulement : en sérieuse considération. Et ici, il faut distinguer. Dans l'ordre de ce qui se raisonne, se déduit, se prouve, l'autorité ne doit intervenir que pour commander l'attention ; mais l'évidence seule

réflexion, de n'adopter point ce jugement, il doit du moins l'accueillir d'abord avec égards, non comme une opinion négligeable, mais comme une affirmation qui doit être pesée et ne saurait être rejetée que parce qu'il y a quelque chose de plus respectable encore que la parole du maître, c'est le souci de la vérité ; si, dis-je, il n'y a pas chez l'élève cette persuasion secrète — fondée sur un raisonnement de probabilité — qu'il y a des chances qu'en général et sauf exceptions, l'homme expérimenté et instruit que ses parents ou l'État lui ont désigné pour guide en sache plus long que lui et se trompe moins aisément que lui, je le demande, comment ne serait-ce pas folie pure de parler, je ne dis même pas de l'efficacité, mais de la possibilité même d'un enseignement ? Ce respect ne doit être ni aveugle, ni superstitieux, ni machinal ; mais il doit exister et il existera en s'accordant très bien avec ce que j'appellerai le contrôle intellectuel chez l'élève. Qu'il disparaisse et, je le répète, l'œuvre éducatrice n'a plus le moindre sens. Cette condition est requise dans une éducation particulière — et là, elle est, semble-t-il, assez facilement réalisée ; — elle l'est surtout dans un enseignement collectif, alors que les élèves composent une petite foule et ont d'une foule l'âme mobile, prompte, émotive, imitatrice. Dans ces milieux sujets

---

et la force démonstrative du vrai doivent avoir empire sur l'élève. Le respect dans ce cas ne porte que sur la forme. Dans l'ordre préceptif, où il s'agit des directions à donner à l'élève, des redressements de sa volonté, du pli de ses habitudes, le respect doit porter au fond.

à l'indiscipline et à l'espièglerie, malheur au professeur dont la parole manque d'autorité [1] et dont la personne n'inspire pas, avant toutes choses, à son jeune auditoire le respect !

Entre ces deux extrêmes : respect irraisonné, ébahi, quasi idolâtrique, et mise à l'écart de tout respect, il y a donc une attitude moyenne à adopter. Mais j'avoue que de ces deux excès, le premier est de beaucoup celui qui me préoccupe le moins. Outre qu'il est le moins fréquent, c'est celui qu'il est le moins malaisé de combattre. Dans l'Université, dirai-je, le simple courant de l'enseignement tend à le prévenir, puisque cet enseignement n'est qu'une incessante affirmation du devoir de poursuivre le vrai, par toutes voies et à tous risques. — Au contraire, le second est bien plus menaçant ; de toutes parts, il est favorisé par l'amour-propre et les sophismes trop souvent fondés sur le droit imprescriptible de la raison. C'est à celui-là que les jeunes générations, dans les établissements laï-

[1]. La notion d'*autorité*, qui n'est pas sans parenté avec celle de respect, mériterait elle-même d'être soumise à l'analyse. Ce mot comporte deux acceptions, qu'il y a intérêt à distinguer. En premier lieu, il désigne le droit de se faire obéir ; en second lieu, celui d'obtenir l'adhésion à ce que l'on affirme et cela non pas en raison du contenu de l'affirmation, mais en égard seulement à la véracité présumée de celui qui affirme. Deux significations voisines, sans doute, mais que l'on ne saurait confondre. La première est entraînée par le fait seul qu'une organisation sociale, quelle qu'elle soit (exceptée l'anarchique) existe. La seconde résulte de l'impuissance où se trouve un esprit individuel à tout connaître. Elle suppose toute une théorie critique du témoignage et l'on sait comment Auguste Comte a établi que, dans la science même, elle tenait une place considérable. — L'un et l'autre sens valent dans l'enseignement ; souvent ils se combinent, mais plus spécialement le premier intéresse l'éducation et le second l'instruction.

ques, sont accusées de se laisser entraîner¹. C'est contre celui-là que nous devons d'autant plus nous prémunir que nous nous faisons une conception plus large, plus libérale, du rôle de l'éducateur.

Or, si le maître aspire à entretenir chez ses élèves cette disposition, sans laquelle, nous venons de le voir, son autorité à lui-même risquerait fort d'être annihilée, il fera bien, lui tout le premier, de prêcher d'exemple et, pour cela, de respecter ce qui est respectable. Ces grandes idées, dont nous avons cité quelques-unes, devront être de sa part l'objet du même sentiment déférent qu'il désire inculquer à ses élèves pour toute supériorité légitime. Il respectera la notion de patrie ; il respectera la notion de progrès social et moral. A l'idée religieuse, il témoignera du respect, *parce que ce respect lui est dû*.

Et d'abord il n'y a nulle témérité à avancer que cette attitude de respect est attendue de lui par les familles qui lui accordent leur confiance et se sont déchargées sur lui du soin de former leurs enfants. Ce mandat ne lui a pas, je le veux bien, été explicitement donné ; il est, à n'en pas douter, sous-entendu. En effet, si nous passons mentalement en revue les parents dont il est le délégué, l'énumération suivante paraît bien près d'être exacte :

Un certain nombre sont croyants et pratiquants; ils n'ont cependant pas confié à des maisons religieuses les héritiers de leurs noms, d'une part parce

---

1. Cf. dans *les Guêpes* d'Aristophane, les reproches adressés à Socrate par les pères de certains de ses disciples.

qu'ils redoutent les excès de piétisme de ces dernières ou leur esprit anti-démocratique, d'autre part, parce que leur credo n'est pas si étroit ni si ombrageux qu'il les rende hostiles à la pensée rationaliste. Loin de là, ils tiennent et de nombreux précédents les encouragent à tenir que le libre exercice de l'intelligence n'est pas incompatible avec l'attachement à une religion révélée.

Un nombre peut-être plus considérable est formé par des ex-pratiquants, actuellement encore ou croyants ou demi-croyants ; croyants, c'est surtout par une sorte d'indolence qu'ils se sont peu à peu relâchés sur la pratique, s'excusant peut-être à leurs propres yeux par le commode argument que le vrai culte est le culte intérieur ; à demi-croyants, ils ne se soucient pas de pousser à fond une enquête exégétique ou critique qui définitivement ferait tomber en un sens ou en l'autre leurs hésitations ; mais visiblement les uns et les autres seraient tout prêts, sous l'action d'une épreuve ou d'une crise morale, à en revenir à la foi scrupuleuse et agissante. Mais les uns et les autres aussi professent pour la pensée séculière et scientifique au moins autant de bienveillance que les premiers et pour les mêmes raisons font crédit à ses représentants.

Un troisième groupe, qui pourrait bien être de beaucoup le plus abondant, comprend les ex-pratiquants et les ex-croyants définitifs, ceux qui résolument, ou par l'habitude d'une indifférence qui a toute la force d'une conviction, ont sans esprit de retour abandonné toute foi confessionnelle. Que ce soit ou non par degrés qu'ils en sont venus à la libre pensée, ils lui appartiennent à jamais. Mais ils ne se soucient pas de placer de prime abord l'esprit de leurs enfants au stade où ils sont eux-mêmes à la longue parvenus. Au contraire, ils entendent que leurs enfants fassent à leur tour le voyage intellectuel qu'ils ont fait et, si la libre pensée est un affranchissement, ils tiennent préférable que leurs enfants en soient directement les auteurs. Je rangerais dans le même groupe ceux qui, par suite de circonstances multiples, dispositions intellectuelles de leur premier entourage à eux-mêmes, premiers exemples qu'ils ont eus sous les yeux, très lointaines lectures ou conversations etc., n'ont jamais connu par eux-mêmes l'attitude ni l'état d'âme du croyant, qui sont, eût-on dit il y a deux siècles, des libertins-nés, mais qui, néanmoins, n'entendent pas que leurs fils soient élevés en dehors de toute foi religieuse : et cela, les uns par snobisme mondain, les autres en vertu de cette conviction plus honorable que des croyances, même objectivement illusoires, sont un frein moral auquel il ne faudrait pas à la légère renoncer, qu'elles faciliteront une droiture de cœur, une élévation de sentiments qui persisteront même le jour où se seront évanouies les idées confessionnelles qui les avaient fait naître. Mais encore moins voudraient-ils que leurs enfants fussent exemptés de l'effort rationnel et critique, effort auquel ils estiment que l'Université excellera à les exercer. Ils souhaitent tout au moins que dans ces jeunes âmes il y ait entre les deux tendances, confessionnelle et rationaliste, *fair play* ; que nulle des deux ne soit donc, à l'avance, systématiquement sacrifiée. D'ailleurs ils ne doutent guère que pour leurs enfants, comme pour eux, ce ne soit la seconde, c'est-à-dire la rationaliste, qui finira par prévaloir.

Enfin, je compterai un dernier groupe qui, tout au moins dans notre bourgeoisie, dans nos classes dites libérales, me paraît constituer actuellement une minorité peu considérable : il renfermera les libres penseurs décidés et avérés qui souhaitent pour leurs enfants une éducation tout animée de rationalisme, exclusiment laïque, radicalement étrangère à toute direction confessionnelle, et qui, dans cette intention bien nette, se sont avec confiance adressés à l'Université. Ceux-ci ont la voie toute tracée : leurs enfants seront dispensés d'entendre l'enseignement religieux, de suivre quelques offices que ce soient. Mais les parents ne demanderont pas pour cela qu'on dresse lesdits enfants à la lutte anti-religieuse, qu'on les forme au mépris ou à la haine de ce qui est pour la majorité des autres la consolation et l'espérance. Étranger ne veut pas dire hostile. La neutralité qu'ils réclament ne signifie pas une dogmatique à rebours.

Ces quatre classes forment bien, semble-t-il, la quasi-totalité du personnel des familles dont les maîtres de l'Université peuvent se considérer comme les mandataires. Évidemment, pour que l'analyse fût complète et serrât de plus près la réalité sociale, il faudrait tenir compte de la dualité qui existe au sein de chaque famille, dualité qui si souvent correspond à un contraste, à une divergence radicale : celle du père et de la mère. Mais on ne trouvera pas que je me hasarde beaucoup en avançant, que, dans l'immense majorité des cas, l'influence de la mère tend, si le père est du troisième groupe, à le faire se comporter, en matière d'éducation tout au moins, comme s'il appartenait au second ; et, s'il est du second, comme s'il appartenait au premier ; bref, qu'elle tend à s'exercer dans le sens orthodoxe et conservateur. Et ce n'est pas hasarder beaucoup d'ajouter que, dans le plus grand nombre de cas, c'est l'influence de la mère qui l'emporte, soit que le père, pris par les préoccupations du labeur quotidien, ne se sente ni la force ni le vouloir de soutenir à son foyer une continuelle dispute, soit qu'il estime que la direction religieuse se rattache étroitement à la direction morale et que présider à l'éducation en général et à l'éducation morale en particulier est éminemment un office maternel.

Quoi qu'il en soit, et au point de vue de chacun de ces quatre groupes, n'apparaît-il pas en toute évidence que l'obligation de traiter avec respect la pensée religieuse est l'une de celles dont les familles s'attendent le plus naturellement que le professeur devra s'acquitter ? Que jeter la moquerie, l'épigramme railleuse, le reproche amer, l'insinuation accusatrice contre cette forme de l'activité spirituelle, c'est aller à l'encontre de leurs intentions ? Que c'est tromper leur confiance ? Manquer au pacte tacitement consenti ?

Dans un seul cas il pourrait n'en pas aller de la sorte, celui où dans ce quatrième groupe que nous désignions tout à l'heure comme une assez faible minorité, il faudrait tracer une subdivision qui constituerait une minorité plus restreinte encore : c'est le cas, dis-je, où l'on aurait affaire à des parents antireligieux pour leur compte et décidés à ce que leur irréligion se propage à leurs enfants, et cela sous forme non pas indifférentiste, mais bien militante et agressive, des parents, en un mot, qui tiendraient que le véritable enseignement séculier est celui qui arme et ceint les futurs citoyens pour partir en guerre contre la pensée religieuse. De ces parents, en existe-t-il dans nos classes moyennes ? Assurément, mais pour ma part je n'en ai connu qu'un bien petit nombre. Mais ce nombre parût-il moins négligeable encore (et une opinion sincère n'est jamais négligeable), de quel droit lui sacrifierions-nous la multitude des autres, celle des croyants, des demi-croyants, des quasi-croyants ? Faut-il donc que le libéralisme aboutisse à l'oppression de la majorité ? Ou, si nous ne sacrifions personne, si nous favorisons tour à tour l'expression de la foi militante et de l'irréligion combative, la classe devient un champ clos où s'acharneront les unes contre les autres les passions intellectuelles et sociales les plus redoutables et les plus violentes qui soient, celles en prévision desquelles un Hobbes composa toute sa politique. Et que devient la grande idée républicaine de neutralité ? L'enseignement sera la triste image du despotisme, si une opinion privilégiée y domine : si toutes les opinions y dominent également, ce sera l'image de l'anarchie.

En conséquence, à supposer que de tels parents viennent vers nous, frappent à notre porte et demandent à l'Université de se faire leur coopératrice, nous n'avons qu'une réponse à leur faire : si vous voulez que nous transmettions de notre mieux à vos enfants l'ensemble des humanités, la culture rationnelle scientifique, historique, critique et philosophique que nous avons reçue, culture qui ne reconnaît qu'une autorité, celle des règles imprescriptibles de la pensée et de son accord logique avec elle-même, culture enfin qui n'admet pas de bornes à son domaine, au point que la religion elle-même, en tant que fait mental, tombe sous la juridiction de l'intellect, si vous voulez cela, confiez-nous en toute sécurité ces « petits hommes »[1] qui vous sont chers. Mais si vous nous demandez de leur inculquer un cléricalisme retourné dont le plus grand nombre de nous est, Dieu merci, parfaitement exempt ; si vous nous demandez de les munir d'arguments, de chefs d'accusation, sinon de motifs de colère et d'outrage contre l'ensemble des croyances devant lesquelles se courbent volontairement les fronts et les âmes de millions de Français ; enfin si vous nous

---

1. Montaigne.

concevez, nous modestes éveilleurs et modestes guides de la pensée rationnelle, comme les pionniers d'une entreprise qui consisterait à déchristianiser ou à déjudaïser la France, dans ce cas, vous vous êtes trompés d'adresse. Frappez ailleurs ! Ou si cet ailleurs n'existe pas, fondez-le. Créez ce séminaire antireligieux que vous rêvez. Vous en avez le droit. La liberté d'enseigner vaut pour votre incroyance comme elle vaut pour la foi des autres. Si elle abrite et sauvegarde les exclusivistes de droite, elle protégera au même titre les exclusivistes de gauche. Mais nous, professeurs d'État, nous, Université, nous ne nous laisserons pas plus inféoder aux seconds qu'aux premiers. Notre enseignement occupe un sommet qui plane par-dessus les tumultes et d'où les idées et les doctrines sont contemplées seulement en ce qu'elles ont d'impassible, d'éternel. Nous pourrions dire que c'est là notre gloire. Disons plutôt que c'est là notre charge. Prenez-nous comme nous sommes, ou ne nous choisissez pas. — Voilà pour les parents.

Mais en face des parents, il y a les maîtres et, comme nous avons dû compter avec ceux-là, nous sommes au même degré tenus de compter avec ceux-ci. Nous avons dit constamment : « le maître », c'était là une vicieuse façon de parler, car elle semblerait justifier l'illusion que le « maître » désigne quelque entité enseignante, entité générale et abstraite, partout identique, nullement sujette à varier selon les temps et selon les lieux. Le maître n'est pas l'interprête impersonnel de préceptes ou de principes éternellement donnés. Il est un individu, avec toutes les différenciations spirituelles et morales qui caractérisent toute personnalité. Il y a non pas le maître, mais les maîtres, de qui les dispositions d'âme, les convictions, les pensées, ont droit, autant et même plus que celles des familles (plus, car ils ont bien souvent davantage réfléchi et c'est pour eux que les choses de l'ordre intellectuel ont peut-être le plus de poids) à entrer en ligne de compte.

Or, les maîtres, dirons-nous, se peuvent, en ce qui concerne leur position vis-à-vis des croyances confessionnelles, distribuer en trois groupes. Ce seront d'abord les deux extrêmes opposés : les croyants et les incrédules militants. Pour les croyants, nulle difficulté : il est bien évident que la loi du respect à l'égard de la pensée religieuse serait pour eux une superfétation, comme un pléonasme. Le plus implique le moins. Et comment ne respecterait-on point ce que l'on adore ? Des professeurs croyants, l'Université en renferme et en nombre appréciable ; or jamais il n'est entré dans l'esprit des chefs de ce grand corps que ce caractère d'être un croyant pût devenir un motif je ne dis pas d'exclusion, ni de défaveur, mais même de moindre faveur. Toutefois il est sous-entendu que par le fait qu'un croyant s'est mis en ligne pour obtenir et a obtenu l'une des chaires de l'enseignement public, il a reconnu qu'entre les exigences intimes de sa conscience et sa mission civile d'éducateur laïque et rationaliste, il n'y avait point incompatibilité. Entre les deux sphères, dont la distinction est devenue, depuis Descartes, un axiome familier à tous les esprits cultivés, la sphère de la foi et de l'autorité, la sphère de la raison et de la liberté d'examen, il consent qu'il n'y a pas interférence et que, du fait qu'il ne déserte pas la première, l'intégrité de la seconde ne sera en rien compromise. En conséquence, de cette même loi de respect qu'il lui est tout simple de mettre en pratique vis-à-vis des formes religieuses, il n'hésitera pas à faire bénéficier, dans son enseignement, les négations sincères, approfondies, raisonnées, qu'une certaine conception métaphysique ou une certaine doctrine critique ou même une certaine susceptibilité scientifique auront dictées à d'autres intelligences que la sienne en opposition aux dogmatiques des différentes confessions. De ce premier côté donc, nul embarras.

Il en est tout autrement avec la catégorie contraire, de laquelle il me serait difficile d'évaluer l'importance numérique, mais que je crois, sous son type intransigeant du moins, composer une bien petite minorité. Je dis : sous le type intransigeant, type qui n'a que peu de chances de se rencontrer dans notre personnel universitaire, où l'"esprit de mesure et de sagesse, le désir de ne point heurter, la discrétion, le tact, sont des vertus professionnelles si répandues que nul n'y songe même à en tirer mérite, car s'il était un reproche que notre corps enseignant encourût plutôt, ce serait bien celui d'un excès de réserve. Néanmoins, examinons le cas de cette minorité antireligieuse intransigeante : cette exception porte à son maximum d'acuité la difficulté la plus grave du problème général que nous agitons.

De deux choses l'une : ou cette intransigeance ne sera que relative encore, ou, si l'on préfère, que personnelle : c'est-à-dire qu'elle sera de telle nature que toute profession, si superficielle, si extérieure soit-elle, de ce respect que nous réclamons paraîtrait à notre antireligieux un coupable abandon de ses propres principes, une concession lâche à des préjugés en eux-mêmes condamnables, tout au moins l'apparence mensongère d'une disposition spirituelle qui n'est point la sienne. Une telle situation est évidemment très épineuse, mais elle est commandée par un scrupule moral trop honorable pour que, par entêtement de système, nous en fassions purement et simplement abstraction et que nous soumettions le maître que je suppose à la commune loi. Eh! bien, soit. Pour lui, il sera fait une exception. Il n'aura à témoigner nul respect, mais j'ajouterai aussitôt : nul irrespect non plus. Ce tour de force dont nous parlions dans nos débuts, celui de la radicale neutralité d'un enseignement secondaire, il se mettra en mesure de l'accomplir continûment, sans une distraction, sans une défaillance. Ce que Condorcet voulait que l'éducateur fît à l'égard de nos institutions d'État, qu'on les enseignât simplement comme des « faits », il le pratiquera, sans appréciations d'aucune sorte, sèchement, nûment, à l'égard de tous les points, doctrines, institutions, événements où la Religion se trouverait en jeu. A la rigueur, cela est possible et faisable. La concession me coûte. Je l'accorde sans hésiter, mais avec de vifs regrets. Et ces regrets sont justifiés par une double raison. D'abord, à mon sens, notre intransigeant se méprend ; il cède lui-même à un préjugé étroit qui lui fait méconnaître les principaux aspects de cet objet qu'il repousse ; son examen critique n'est pas resté suffisamment pur de tout préjugé : il y a dans son aversion intraitable autre chose que l'effet de sa docilité à la sereine raison. En second lieu et surtout je déplore que, par cette nécessité de semi-mutisme qu'il s'est créée, notre intransigeant se mette dans l'impossibilité d'exercer sur ses élèves cette influence heureuse que nous sommes en droit d'attendre de nos maîtres et qui, par la manière indépendante, rationnelle, mais sereine et déférente, dont ils auront entretenu les élèves toutes les fois que s'en sera présentée l'occasion, de toutes les questions, faits ou doctrines, qui mettent l'idée religieuse en cause, leur inspirera l'horreur du fanatisme et de l'intolérance et les rendra capables d'admettre et de comprendre toutes les sincérités ; je déplore que ces maîtres excellents se soient, par un excès de scrupule, mis dans l'impossibilité d'être de bons ouvriers de pacification et d'harmonie.

Reste notre seconde alternative : celle que j'appellerai de l'intransigeance absolue, qui ne se contente point d'interdire comme une félonie toute manifestation, même purement courtoise, de déférence envers des institutions et des idées tenues pour erronées, mais qui fait un devoir à quiconque détient une autorité morale ou intellectuelle, de dénoncer sans relâche cette génératrice de superstitions et d'épouvantes, d'erreurs et d'ignorances, d'injustices et d'oppressions dont un grand poète a dit : *Tantum relligio potuit suadere malorum*. Pour un tel homme l'antireligion se devrait prêcher sur les places et par les chemins, aux hommes, aux femmes, aux enfants, aux bornes et aux pierres, partout où s'offrirait une occasion, quelle qu'elle fût, à cet apostolat d'un nouveau genre[1]. Partout où fait seulement mine d'apparaître le spectre religieux, l'exorciser publiquement est un devoir civique et, à coup sûr, un devoir humain. Comment dès lors manquer à un tel devoir, quand on est en présence d'enfants, ces êtres de vérité et de candeur, vis-à-vis de qui le mensonge et l'hypocri-

---

1. Comme spécimen de cet état d'âme, je citerai ce passage d'un volume signé « Un proscrit » et que rapporte, dans la *Petite République* du 5 novembre 1902, Amilcare Cypriani :

« Église et Christianisme. — Toutes les religions sont nocives, toutes sont criminelles, toutes sont attentatoires au bien-être matériel et à la dignité morale ; mais au christianisme appartient la couronne, cette couronne dont il enfonce les épines dans les chairs meurtries de l'humanité souffrante.

« La religion chrétienne est la religion anti-sociale par excellence.

. . . .

« La religion chrétienne est un blasphème contre la nature.

« Religion de la mort, les vivants ont le devoir de l'enterrer. Il y va du salut de l'humanité... »

sie, partout odieux, seraient deux fois condamnables ?

Avec de tels hommes, s'il en existait en situation de prétendre à l'enseignement public, il n'y a pas évidemment à discuter, pas plus que l'on n'ouvrirait une controverse calme et méthodique avec un apôtre, un prophète ou un madhi. La contrefoi les anime ; ce sont les porteurs de l'anti-évangile. Peut-être l'avenir — un avenir encore lointain — leur réserve-t-il la victoire définitive. Cette victoire, ils ont le droit de chercher à l'obtenir par tous les moyens de persuasion dont ils disposent. Le principe de la liberté de penser et de propager sa pensée est inscrit dans nos lois. Au même titre que les fidèles, ils ont droit de s'en réclamer. Ils peuvent donc s'efforcer de répandre leur croyance par la voie des journaux, par celle des réunions publiques ou privées, par celle des associations. Ils peuvent même, s'ils disposent d'un public suffisamment nombreux, suffisamment convaincu, ouvrir des écoles à eux et entraîner à leurs négations les élèves dont les familles sont consentantes. Mais l'enseignement secondaire public et, d'une manière générale, l'Université, ne peut leur confier ses chaires, comme autant de tribunes. En vain ont-ils, par ailleurs, tous les titres pédagogiques requis. Il n'y a pas de diplômes, pas d'agrégations, pas de licences, pas de certificats d'aptitude, qui puissent conférer le privilège de se placer au-dessus des lois. Et la neutralité religieuse, c'est-à-dire l'impartialité entre les religions et les irréligions, est une loi inviolable, devant laquelle tous, dans l'enseignement public, cela s'entend, sont tenus de s'incliner[1].

Eh! quoi, s'écriera l'intéressé, faudra-t-il donc que, selon l'expression usitée, « je brise ma carrière », que je renonce à une mission pour laquelle m'ont dès longtemps désigné mes goûts, mes études, mon labeur, mes succès, et cela sous peine de manquer à ma conscience? — La situation est douloureuse, je le reconnais. Mais songez-vous qu'à vos côtés il peut exister un croyant, dont la conscience n'est pas moins impérieuse, et, par égards pour cette conscience, lui laisserons-nous le droit d'enseigner, par voie directe ou indirecte les doctrines du *Syllabus*, le caractère criminel et satanique, je ne dis pas même de notre Révolution, mais des institutions libérales, la subordination de l'État au pouvoir ecclésiastique, etc. ? — Ou supposez que des émules français des infortunés Dokhoubors se trouvent, par leurs études, avoir eu accès à nos chaires publiques. Si leur conscience leur dicte d'enseigner, par horreur de toute effusion de sang éventuelle, le refus du service militaire,

---

[1]. Ce principe, M. Briand, ministre de l'Instruction et des Cultes, le rappelait en termes admirables, dans son discours à la Chambre des députés sur la loi de séparation (9 novembre 1906) : « L'État laïque, disait-il, doit rester neutre à l'égard de toutes les confessions religieuses. Il n'est pas anti-religieux, il n'a pas le droit d'être anti-religieux ! Il est areligieux. » Et, à ces derniers mots, toutes les gauches ont applaudi. Et, le 11 décembre suivant, M. Clemenceau, président du Conseil, ne tenait pas à la Chambre un autre langage, ni moins applaudi : « nous respecterons scrupuleusement tout ce qui est de la religion, tout ce qui est du culte, mais nous combattrons sans merci tout ce qui est de l'action politique romaine. »

notre libéralisme nous fera-t-il une obligation de laisser dire et laisser faire ? Qui le soutiendra ? Qui ne voit qu'un tel système, généralisé, aboutirait à une permission donnée par l'État d'enseigner le renversement de toutes ses institutions, de toutes ses lois, de toutes ses garanties, c'est-à-dire, en dernière analyse, le renversement de l'État lui-même ?

Dans une telle extrémité, il n'est qu'une ressource, celle que Hobbes, dans ses « Éléments de politique » indiquait au fidèle, menacé dans sa foi par l'arbitraire de la souveraineté civile : aller au martyre. Ici, il n'y a pas d'arbitraire, mais seulement la commune soumission à l'impassible loi. Quant au martyre, c'est assurément le moins cruel qui se puisse affronter ; car il consiste seulement à renoncer au privilège de mener parmi des jeunes gens, à l'encontre du vœu certain de la presque unanimité des familles, une campagne officielle (puisque menée dans les établissements publics, en vertu d'un brevet officiel), que désapprouve et condamne l'État.

A vrai dire, le cas que nous venons d'envisager est presque théorique, tant il se présente rarement dans la réalité. Ce qui a pu arriver, ce qui arrive, c'est que des maîtres, impeccables dans leur enseignement, puissent, dans des occasions parfaitement étrangères à cet enseignement, dans des conférences au dehors, dans des articles de journaux, conduire certaines propagandes mortelles aux idées que respectent les familles et dont l'État ne tolèrerait pas le mépris systématique dans ses propres établissements. L'organisation toute particulière de notre enseignement public secondaire, en concurrence serrée avec l'enseignement libre, peut rendre, dans la pratique, très délicates des conjonctures qui, en droit, devraient être toutes simples et claires. Le droit, c'est que l'État n'ait à connaître des pensées et des doctrines de ses maîtres qu'en tant qu'ils professent *ex cathedrâ,* oserais-je dire. Mais je reconnais que le bon sens des familles aura quelque peine à admettre ce dédoublement en vertu duquel un maître, toute discrétion et toute mesure devant ses élèves, deviendrait devant ses auditeurs ou ses lecteurs du dehors un furieux polémiste. Involontairement, il rejaillira de ses colères à l'extérieur un mauvais renom et un amoindrissement d'autorité pour ses sages discours à l'intérieur de sa classe. Ses élèves qui, assurément, n'en ignoreront pas, en éprouveront quelque trouble. A cet égard, le professeur public est un peu dans la situation du prêtre. Lui non plus ne dépose pas absolument, en franchissant la porte, son signe sacerdotal. Il doit prévoir cette répercussion ; ses chefs sont fondés, en toute courtoisie, à l'en faire souvenir, puisque l'intérêt commun qu'ils poursuivent, eux et lui, c'est-à-dire l'autorité grandissante, le prestige, le succès de bon aloi de l'enseignement d'État en pourraient être atteints. Mais il est évident que nous ne sommes plus ici sur le terrain du droit, car le droit serait tout entier avec le maître. Nous sommes sur le terrain des convenances, celui de la délicatesse, de la confiance et de la bonne volonté. « La grande amour que j'ai de mon peuple me rendra tout facile », disait Henri IV. Un maître, si ardentes que soient ses convictions, saura, par suite de la grande amour qu'il a pour cette jeunesse sur qui s'exerce son action, et pour cette Université qui le compte comme un des siens, ne pas se camper obstinément dans son droit absolu, et faire, dans toute occasion où l'outrance de sa parole risquerait de jeter sur l'œuvre commune quelque déconsidération, à ceux qui en appellent amicalement à son zèle d'éducateur public, toutes les concessions compatibles avec sa conscience et avec sa dignité[1].

Reste le large groupe intermédiaire, celui où je réunirai tous les tièdes, les indifférents, les incroyants décidés, de quelque manière et à quelque degré qu'ils se soient détachés de toute foi en une révélation. Pour certains, il semble que la rupture n'ait jamais eu lieu, comme nous disions de certains parents tout à l'heure, tant ils se sont toujours connus étrangers à la pensée et aux pratiques religieuses. Pour d'autres, le passage de la période de croyance à celle d'incrédulité s'est fait insensiblement, par une sorte d'évolution naturelle, organiquement, continûment,

---

1. Cette question subsidiaire est, je le reconnais, assez épineuse. On ne peut la trancher avec un oui ou un non. Il faut ne l'examiner que par espèces. On relira, avec intérêt, l'abondante consultation dont un écrivain de grand talent, M. Jules Huret, s'est fait le rapporteur (V. ses articles d'août et septembre 1904, au *Figaro*). Encore M. Huret avait-il limité l'objet de ses interviews aux droits des professeurs en fait d'agitation politique.

συνεχῶς. Pour d'autres, et ce pourrait bien être le grand nombre, elle s'est faite par un déchirement douloureux. Combien ont eu leur nuit à la Jouffroy ! Combien ont ressenti, lorsque s'est opéré leur abandon de l'état piétiste pour la condition un peu aride de la critique rationaliste, une impression d'écroulement, dont toutes les grandeurs de la tâche scientifique n'ont pas réussi, dirait un Michelet, à les totalement consoler ! — Dans ces distinctions mêmes, on pourrait introduire d'autres divisions et, dans ces divisions, bien des nuances encore.

Tous, de quelque manière que se sera accompli pour eux l'avènement à la vie exclusivement rationaliste, comprendront sans peine et pratiqueront volontiers l'obligation du respect envers la pensée religieuse. Pour la plupart, leurs propres souvenirs et un retour attendri « sur la vieille chanson dont fut bercée leur enfance » (Jaurès) suffiraient à créer en leur sensibilité la disposition requise. Mais le sentiment n'est pas seul à les y encourager ; l'intelligence les approuverait en cela et les raisons décisives ne leur manqueraient point pour les convaincre que leur cœur ne les a pas trompés.

S'ils détestent les oppressions politiques et sociales, les persécutions, les abus, les égarements de tout ordre auxquels a si souvent et si tragiquement, dans l'histoire, donné occasion l'ingérence de l'ordre spirituel dans l'ordre temporel et *vice versa*, ils séparent l'idée religieuse en son essence des réfractions qu'elles a subies en traversant le milieu humain de la passion ou de l'intérêt. L'inquisition n'est pas plus essentielle (comme le reconnaissait M. Fournière) à la foi catholique, que la persécution des chrétiens à la croyance polythéiste. Un certain milieu mental et populaire y a été au moins aussi influent[1] que l'orgueil sacerdotal et cet orgueil à son tour ne fait nullement partie indivise de la mentalité religieuse.

Les hommes, les maîtres dont je parle savent et ils ne manqueront pas de se dire que la foi religieuse, comme tout ce qui de l'humanité plonge dans un grand lointain, exerce en vertu de ce long passé, sur nos imaginations, un charme très doux ; que notre pensée lui associe la chaîne des générations de nos aïeux qui, dans le recueillement de la cathédrale, du temple, de la synagogue, ont cherché et trouvé un allègement à leurs détresses et à leurs souffrances ; que, dans les pensées, dans les auto-suggestions favorisées par la prière, ils ont puisé le courage de travailler et, somme toute, de travailler pour nous, leurs descendants. Quelque détachés que nous soyons de l'objet de leur culte, nous lui devrions déjà, pour ces raisons mêmes, un peu de gratitude et, tout au moins, quelque bienveillance.

Ils se diront plus encore : qu'aujourd'hui même, pour des populations immenses, les pompes et les cérémonies des religions sont un enchantement esthétique qui les divertit du rude et monotone labeur journalier ; que cet enchantement n'amuse pas seulement

---

1. V. Lea, *Histoire de l'Inquisition*, premier chapitre.

leurs sens, mais qu'il leur fait entrevoir une sphère idéale à laquelle leur manque de culture intellectuelle ne leur permettrait guère d'avoir accès ; que le recueillement des temples encourage l'apparition de grandes idées, à peine indiquées, je le veux bien, et nuageuses : perfection, infinitude, éternité, mais dont le seul éveil est déjà comme une grâce pour l'esprit ; que ces pensées d'au delà élèvent le cœur et le détournent de s'absorber dans un grossier matérialisme pratique, que les matérialistes théoriciens seraient les premiers à désavouer.

Ils se diront aussi, pensant au moins à l'élite intellectuelle des fidèles, que la Religion est, à bien des égards, une métaphysique qui s'ignore, ou, si l'on veut, le symbolisme, le mythe d'une métaphysique ; que ses dogmes bien souvent enveloppent un sens très beau, très poétique ou très profond ; que ceux, notamment, du Christianisme ont incorporé les plus hautes spéculations des Écoles Platoniciennes et Alexandrines.

Ils se diront enfin que, si tout n'est pas irréprochable dans la morale religieuse, du moins pour beaucoup de consciences les décrets de cette morale sont un frein qui retient les désirs mauvais ; que les principes pratiques du christianisme les plus aimés et les plus admirés coïncident avec les décrets de l'Éthique la plus exclusivement rationnelle ; que chez les humbles, les petits, si elle est reçue avec sincérité, elle entretient le sens de la vie intérieure, encourage l'être humain à ne pas s'éparpiller dans les choses pour devenir chose lui-même, mais au contraire à se replier, à se consulter, à s'interroger, à se comparer avec l'archétype moral que les théologies appellent le Saint et que les morales anciennes désignaient du nom de Sage.

Et, s'étant dit tout cela, ces hommes conclueront sans effort que réclamer pour la Religion, quand on en traite ou qu'on l'effleure devant des jeunes gens, un peu de respect est, aux yeux du libre penseur même, une bien discrète et raisonnable exigence.

II

QUERELLE DE PHILOSOPHE

EN RÉPONSE A M. JULES SIMON [1]

C'est une façon de proverbe qu'on ne met pas impunément le pied dans une fourmilière. M. Jules Simon aurait-il, ces temps passés, éprouvé la vérité

---

1. L'occasion de ces pages fut la suivante. Dans une notice historique sur la vie et les travaux du philosophe Caro, notice lue à l'Académie des Sciences Morales, le 6 décembre 1890, Jules Simon retraçait les débuts de son brillant confrère comme normalien et comme professeur. Il rappelait ce que fut, sous le long règne de Victor Cousin, grand maître de la philosophie officielle, dictateur de la métaphysique, de la psychologie et de la morale universitaires, l'enseignement spiritualiste auquel Caro devait consacrer sa vie intellectuelle. Ce spiritualisme, impérieusement dogmatique, était limité, au moins pour les classes des établissements secondaires, à quelques articles de croyance, très nets, très précis, composant une manière de catéchisme laïque et le professeur n'avait rien de mieux à faire que de s'y tenir, sous peine d'encourir les rigueurs du bras séculier. Cela, nous le savions depuis longtemps. Que Jules Simon le redît, rien n'était plus naturel. Mais qu'en l'an de grâce 1890, il tînt lui-même à y applaudir; qu'il voulût renchérir encore sur les méfiances de son ancien chef à l'égard de la curiosité critique, de l'approfondissement des systèmes, de l'effort original, du goût personnel pour la spéculation, il y avait de quoi choquer. C'était oublier que, depuis les temps de Cousin, près d'un quart de siècle s'était écoulé; que, durant cet intervalle, l'esprit philosophique, même dans l'enseignement secondaire, s'était affranchi; que, parmi la jeunesse cultivée de notre pays, un très beau

du dicton ? Dans son grand discours sur Caro, ou, plus exactement, sur Victor Cousin, à l'occasion de Caro, il a dit, estime-t-il, aux maîtres de philosophie dans nos collèges des vérités dures, mais nécessaires. D'où, pense-t-il encore, des dépits, des protestations, des colères. — N'y a-t-il point là de sa part quelque grossissement ? Son incidente mercuriale a-t-elle vraiment causé dans le camp philosophique l'émoi qu'il imagine ? Les échos, en tout cas, en ont été bien discrets, car le grand public n'en a rien

mouvement s'était prononcé, entraînant les intelligences à renouveler les grands problèmes, à reviser les solutions reçues, à faire l'épreuve des méthodes, à s'interroger sur le sens et la valeur des principes, à se soucier désormais moins de l'éloquence et plus de la solidité, à se résigner même à quelque enveloppement, en souvenir du mot de Kant : « Bien des philosophes auraient été moins obscurs s'ils n'avaient pas voulu être si clairs. »

Aussi, quand Jules Simon, s'exprimant en son nom propre, venait nous dire : « du moment qu'on parle à des auditeurs de seize ans..., la première chose que je demande à un professeur de philosophie, c'est de ne pas être un philosophe, » et qu'il ajoutait : « son rôle, dans sa chaire, est celui d'un apôtre, » y eut-il dans notre milieu de philosophes universitaires un sentiment de surprise, comme devant quelque énorme anachronisme. Ce sentiment, Jules Simon ne fut pas sans le percevoir. Il s'amusa à l'irriter davantage, dans un de ces spirituels articulets qu'il publiait sous la rubrique: « Mon petit Journal » et auquel le début de cette réponse fait allusion. Il y resserrait encore le champ laissé au professeur de philosophie et l'invitait à se considérer purement et simplement comme le catéchiste laïque des principes théistes primordiaux.

A cette prétention obstinée, par trop soucieuse de nous maintenir dans la modestie, répondit cet article, paru à la *Revue Bleue*, le 7 février 1891, sous la signature : « *Un prédicateur laïque.* » Le spiritualisme de Jules Simon avait beau se donner pour étroit ; il était d'un homme d'esprit. Et il ne m'est pas revenu qu'il ait pris en mauvaise part la contradiction enjouée, non peut-être assez déférente, que lui opposait un de ces maîtres universitaires, obstiné à ne pas laisser réduire son enseignement à la portion congrue.

soupçonné. Il est vrai qu'en pareille matière il soupçonne si peu de chose, le grand public !

Cependant non ; la religion du charmant conférencier n'a pas été de tout point surprise. Les philosophes universitaires n'ont, en effet, pas vu sans quelque déception de quelle manière un des hommes les plus qualifiés pour parler en leur nom venait de comprendre leur tâche et de la décrire. Ce qu'il attend d'eux, le veut-on savoir ? Il faut qu'ils soient pour la jeunesse des « prédicateurs » laïques, des « pères » mêmes (de bien jeunes pères, quelques-uns et pour de bien grands fils !) mieux, encore, des aumôniers. Ce dernier mot, M. Jules Simon, dans son *Petit Journal*, l'insinue sans l'écrire ; il ne fait que mieux le souligner, en nous invitant à le sous-entendre. Et quelle sera la bonne parole par eux prêchée ? Oh ! toute rapide et brève : « *Dieu existe ; nous avons une âme.* » Rien de moins, rien de plus. Le catéchisme du diocèse de Paris est assurément moins laconique. Que dis-je ? Une telle formule tient moins de l'Église que de la caserne. Ce n'est pas un programme, c'est une consigne.

Une consigne ! Ce mot ne traduirait pas trop mal la pensée de M. Jules Simon. Lui-même, à plusieurs reprises, nous a conté que Victor Cousin menait ses philosophes comme un colonel son régiment. Ici, dois-je dire toute ma pensée ? Il nous a présenté, pour le persifler d'abord[1], et bientôt pour s'en inspi-

---

1. Témoin cette jolie anecdote qu'on nous saura gré de détacher de la

rer, un Victor Cousin plus autocrate que nature. On a souvent reproché aux hommes de notre génération un manque de bienveillance à l'égard du fondateur de l'éclectisme français. Peu de nous cependant ont tracé du philsophe orateur un portrait aussi peu flatté que celui que M. Jules Simon a fait applaudir, en séance solennelle des cinq Académies. Ce portrait n'est pas ressemblant. Victor Cousin fut plus et mieux qu'un haut administrateur de la philosophie officielle. Il eut, à un degré rare, la curiosité, sinon toujours l'exacte intelligence, de tout ce qui est original et profond, hardi ou subtil, dans le domaine de la pensée ; il coqueta avec les grandes métaphysiques de l'Allemagne post-kantienne, proclama l'inimitable beauté des conceptions antiques, incita à les mieux étudier, se mit, par à-coups, lui-même à l'œuvre, déployant à ce qu'il tenait sans doute pour des amusettes d'érudit une fertilité de ressources incomparables. S'il n'a subsisté de lui ni un système ni une méthode, c'est qu'il a plutôt conçu la philosophie comme un art supérieur, dont son imagination s'est éprise, que comme une science où se pût tenir sa

notice de Jules Simon : « Émile de Girardin me dit un jour : « La phi« losophie de l'Université, c'est M. Cousin. Je ne dis pas, ajouta-t-il, « c'est la philosophie de M. Cousin : je dis, en pesant mes termes, c'est « M. Cousin. Après lui, il n'y aura plus de philosophie dans l'Uni« versité, on la supprimera ; on vous supprimera et on fera bien. » Je courus tout indigné chez M. Cousin, pour lui rapporter ce propos redoutable et surtout détestable. Il me semble que je le vois encore : il déjeunait, dans sa salle à manger, avec un artichaut cru. Il m'écouta paisiblement : « Il a raison, » me dit-il, en continuant de manger son artichaut. Je n'en pus tirer autre chose, pas même un mot de condoléance. »

raison. En lui le caractère fut dogmatique, non le
génie. En fin de compte, son action intellectuelle
aura été, à plus d'un égard, bienfaisante ; elle sera
mieux mesurée à proportion que le temps aura assoupi les disputes des écoles contemporaines. —
Mais quel renversement des rôles ! Est-ce bien l'un
de nous qui esquisse ce panégyrique ? Et en réponse
à qui ? A M. Jules Simon ! L'on nous eût bien étonné
de nous prédire qu'un jour l'honneur nous reviendrait de réclamer plus de justice pour celui que son
apologiste diminue jusqu'à le dépeindre comme le
type pur et simple du philosophe *à poigne*.

Tout autoritaire qu'il pouvait être, Victor Cousin
n'eût pas, sans bien des réserves, souscrit à l'étroit
credo dans les termes duquel son disciple prétend
nous enfermer. Tant de concision dans le dogmatisme lui aurait paru un excès de zèle. Mais enfin,
ce programme elliptique, examinons-le, demandons-nous comment son auteur entendrait qu'on l'appliquât ; de quelle façon, si lui-même, à la plus grande
gloire de notre Université, occupait l'une de nos
chaires, il en concevrait la mise à exécution. Dans la
petite enquête que nous allons instituer, il nous pardonnera de le presser un peu. Notre dialectique ne
devra pas donner le change sur nos sentiments d'estime pour un talent auquel les années apportent
comme un renouveau de grâce, de respect pour cette
belle vieillesse, radieux couronnement d'une vie qui
n'a jamais forfait à la cause de la liberté. Mais nous
ne pouvons mieux qu'en lui résistant aujourd'hui lui

attester que nous avons tiré profit et de ses exemples et de ses leçons.

Supposons donc M. Jules Simon investi, lui le premier, de la fonction qu'il nous assigne. Supposons-le, plus jeune... d'autant d'années qu'il lui plaira, chargé de professer la philosophie dans une des grandes classes de Paris, à Louis-le-Grand, par exemple, devant des jeunes gens déjà en vue du baccalauréat. L'Université a les yeux sur lui. Les dons de sa parole lui ont déjà fait parmi ses collègues une renommée. On se promet beaucoup de son initiative. On attend de lui un cours modèle sur lequel les autres maîtres n'auront plus, chétifs, qu'à se régler pour respecter à coup sûr la lettre comme l'esprit des instructions officielles.

Il se considérera — aux termes de ses propres instructions — comme un apôtre en robe courte, ayant reçu l'ordre de déposer dans les jeunes intelligences qui lui sont commises une double croyance : en la réalité d'un auteur du monde, en l'existence d'une âme distincte du corps qu'elle anime. — Ah! j'oubliais. Dans son éloge à l'Académie, M. Jules Simon a bien voulu, par manière de concession, permettre que l'on commentât devant les élèves la *Logique de Port-Royal* et le *Discours de la Méthode*. L'imprudent! Le premier de ces deux ouvrages ne risque pas de jeter les jeunes méditatifs de nos lycées dans de bien dangereuses aventures métaphysiques. Pour le second, c'est autre chose. Tout resserré qu'il est en peu de pages, le *Discours de la Méthode* nous porte sur les plus hautes cimes de la spéculation ; les plus ardus problèmes de la réflexion *a priori* s'y trouvent énoncés dans une langue incomparable et les solutions les plus audacieuses proposées à notre adhésion. Je défie bien que l'on explique d'une manière intelligible, même à des lycéens, ce chef-d'œuvre de la philosophie nationale, sans débrouiller avec eux ce que c'est que scepticisme, ontologie, idéalisme absolu, réalisme universel, déterminisme ou contingence dans la nature ; bref sans les introduire précisément dans ce dédale des écoles où M. Jules Simon nous interdit de les faire pénétrer. Voilà ce à quoi il n'a pas pris garde. Négligence ou contradiction, toute à sa louange d'ailleurs. Elle témoigne à quel point le culte du brillant académicien pour le penseur le plus robuste de notre race est demeuré vif. Son tort, soit dit en passant, est de s'être persuadé qu'il eût de ce culte le monopole. Où M. Simon a-t-il pris que professeurs et étudiants de nos jours passaient Descartes sous silence ? Est-il donc si mal instruit des dispositions de notre jeunesse studieuse ? Comment ignore-t-il que jamais Descartes ne fut plus à la mode, et, dans nos classes et dans nos facultés ? Que, parmi les professeurs de Sorbonne, l'un des plus écoutés a pu tenir, pendant des mois, son auditoire sous le charme, en l'entretenant de ce sévère sujet : le mécanisme cartésien[1] ? Que le savant

1. M. Émile Boutroux.

modeste, l'écrivain nerveux qui aura tant contribué au renouvellement des études psychologiques dans notre pays, invoquait naguère non sans apparence, en faveur de méthodes taxées d'étroitesse, le patronage de l'auteur du *Traité des Passions*[1]. Sur ce point encore, M. Jules Simon était insuffisamment informé. Nous ne saurions lui en faire un reproche. Tant d'occupations, tant de *divertissements,* comme eût dit Pascal, disputent à la philosophie le spirituel polygraphe : statues à inaugurer, banquets à présider, conférences à mener à bien, que le loisir lui manque de suivre attentivement ce qui se passe en notre Thébaïde. Ne raillons point, car, de ces distractions qui nous le dérobent, il n'en est pas une où ne le convie quelque dessein généreux, quelque grande utilité humaine. — Mais revenons à notre fiction.

Voici donc M. Jules Simon qui ouvre, rue Saint-Jacques, son cours de philosophie. L'année comprend deux semestres; le cours lui-même deux parties. Ainsi tout est à souhait pour son programme. Les cinq premiers mois seront consacrés à l'existence de Dieu, les cinq suivants à l'existence de l'âme, ou *vice versa* car je suppose que l'ordre au moins sera laissé au choix du professeur. Admettons, si l'on veut, que c'est par la théologie rationnelle que débute cet enseignement.

Mais quel mot inquiétant ne viens-je pas de prononcer ! Rationnelles ou non, exposer à des collé-

---

[1]. M. Th. Ribot.

giens les chinoiseries théologiques, y songe-t-on ?
Ce qu'il faut, c'est implanter dans l'esprit de ces
commençants une conviction simple ; or toute cette
scolastique ne ferait qu'obscurcir leurs claires idées.
Voilà qui est entendu. Seulement, que faire ? Ce
serait vraiment beaucoup de huit heures par semaine
consacrées à leur répéter : « Mes amis, Dieu existe ;
il est, je vous le jure et vous recommande de ne pas
l'oublier. Ne me demandez pas mes raisons. J'en ai,
sachez-le bien, et de très fortes, mais qui passent
votre entendement ; si j'avais l'imprudence de vous
les déduire, elles vous détourneraient immédiatement d'admettre ce qu'elles démontrent si bien.
Croyez-m'en sur parole : voudrais-je vous tromper ? »
Je sais les ressources inépuisables de M. Jules
Simon. De même que sur une phrase musicale de
quelques notes un Sarasate sait broder à l'infini
d'exquises variations, ce charmeur serait capable
sans autre thème qu'une toute petite idée, de nous
tenir des heures entières dans l'enchantement. Ici
l'idée est riche et grandiose. Ces deux notions :
« Dieu existe », se prêtent, pour peu que l'on manie
adroitement l'analyse, à d'innombrables subdivi-
sions. Dieu, c'est-à-dire la perfection, totalise en son
essence les qualités positives des êtres supérieurs
portées à leur *summum* : l'unité, la simplicité, l'immutabilité, l'infinitude, l'éternité, la toute-puissance,
la justice, la félicité, etc. Chacun de ces attributs
deviendra sans peine un motif d'amplifications brillantes, de poétiques paraboles. Il en ira de même

pour les significations variées que comporte le mot *exister*. Dire de Dieu qu'il existe, c'est faire de lui plus qu'un idéal vers lequel aspirerait inconsciemment la nature ; mieux qu'un sublime égoïste, insoucieux du monde et indifférent aux intérêts qui s'y agitent ; c'est proclamer qu'il y agit comme créateur, comme providence, etc. Cette seconde litanie se prolongerait sans plus de peine que la première. De ce cantique glorieux chacune des classes de M. Jules Simon serait consacrée à dire, pour en faire valoir les mystiques beautés, un couplet. Que de princes de la chaire chrétienne ont ainsi vécu sur deux ou trois idées qui tiendraient entières dans le creux d'une phrase et d'où sont éclos d'infinis sermons ! Ce fut là, pour ne citer qu'un exemple, toute l'éloquence du père Félix.

Un professeur de philosophie comprenant son devoir mériterait peut-être (encore n'est-ce pas bien sûr) ce nom de prédicateur, d'aumônier laïque, auquel M. Jules Simon, deux fois académicien, nous conseille aujourd'hui de prétendre. Mais lui-même quand il s'essayait dans notre carrière, en eût-il voulu ? Se serait-il plié à revêtir, fût-ce aux yeux de collégiens, ce personnage ? Quoi ! presque au sortir de l'École normale, frais émoulu de l'étude de ces grands rationalistes : Platon et Aristote ; plongé peut-être à cette heure même dans ce libre Malebranche qu'en compagnie de Saisset il devait plus tard éditer, il aurait donné ce soufflet à la métaphysique ! Il aurait fait à la science de son choix cet affront de n'en user que comme d'un répertoire à lieux communs où n'auraient qu'à puiser sous la surveillance de l'autorité scolaire, les rhéteurs de l'orthodoxie !. Il aurait consenti que son métier consistât à déployer et à enjoliver dans de symétriques périodes les hauts concepts que la spéculation atteint, la philosophie n'étant plus pour lui que comme la pâte aux mains du faïencier, uniquement bonne à recevoir telle élégante courbe et tel harmonieux décor qu'il plaira à l'artiste ! En dépit de tous les discours du monde, nous ne pouvons nous persuader que le Jules Simon d'aujourd'hui se résignât à un tel amoindrissement. Ne savons-nous pas du reste que rien de ce qui tombe de ses lèvres ne doit être reçu, sinon *cum grano salis*? Quant au Jules Simon d'antan, je me porte garant qu'à une mise en demeure de ce genre il eût opposé un énergique refus.

Jamais l'enseignement philosophique, en effet, n'aurait été rabaissé jusque-là. Mieux vaut la suppression franche comme la décréta le second Empire. Même aux âges où mutuellement se pénétraient la foi religieuse et la raison, la métaphysique ne fut ainsi ravalée. Dans le grand siècle, l'oratorien Malebranche entendait que les principes de la dogmatique chrétienne fussent, dans la mesure du possible, mis à l'épreuve du libre entendement. Il voulait que la lumière de l'intelligible pénétrât partout ; il eût souhaité même rendre le miracle explicable. « De prétendre, disait-il joliment, se dépouiller de la raison comme on se décharge d'un habit de cérémonie, c'est se rendre ridicule et tenter inutilement l'impossible. » Serions-nous donc plus timorés que le Platonicien de l'oratoire ? Et, reculant plus loin encore dans le passé, serions-nous moins libéraux que les contemporains de saint Anselme, qui entendaient sans scandale le moine Gaunilon réduire à l'absurde, oui, réfuter par le ridicule, le célèbre argument de ce père en faveur de l'existence de Dieu, prendre momentanément, dans son *Liber pro insipiente,* la défense de l'athée contre le pieux docteur ? Et que l'on ne dise point qu'éconduit de l'enseignement le libéralisme n'a qu'à se réfugier dans le livre. Il n'y a pas deux méthodes pour apprendre à penser, l'une bonne aux jeunes gens et l'autre aux hommes faits. Une chaire de philosophie est, de toute évidence, une chaire de raisonnement. Le même maître qui acceptera d'avoir à soutenir que Dieu existe, pas un instant n'accéderait à la plaisante clause qui lui interdirait de le démontrer.

Cette concession accordée au libre examen, dès lors se transforme aux yeux, comme d'un coup de baguette, l'aspect du cours inauguré par notre récent normalien. Libre à lui sans doute de rester disert, élégant, harmonieux, persuasif. Je suis sans inquiétude à cet égard. La fée de l'éloquence l'a si bien comblé de ses dons qu'il aurait l'art de poétiser les quatre règles de l'arithmétique. Mais, en même temps, le jeune maître — c'est toujours le Jules Simon d'antan que je veux dire — aura à cœur de ne rien avancer que muni d'une dialectique solide et souple. Les arguments à l'appui de l'existence de Dieu abondent dans l'école : preuve dite des vérités éternelles, preuves tirées de la cause efficiente, de la cause finale, preuve par l'idée de perfection ou démonstration des métaphysiciens, preuve morale, etc. Le champ de la théologie a été tellement exploré qu'il n'y reste plus guère à découvrir de nouvelles terres. Il n'importe ; le sujet est assez vaste pour détenir longtemps un habile argumentateur. — Mais voici que déjà notre embarras va renaître. Dans la voie où nous sommes entrés, on ne peut rester à mi-chemin. Les arguments, disais-je, sont connus, étiquetés, dans l'histoire de la philosophie ; mais étiquetées aussi sont les réponses, instances, contre-instances, auxquelles ils ont donné lieu. Que fera notre « prédicateur » ? Simulera-t-il l'ignorant ou se donnera-t-il des airs de dédaigneux ? Passera-t-il outre à ces difficultés, comme s'il les tenait pour non avenues ? L'attitude ne serait pas sans danger pour son prestige. Car, dans ces grandes classes que composent des auditeurs de dix-sept à vingt ans, il y a des esprits investigateurs, difficiles déjà à satisfaire. Ajoutez que leurs livres seuls leur suggéreraient l'objection, à supposer que d'eux-mêmes ils ne s'en avisassent point. Des éditeurs classiques peuvent avoir eu l'indiscrétion de faire suivre, par exemple, les *Méditations* de Descartes des objections qui y furent faites. Il n'y a d'ailleurs pas de collège dont la bibliothèque ne possède un Aimé Martin, où est incluse cette polémique. Parmi les contradicteurs qui tinrent en échec le grand spéculatif, si nous trouvons l'empiriste anglais Thomas Hobbes, le sensualiste Gassendi, nous rencontrons en revanche des hommes d'Église : le théologien hollandais Caterus, le père Mersenne, le grand Arnauld, le jésuite Bourdin, et les difficultés qu'ils soulèvent ne sont point celles qui ont la moindre portée. Dans les hautes classes de nos lycées il y a toujours eu, nul universitaire ne me démentira, des dialecticiens en herbe que les abstractions enivrent et qui se prennent de fureur pour ce beau sport des idées. Comment M. Jules Simon s'y prendra-t-il pour réfréner leur ardeur ? Que l'un de ses auditeurs se lève et, son Arnauld à la main, traite la preuve des métaphysiciens de pur sophisme reposant sur une pétition de principe, ou, s'il a des lueurs d'une critique plus moderne, soutienne que l'argument tiré de la cause efficiente se brise contre la conception scientifique du déterminisme absolu, que le raisonnement théologique ou argument des merveilles de la nature est réfuté, en fait, par l'existence du mal dans le monde; en droit par l'impuissance où est la raison de rien emprunter de valable à la notion de finalité. Que fera, je le répète, notre disert aumônier laïque ? Je l'avertis charitablement que d'agréables modulations littéraires ne le sauveraient point. Le grand public des conférences se laisserait peut-être surprendre à une diversion ; mais l'intelligence, impatiente et vive, d'un travailleur de dix-huit ans, ne souffre pas aussi aisément qu'on l'hypnotise. Respectueusement, mais avec précision, l'apprenti logicien insistera. Quel parti prendre, je vous prie, et par quels moyens clore la bouche à l'importun ? On se représente mal l'aimable maître, gagné par l'indignation, faisant appel au bras séculier : « Un cercle vicieux, dites-vous ! Monsieur, vous me ferez cinq heures de retenue ! » A notre époque surtout de discipline paternelle, le délit d'objection n'est point prévu par les règlements.

Dans ces conditions, notre déiste n'aura plus le choix : bon gré, mal gré, il écoutera l'instance, la reconnaîtra, la discutera et, si possible, la réfutera. Pour une telle escrime ce ne sera pas trop de mettre et la psychologie rationnelle, et la logique formelle, et la morale théorique, la métaphysique enfin, à contribution. — Quoi ! Toutes ces choses à des enfants ! — Non pas, s'il vous plaît. Des collégiens de dix-sept à vingt ans ne sont plus des enfants ; ce sont de jeunes hommes déjà formés, dont l'esprit est aiguisé, dont l'intellect est en possession de toute sa souplesse. S'il en est un certain nombre sur qui glissent ces questions, qu'importe ? Ceux-là sont des dépaysés dans nos classes d'humanités, et tenez pour certain que la philosophie n'a pas seule le privilège de les laisser dans l'indifférence. J'imagine que les diplomatiques violences de Cicéron pour déterminer Catilina à s'enfuir ne les passsionnaient pas infiniment plus que les subtiles déductions issues du *Cogito, ergo sum.*

C'est ainsi qu'à son corps défendant le professeur Jules Simon se trouvera dévoiler à ses élèves ces arcanes de la philosophie qu'il s'était flatté de garder secrets. Qu'il s'en acquitte avec aisance, clarté, rigueur, sans jargon, sans pédantisme, fidèle aux loyales traditions de la philosophie française, docile enfin à ce qui est la loi de notre génie, il sera bien près d'avoir atteint l'idéal. Mais alors de quel droit blâmerait-il ses modestes imitateurs ?

III

L'ORIGINALITÉ DE LA PHILOSOPHIE DE LOCKE

La philosophie développée dans l'*Essai sur l'Entendement humain* n'avait, semble-t-il, rien de révolutionnaire. Et cependant nul ouvrage de haute philosophie, si ce n'est la *Critique de la Raison pure*, n'a exercé une influence plus étendue ni plus durable. Aucun n'a déterminé dans le cours de la pensée moderne un revirement plus décisif. Une action de cette importance demeurerait inexplicable si l'on ne reconnaissait qu'un dessein original la dirige, soutenu par des moyens d'exposition inédits. Cette originalité, efforçons-nous de la faire ressortir et notons les traits principaux qui la signalent.

1. — Tout d'abord, un caractère extérieur nous frappe, qui n'intéresse pas uniquement la forme de l'écrit. C'en est le tour exotérique, en quelque sorte, et le mode délibérément superficiel. L'auteur trans-

porte la philosophie et ses problèmes hors des écoles, pour l'introduire dans les entretiens de la bonne compagnie. Il laisse là les doctes, tourne le dos aux disputeurs : c'est un homme du monde qui s'adresse aux gens du monde, fait appel à leur bon sens, à leur curiosité d'esprit, à leur goût d'observation morale, à leur expérience de la vie. Renversant le mot de Hobbes au sujet des Écoles, on peut dire de lui que ce qu'il ambitionne, ce n'est pas la victoire, mais bien la vérité et la vérité, quelle qu'elle puisse être. Cette vérité, il l'attend bien plus de la sincérité et de la finesse des « honnêtes gens » que des conclusions préformées des prétendus sages et de leurs affirmations orgueilleuses. D'autre part, il espère bien plutôt lui trouver sa fidèle expression dans la langue simple de tout le monde que dans l'abstruse et rebutante terminologie des pédants. — Déjà quelque chose de semblable s'était passé en France, quand Descartes, par son *Discours* écrit en langue française, avait mis sa méthode et sa métaphysique à la portée de tous les lecteurs. De même, plus tard, fit Pascal dans ses *Provinciales*, alors que déplaçant la lutte entre les Jansénistes et leurs adversaires, il invita et la Cour et la Ville à trancher les subtiles questions de la grâce et fait de ces graves sujets, jusqu'alors réservés aux érudits, le thème de causeries et de railleries mondaines. — Locke, il est vrai, ne vise pas à la rigueur sévère du premier, pas plus qu'il ne poursuit un but polémique comme le second. — Aller à la vérité par une voie nouvelle qui devra être et qui sera la voie ouverte à tout le monde, une voie d'autant plus sûre qu'elle apparaît plus unie : telle est son ambition, héritée, se pourrait-il, de Bacon de Vérulam.

2. — Cette vérité, faut-il la poursuivre pour elle-même, obéissant à une curiosité spéculative dégagée de tout intérêt humain ? En ceci également, Locke est un fidèle disciple de Bacon. La philosophie est comprise par lui comme une pédagogie supérieure. Il la considère moins comme une science que comme un art, à savoir l'art de diriger l'entendement, dans la mesure où la conduite de notre intelligence dépend de notre volonté. Pour cette cause même, son petit traité *Conduite de l'Entendement* n'est pas seulement un appendice à l'*Essai* ; c'en est l'aboutissement naturel et prévu. Entre les sciences, Locke a surtout distingué, aimé, cultivé la médecine. Sa psychologie est également avant tout une thérapeutique. Corriger l'esprit, le guérir des habitudes mauvaises, le plier à de sages et raisonnables dispositions, et pour cela mettre à profit les leçons de l'expérience : telle est la fin qu'il ne perd jamais de vue. Toutefois, ces habitudes qu'il s'agit de créer ne sont point celles qui peuvent tendre à la vertu; car on n'ignore pas que l'auteur de l'*Essai*, malgré l'insistance de ses amis, n'a pas composé de système moral. C'est l'esprit dans sa fonction théorique sur qui il entend faire porter son étude et la discipline à laquelle il se propose de soumettre la pensée a pour fin immédiate la con-

naissance. Or, ce qu'il redoute pour cette pensée, ce sont les espérances chimériques, l'esprit d'aventure voué aux déceptions, les vertiges de la pure contemplation. Ce qu'il veut, c'est la garder des fausses apparences, la préserver des enivrements, bientôt suivis de réveils découragés.

3. — Pour réaliser cette œuvre d'assagissement, comment procéder ? Locke ne voit qu'un moyen : c'est de mesurer aussi exactement que possible les forces de l'esprit humain, de délimiter le champ du savoir légitime, de distinguer nettement entre les objets qui tombent sous ses prises et ceux qui, par nature, lui échapperont à jamais : bref, de tracer les limites de la certitude. M. Campbell Fraser fait d'un tel dessein le point central de sa propre interprétation de l'*Essai*. Ce que Locke aurait voulu donner au monde, c'est une grande et fructueuse leçon de modestie intellectuelle. Et, de fait, dans les pensées cursives par lesquelles il préludait à son grand ouvrage, telle était bien sa préoccupation dominante. Si Locke s'est proposé de découvrir quelles questions l'entendement humain est apte à traiter, c'est, dit le savant interprète, « parce qu'il soupçonnait que les hommes avaient réclamé pour leur connaissance plus qu'une véritable philosophie humaine ne pouvait justifier. Ils avaient laissé flotter leur pensée dans le vaste océan de l'Être, comme si toute cette immense étendue était leur possession naturelle et incontestée. L'*Essai* est, en conséquence,

une enquête sur le point de savoir si les échecs passés, dans la poursuite de la vérité, n'ont pas été dus à ce que les hommes se sont aventurés, soit comme les traditionnalistes sans critique, soit comme les rationalistes dogmatiques, à se placer pour ainsi dire au point de vue divin ou central et à contempler de là l'universelle réalité, au lieu de comprendre que l'individualité humaine nous retire forcément du centre et nous maintient toujours sur le côté, là où beaucoup de ce qui est actuel doit demeurer en dehors de notre vue intellectuelle et où les choses expérimentées sous la relation de temps doivent apparaître à un angle différent de la vision intellectuelle extra-temporelle qui est au centre. Son enquête portait sur cette question : que peut-on, en fait, voir de côté[1] ? »

4. — Est-ce à dire pour cela que l'*Essai* constitue une contribution au scepticisme ? En aucune manière et il ne faut pas confondre philosophie pyrrhonienne

---

[1]. Toute l'introduction de l'*Essai* serait à citer, mais particulièrement le § 6 :
« Il en est de nous comme d'un pilote qui voyage sur mer. Il lui est extrêmement avantageux de savoir quelle est la longueur du cordeau de la sonde, quoiqu'il ne puisse pas toujours reconnaître, par le moyen de sa sonde, toutes les différentes profondeurs de l'océan. Il suffit qu'il sache que le cordeau est assez long pour trouver fond en certains endroits de la mer qu'il lui importe de connaître pour bien diriger sa course et pour éviter les bas-fonds qui pourraient le faire échouer. Notre affaire dans ce monde n'est pas de connaître toutes choses, mais celles qui regardent la conduite de notre vie. » (Trad. Coste.) — C'est bien cela que Locke demande à la philosophie : *connaître la longueur du cordeau de la sonde*.

et philosophie critique. L'auteur professe que notre esprit est fait pour la vérité, mais que la vérité totale le dépasse; que mieux vaut connaître moins mais sûrement plutôt que de prétendre embrasser tout d'une étreinte illusoire. Bacon, de même, avait montré dans le dogmatisme intempérant le meilleur auxiliaire du scepticisme. Si Locke, en mainte occasion, prend le ton dubitatif, emploie des expressions évasives, nous ne devons pas nous y tromper, ni croire qu'à son avis sur aucun domaine il ne faille se montrer affirmatif. — Est-ce à dire également que nous devions reconnaître en lui un précurseur de notre positivisme? Pas davantage. Le positivisme enferme la pensée humaine dans la sphère du relatif et, s'il admet l'existence du transcendant, il le proclame inconnaissable. Locke ne resserre pas à ce point notre horizon et les notions métaphysiques. Les principes de la théologie rationnelle trouvent une certaine place dans son *Essai*. Il y a une mise en défiance, mais il y a aussi la reconnaissance implicite d'un droit métaphysique dans le remarquable passage où, après avoir énuméré toutes les classes d'idées simples en lesquelles doivent se résoudre nos connaissances, quelles qu'elles soient, il ajoute : « Et qu'on n'aille pas croire que ce sont là des bornes rop étroites pour donner carrière à la vaste capacité de l'esprit humain, qui prend son vol par delà les étoiles et ne peut être confiné dans les limites du monde; qui porte ses pensées souvent même au delà de l'extrême étendue de la matière et fait des excursions dans le vide incompréhensible. J'accorde tout cela... » Comment d'ailleurs interdirait-il toutes « excursions » de ce genre, puisqu'il va s'y livrer lui-même au point de prouver la réalité divine, loin de s'en tenir, sur ce haut sujet, à une simple croyance ? — Seulement, et c'est en cela qu'il se sépare du dogmatisme traditionnel, il prétendra que l'on distingue dans notre certitude des degrés, mieux encore, dans la forme de notre connaissance, des inégalités de rigueur et d'immédiation. Il y a des vérités intuitivement certaines ; il y en a de hautement probables ; il y en a de possibles ; il y a des objets qui nous échappent. Ou plutôt, en resserrant davantage, il y a des connaissances certaines, il y en a de probables : entre ces deux classes se distribue la totalité du savoir humain. D'après M. Campbell Fraser, la pensée de Locke serait que ce règne de la probabilité, dont il resterait à marquer la frontière, est intermédiaire entre la certitude humaine et la certitude divine, intuitive celle-ci d'idées absolues et de vérités transcendantes qui nous dépassent de leur infinité. Au vrai donc, il faudrait distinguer dans la philosophie de l'*Essai* une doctrine de la certitude que couronne une philosophie probabiliste.

Mais entre la certitude intuitive et l'évidence mathématique, d'une part, et, d'autre part, la simple probabilité, n'y a-t-il point lieu de placer une conviction *sui generis*, de nature tout inductive et investie d'une très grande force encore ? C'est le problème que Hume estimera avoir été négligé par son devancier et dont il se flattera d'apporter la solution.

5. — Mais reprenons notre problème. Comment, par quelle méthode discerner les deux sphères, l'une du certain, l'autre du probable ? — On pourrait concevoir que la distinction fût tracée *a priori,* grâce à la réflexion de l'esprit sur lui-même et sur ceux de ses objets qui, lui étant toujours présents, sont comme marqués par un caractère de nécessité. Ainsi l'entendra Kant. — Locke procède génétiquement ; il remonte aussi loin que possible le cours de nos pensées ; il demande à l'expérience que chacun a de lui-même l'étiologie de ses opinions et de ses certitudes, telles qu'on les peut lire en soi. Pas plus donc qu'il ne tente une déduction *a priori* de notions préalables à tout savoir, il ne fait appel à l'érudition, à l'histoire générale de l'humanité, histoire qui trahirait bien vite des conceptions préconçues. Comme Descartes, mais pour de tout autres causes, il dédaigne les secours extérieurs, les livres, les thèses des doctes, les documents du passé. Cette histoire qu'il retrace, c'est celle que chacun peut faire de sa propre vie mentale. Deux moyens y suffisent : *l'observation* intérieure, pour noter et suivre nos pensées, faire le bilan des principales d'entre elles, les cataloguer, les classifier, et *l'analyse*, par laquelle nous distinguerons entre nos pensées celles qui sont les composantes de toutes les autres, éléments fixes, sortes de corps simples que l'on doit retrouver dans toutes

les formations mentales, même dans les plus riches et les plus inattendues combinaisons. — Cette observation, cette analyse sont donc éminemment individuelles : elles portent, non sur l'homme tel qu'il doit être nécessairement, mais sur l'homme que chacun de nous se trouve être. Il est bien vrai que ces analyses particulières donneront lieu à des résultats généraux, et Locke n'a aucun doute à cet égard. Qu'est-ce que cela prouve, sinon qu'en fait les individualités mentales concordent, que chacune d'elles est à l'unisson de toutes les autres ? Mais cet accord ne nous est pas métaphysiquement enseigné : il est révélé, manifesté à chacun de nous par l'expérience qu'il en peut faire.

Pour ces raisons mêmes, Locke est le véritable fondateur de cette psychologie subjective que les phénoménistes anglais, depuis Hume jusqu'aux deux Mill, ont étroitement pratiquée, en l'affranchissant de toute recherche métaphysique : tandis qu'une autre École, dogmatique celle-là, en a fait le préambule d'une philosophie qui ne reculera pas devant les affirmations transcendantes, telles que l'existence de Dieu, l'immortalité de l'âme, le devoir. Cette seconde École, qui rejettera de Locke le sensualisme, continuera sa méthode. Je veux parler des maîtres de la philosophie Écossaise, Reid et Dugald Stewart, ainsi que de leurs disciples français : Royer Collard, Jouffroy, Cousin, qui tous se flatteront d'avoir acquis à la science de l'esprit une assiette aussi solide que celle qu'ont obtenue les sciences de la nature, du jour où elles substituèrent aux constructions arbitraires de la physique *a priori* l'observation et l'expérience[1]. Et ainsi, comme Descartes encore, l'enseignement de Locke aura donné naissance à des Écoles très divergentes : au criticisme analytique, d'une part, et, de l'autre, à une forme naguère brillante, aujourd'hui démodée, du dogmatisme spiritualiste.

6. — De ce que nous venons de dire, il découle déjà que la connaissance, aux yeux de Locke, n'est quelque chose ni de préexistant ni de donné, c'est un développement organique qui a sa formation, sa croissance, ses phases et dont l'apparente fixité actuelle ne doit pas nous faire méconnaître la condition progressive. Ce développement naturel, il ne songe pas à en demander le secret à des influences ancestrales, à des transmissions accumulées de générations en générations. Ce sont toutes hypothèses qu'il n'a pas soupçonnées et qu'il eût d'ailleurs repoussées sans hésitation. Sa recherche ne dépasse pas l'enceinte des existences particulières. — N'imaginons pas davantage que, pour mieux expliquer une telle croissance, Locke admette un apport fourni directement par l'esprit lui-même et tiré de ses profondeurs : car un semblable apport offrirait toute la nécessité d'une notion *a priori*; ce serait

---

[1]. Toutefois, cette école admettait des vérités universelles, saisies par une sorte de conscience supérieure et attestées par le sens commun.

un élément éternel, sans histoire, parce qu'il serait supérieur à toute histoire. Il sera réservé à un contemporain de Locke, à Richard Burthogge, de formuler une conception de ce genre, laquelle contient en germe toute la réforme kantienne. Locke eût sans doute considéré que souscrire à une telle hypothèse, c'eût été passer dans le camp des métaphysiciens. Il n'a pas reconnu à l'esprit de productivité propre. L'esprit est, à la lettre, *tabula rasa*, et on ne saurait lui prêter, sans retomber dans l'illusion ontologiste, le don de tirer de son fonds pour les produire au jour des idées *sui generis*.

Mais alors comment se représenter cette *croissance* que le psychologue a le devoir de décrire et de raconter? Sous la forme d'un agglutinat d'idées ou simples ou complexes, les complexes devant toujours, de proche en proche, se résoudre en simples. — Et cet agglutinat, quelle en est la cause formatrice? Un successeur de Locke aurait beau jeu à faire intervenir l'habitude et l'association. Il n'est pas douteux même que Hobbes n'eût ouvert cette voie quand il signalait et dans la *Nature Humaine*[1], et dans le *Léviathan*[2], l'importance de ce principe : « La cause de la cohérence ou de la conséquence d'une conception par rapport à une autre est leur première cohérence ou conséquence au temps où elles furent produites par les sens », principe d'une portée universelle, et qu'un siècle après lui devaient, chacun de

1. Chapitre 4.
2. Chapitre 3.

leur côté, mettre à profit David Hume et David Hartley. Chose étrange, Locke a totalement négligé ce facteur destiné à une si grande fortune dans la philosophie empiriste. Est-ce à dire pourtant qu'il ait ignoré l'opération elle-même ? Nullement. Dans une lettre à Molyneux (26 avril 1895) il annonçait le dessein d'ajouter à son livre un chapitre sur *la connexion des Idées*. La promesse est tenue enfin dans la 4e édition où nous trouvons un chapitre consacré à ce sujet. Mais, dans ces pages, bien loin que l'auteur révèle l'association comme un permanent agent de formation et d'universalisation de concepts, il la dénonce comme une sorte d'influence morbide, une cause d'aveuglement pour l'imagination, un ferment d'illusion et d'erreur. Il cite diverses anecdotes faisant ressortir à quel point elle favorise les folies de la superstition ou les emportements de la passion. Il songe bien moins à la mettre à profit pour expliquer qu'à la déraciner pour guérir[1]. L'association des idées est pour lui la faculté trompeuse qui fait confondre avec des liaisons rationnelles des concomitances momentanées. La section 41 qu'il lui consacre dans son petit écrit *Conduite de l'Entendement* ne la traite guère mieux : « C'est, dit-il, si je ne me trompe, une des plus fréquentes causes de méprise et d'erreur en nous que l'on puisse mentionner et c'est une des maladies de l'esprit les plus pénibles à guérir : car il est difficile de convaincre quelqu'un

---

1. Elle appartient moins à la physiologie qu'à la pathologie de l'esprit.

que les choses ne sont point naturellement ainsi qu'elles lui apparaissent de manière constante. » Aussi recommande-t-il d'en prévenir les malfaisantes formations durant les jeunes années, plutôt que d'attendre l'âge mûr pour en combattre les effets.

La question que nous nous posions demeure entière. Si ce n'est point la pensée qui, de son fonds propre, engendre des connaissances ; si, d'autre part, ce n'est pas une propriété inhérente à nos pensées et les rendant aptes, par la fréquence de leurs répétitions ou de leurs successions à s'agréger, à former des composés imprévus, d'où vient à nos idées ce don de se combiner et même de se transformer, qui nous en dissimule à jamais les éléments primordiaux ? Cette difficulté, si pressante pour un moderne, Locke ne pouvait pas la complètement éluder. Il reconnaît donc à l'esprit, au défaut d'une *productivité* propre, du moins une certaine activité mécanique, comparative, distributive, agglomérative. L'esprit compose ses idées ; il compare et il abstrait. Sans rien ajouter à la matérialité de son savoir, il le modifie et le transforme par les agencements et les remaniements qu'il lui fait subir. — Que si l'on voulait le pousser davantage et lui demander quelles influences profondes guident cette activité ordonnatrice et composante, à quelles lois elle obéit, sur quels modèles elle se règle, car enfin ce travail de l'esprit n'a rien d'arbitraire, puisque assurément la science est mieux qu'un pur caprice, j'imagine que Locke se déroberait comme devant une interrogation dépassant la portée humaine et ne comportant même pas une modeste probabilité.

7. — De tout ce qui précède il résulte que la philosophie tout entière doit tourner autour d'un unique problème : *quelle est l'origine de nos idées ?* Aussi, le grand souci de Locke sera-t-il de prévenir toute installation au seuil de notre savoir de notions préexistantes, dont l'existence supposée peut bien flatter la pensée paresseuse, mais qui seraient inacceptables à l'intelligence scientifique. Le prologue de son œuvre philosophique devait donc être, comme il est en effet, une réfutation de la théorie de l'innéité. — Et le nerf de cette réfutation qui prend toutes les formes, tous les tons et particulièrement celui de la satire, est la négation opposée à toute conception d'actes et de modes inconscients de la pensée. Il est, sur cela, en parfaite conformité avec les Cartésiens. La pensée ne saurait se mouvoir à son insu et dans l'ignorance de son acte. C'est contradiction pure de parler de pensées que l'on aurait sans le savoir, de vérités dont l'esprit serait dépositaire sans même les soupçonner, comme ce serait le cas pour les enfants en très bas âge, pour les sauvages, pour les idiots, etc.[1].. Une idée innée, à supposer qu'il en existât,

---

1. V. l. I, ch. 1, § 26 et l. II, ch. 1, § 19 : « Un autre homme peut-il s'assurer que je sens en moi ce que je n'aperçois pas moi-même ? C'est ici que la connaissance de l'homme ne saurait s'étendre au delà de sa propre expérience... Il n'y a qu'une révélation expresse qui puisse découvrir à un autre qu'il y a dans mon âme des pensées, lorsque je ne puis

devrait être la première sur laquelle l'esprit aurait conscience de s'exercer.

En vain Leibnitz, dans ses *Nouveaux Essais de l'Entendement humain*, s'inspirant de son éclectisme habituel, prétendra-t-il que le désaccord entre l'écrivain anglais et lui n'est pas aussi complet que l'on pourrait croire, attendu que Locke admettait des *idées de réflexion*, lesquelles n'ont pas une origine sensible. « Peut-être, écrira-t-il, les opinions du savant auteur ne sont-elles pas si loin des miennes qu'elles semblent être, car il accorde qu'il y a des idées qui ne viennent pas des sens et il ne peut nier qu'il y ait beaucoup d'inné dans l'esprit. L'esprit lui-même est inné. » Locke n'aurait pas souscrit à une telle paix. Que certaines idées ne viennent pas de la sensation, mais résultent comme c'est le cas pour celles de la réflexion, du fait même de l'activité de l'esprit, il n'importe guère et la question pour lui n'est pas là. Ce qui importe à ses yeux, c'est que nulle idée n'est à l'état latent, nulle connaissance n'est

point y en découvrir moi-même... » (*Ib.*, § 25) : « Ces opérations de notre entendement nous laisseraient pour le moins quelque notion obscure d'elles-mêmes, des idées que les sens excitent en nous, personne ne pouvant ignorer absolument ce qu'il fait lorsqu'il pense. » (Trad. Coste.)

Dans le même livre, chap. XVI, § 2, son explication de la mémoire exclut toute théorie de perceptions qui seraient actuellement dans l'esprit, sans cependant être aperçues de lui : « Nos idées ne sont rien autre chose que des perceptions qui sont actuellement dans l'esprit, lesquelles cessent d'être quelque chose dès qu'elles ne sont point actuellement aperçues... » Et ainsi Locke rejette toute hypothèse de notions latentes dans la pensée, de ces « dispositions naturelles » que Descartes lui-même avait admises. Toute idée en l'esprit, comme toute vérité et tout principe, y doit exister en acte.

virtuelle et toute cette brillante théorie leibnitienne des petites perceptions aurait été pour lui lettre close. Ou l'idée en acte, ou point d'idée : c'est là un dilemme dont il est interdit de sortir [1].

8. — Cela étant, et toute hypothèse aprioristique une fois écartée par la question préalable, il ne restera plus qu'à se livrer à ce travail d'analyse grâce auquel nous serons instruits de ces éléments simples par lesquels toute connaissance, si ambitieuse soit-elle, se trouve être en fin de compte constituée. C'est comme une chimie de la connaissance, une chimie de la pensée, dont les décompositions doivent nous laisser en présence de certaines proportions déterminées de corps premiers eux-mêmes irréductibles. On l'a dit avec raison : l'*Essai* nous met en présence d'un véritable atomisme intellectuel, un atomisme toutefois qui ne nous rejette pas comme celui de Démocrite dans une infinie poussière d'absolus. Peut-être cet atomisme n'est-il que relatif à notre pensée finie et les irréductibles en présence desquels il nous laisse seraient-ils résolubles à quelque analyse divine. Mais si une hypothèse dépasse notre portée, c'est certes bien celle-là. En fait, de véritables atomes notionnels composent notre savoir. Ces atomes, ce sont les idées simples, composantes des idées complexes : les unes et les autres constituent les jugements et, par ceux-ci, la totalité de la connais-

---

1. Et néanmoins Leibnitz a touché juste. Oui, dans la théorie même de Locke, il faut bien que l'esprit lui-même soit inné.

sance. Les idées simples, atomes de notre science, n'ont et ne peuvent avoir que l'une de ces deux origines : la sensation et la réflexion.

Démocrite, grâce aux atomes qui ne différaient, pensait-il, que par des caractères mathématiques, se trouvait en possession de tous les matériaux nécessaires pour édifier l'Univers. De même pourrait-on dire du monde de la connaissance selon Locke. Les atomes de savoir qu'il a admis et qui ne diffèrent que par leur provenance : sensation et réflexion, suffisent à réaliser le monde intelligible qu'embrasse la plus haute raison. Et Locke de recourir à la comparaison souvent employée par les antiques théoriciens de l'atomisme : celle des lettres de l'alphabet dont l'assemblage infiniment varié permet l'expression infiniment diverse de toutes les pensées. L'œuvre de la science ne consistera que dans les synthèses innombrables de ces éléments dont l'analyse psychologique nous a fait découvrir la présence à la base de tout savoir.

On ne peut se dissimuler que résumer ainsi les idées maîtresses qui commandent l'*Essai* c'est leur prêter une cohésion, une continuité que l'exposition de Locke comporte malaisément. D'une part sa manière mondaine de traiter ces grands sujets, de l'autre la difficulté insurmontable qui est inhérente à cette théorie de la passivité *essentielle* d'un esprit-miroir, condamné à recevoir ses images toutes formées et néanmoins capable de les unir, de les diviser, de les disjoindre et de les reformer, condamnent la doctrine aux inconséquences et en rendent parfois bien flottante l'expression. Telle est, pour citer une de ces *inconsistencies* les plus apparentes, celle que Green a justement relevée, quand il constate que le même Locke selon qui la connaissance débute avec des idées simples et sans relation, d'où il s'élève à des idées complexes et relatives, pose ailleurs comme les premiers objets de notre savoir des substances individuelles que manifestent leurs qualités, c'est-à-dire qu'il fait préluder l'activité de l'esprit par des idées complexes d'où il passe à des idées simples, grâce à une abstraction arbitraire. — En vain M. Campbell Fraser allègue-t-il à la décharge de son auteur que ce sont là deux moments de sa discussion qu'il faut éviter de confondre : dans le premier, Locke fait une exacte analyse logique du contenu phénoménal d'idées abstraites déjà formées et exprimées dans le langage ; dans le second, « il décrit en psychologue le processus qui va des complexes présentations individuelles de phénomènes sensibles aux généralisations de l'entendement, processus qui caractérise la croissance de notre savoir. » — Nous admettons la distinction tracée par M. Campbell Fraser. Nous reconnaissons avec lui que cette dissolution du savoir en molécules insécables, en idées isolées et sans relations, est toute théorique, que la réalité psychologique est précisément inverse ; que, pour Locke, dès qu'il y a connaissance, il y a déjà par cela seul perception de connexions entre idées et cela aux termes mêmes de sa définition du début du L. IV : « La connaissance ne me semble être que la perception de la liaison et de l'accord ou de la discordance et de l'opposition entre telles et telles de nos idées. » — Reste à savoir si, cette distinction, Locke avait le droit de la tracer. Sa méthode, toute historique, n'autorisait pas une analyse purement logique de ce genre. Ou ces éléments simples, terme de sa résolution psychologique, ne sont rien et à quoi bon en faire mention ? ou ils existent vraiment au premier stade de la vie intellectuelle et comment ne sont-ils pas objets de conscience et de pensée ? Un Leibnitz résoudrait aisément la contradiction en recourant à son hypothèse des petites perceptions ; un Kant n'aurait qu'à montrer l'activité de l'esprit unifiant, organisant par ses formes et ses catégories le divers des intuitions sensibles. Mais, au point où en est encore Locke, l'un et l'autre de ces partis lui est interdit : le premier, parce qu'il le réduirait à une doctrine d'inconscience contre laquelle il a par avance protesté ; le second, parce qu'il croirait sans nul doute en revenir à cette innéité dont il a eu pour dessein constant de s'affranchir. — La critique de Green, faite d'un point de vue tout criticiste, garde donc sa valeur.

Qu'est-ce à dire, en fin de compte, sinon que Green a lu à la lumière de Kant l'*Essai sur l'Entendement humain,* et que, si Locke eût satisfait aux difficultés que son pénétrant critique soulève, la réforme philosophique inaugurée, un siècle plus tard, par la *Critique de la Raison pure* aurait été sans objet ?

IV

PHILOSOPHIE RELIGIEUSE DE LOCKE

I

La philosophie de l'*Essai* ne saurait, suivant la désignation qui a cours, être appelée à bon droit du nom de sensualisme, attendu que, si la sensation fournit une grande partie de nos idées, elle ne les engendre pas dans leur totalité (la réflexion apportant une importante part de notre savoir). Ces matériaux de toute science constituent même si peu la science qu'il n'y a connaissance vraie que là où l'entendement est entré en scène.

C'est l'entendement qui est le véritable, le seul agent du savoir. La philosophie de Locke serait donc plus exactement définie : un empirisme intellectuel, autorisant un dogmatisme limité. La certitude absolue, ce haut point auquel elle vise, est réservée à une sphère d'idées, déterminée avec le plus grand soin et, hors de cette sphère, il ne reste que l'immense domaine de la probabilité ; mais encore cette probabilité aux degrés sans nombre reçoit-elle de la raison, sa mesure, ses évaluations.

Le même caractère de rationalisme, tempéré par le souci que l'on peut appeler génétique, par la préoccupation des faits et de l'expérience ainsi que par le sentiment des bornes imposées aux aspirations de notre pensée, domine la doctrine religieuse et éducative de Locke. Sa religion n'est autre chose que la raison naturelle, affermie par la révélation. Sa pédagogie consiste toute à cultiver l'homme rationnel et à le rendre victorieux et maître de l'homme appétitif.

Religion. — Locke est un tolérant, un « latitudinaire », mais personne n'est plus éloigné que lui de ce Socinianisme qu'on ne se fit pas faute de lui imputer, comme à tous les penseurs originaux de son temps ; personne n'aurait dû être moins que lui suspect de libre pensée. Il est un chrétien convaincu, mais un chrétien libéral, comme on dirait de nos jours ; un chrétien qui s'est fait de sa foi une doctrine très compréhensive, en concordance directe avec sa philosophie générale. Et cette doctrine n'a rien d'une théologie compliquée, exclusivement accessible à des doctes, exigeant de la masse des fidèles une adhésion aveugle à ses conclusions. Son système est, au contraire, un rationalisme chrétien, mais un rationalisme aux données simples et vivantes, où rien ne saurait rebuter le droit bon sens, dès que l'accompagne la bonne foi. J'ajoute qu'il n'a rien d'artificiel, et que, loin d'être suranné, il précise aujourd'hui encore l'intime credo d'innombrables multitudes d'adeptes du Christ.

Le traité dans lequel il exposa ses vues était intitulé : *Rationalité du christianisme tel que l'exposent les Écritures*. Il parut cinq ans après l'*Essai*. Il ne pouvait manquer de provoquer les attaques ; l'auteur en releva les principales dans deux « Défenses » successives.

Sa théorie de la connaissance avait mis Locke en possession de fonder sur de fortes assises sa construction religieuse. Si nous l'en croyons, deux ordres de vérités spéculatives sont, en outre de celles qui forment l'objet des mathématiques, susceptibles de démonstration : l'existence de Dieu, les règles de la morale. Or ces deux ordres de vérités sont et la raison d'être et même tout l'essentiel de la religion chrétienne. Ayons-les bien présents à l'esprit l'un et l'autre et la parfaite rationalité du Christianisme nous apparaîtra.

Et d'abord, il faut poser que la raison naturelle, consultée directement, et soigneusement dégagée de tous les préjugés ou habitudes déformantes qui en altèrent les dictées, peut conduire par elle-même et a, en fait, conduit bien des hommes, ignorants de notre Révélation, à pratiquer ce que Dieu commande et à observer la loi du bien. Ainsi deviendra-t-il facile de résoudre le dilemme si fréquemment opposé au christianisme : une grande partie de l'humanité ayant ignoré la venue du Christ, il serait inique de lui interdire le salut et, d'autre part, le lui permettre serait avouer que cette venue n'était point nécessaire ! « Je réponds, dit Locke, que Dieu exigera de tout homme en proportion de ce que l'on possède et non en proportion de ce que l'on ne possède pas. Il n'attendra pas une amélioration de dix talents, là où il en a donné seulement un ; il ne réclamera pas que l'on croie en une promesse dont on n'a jamais entendu parler…. Il y a eu des étrangers aux oracles de Dieu confiés au peuple d'Israël, bien des hommes à qui la promesse du Messie ne parvint jamais et qui, par conséquent, ne furent jamais capables de professer ou de rejeter cette révélation ; cependant Dieu avait, par la lumière de la raison, révélé à tous les hommes qui feraient usage de cette lumière, qu'il était bon et clément. La même étincelle de la nature divine et de la science en l'homme, qui lui a montré la loi à laquelle, en tant qu'homme, il était soumis, lui a également montré la manière de se gagner le clément, aimable, compatissant auteur et Père de son être, quand il aurait transgressé cette loi. Celui qui faisait usage de cette chandelle du Seigneur, de manière à trouver quel était son devoir, ne pouvait manquer de trouver aussi la voie de la réconciliation et du pardon, quand il avait manqué à son devoir… La loi est l'éternel, l'immuable modèle du bien… »

Mais alors, reprendra-t-on, à quoi bon la venue du Christ, puisque la lumière naturelle suffisait à révéler ce que Dieu désire de nous ? C'est le problème du pourquoi d'une révélation.

Locke le résout par une thèse historique des plus aventurées et par une thèse doctrinale d'une réelle valeur psychologique.

La première s'autorise de la généralité du polythéisme dans l'antiquité, pour avancer que la notion du divin avait disparu du monde. Par là, notre philosophe entend que l'idée du vrai Dieu, du Dieu unique, s'était effacée, en dépit des facilités offertes aux esprits pour la ressaisir. Et cet aveuglement entraînait à sa suite la superstition, les vices qui se déployaient librement à l'ombre de rites puérils.

« Bien que les œuvres de la nature attestent suffisamment la divinité, néanmoins le monde fit si peu usage de sa raison qu'ils ne le virent point là où, même par les impressions qu'ils avaient de lui, il était facile à trouver... Dans cet état de ténèbres et d'ignorance du vrai Dieu, le vice et la superstition occupèrent le monde. Et l'on ne pouvait ni obtenir, ni espérer de secours de la raison, les prêtres ayant partout, en vue d'assurer leur empire, exclu la raison d'avoir quoi que ce fût à faire dans la religion. Et, dans la foule des notions erronées, des rites inventés, le monde avait presque perdu la vue du seul vrai Dieu. »

Que si des hommes de méditation, des philosophes tels que Socrate et Platon, virent plus juste que leurs contemporains, ils furent contraints dans leur attitude et leur culte, « d'aller avec le troupeau et de se tenir à la religion établie par la loi ».

Le naufrage du monothéisme avait entraîné le naufrage de la véritable morale. Il est tellement plus séduisant de remplacer l'austérité du devoir par l'observance de rites et la pratique de cérémonies !

« Des cérémonies lustrales et des processions étaient bien plus faciles qu'une pure conscience et que la marche sûre de la vertu ; et un sacrifice expiatoire offert pour rendre indulgent au défaut de vertu, était plus commode qu'une vie sévère et sainte ; aussi rien d'étonnant à ce que la religion fût partout distinguée de la vertu et obtînt sur elle la préférence... »

« La religion naturelle, dans son plein déploiement, n'était point, que je sache, sauvegardée par la force de la raison naturelle. » Et nulle part, non plus, sous-entend Locke, cette morale naturelle, qui dicte immuablement à la volonté, par la voie de la raison, ses décrets.

Quant à la thèse doctrinale, elle se tire de l'inaptitude des philosophies à donner aux hommes les directions morales dont ils ont besoin.

En vain lui opposerait-on ce qu'il nous a affirmé dans l'*Essai* : que les propositions de cet ordre comportaient une certitude démonstrative ; car, dans le même *Essai*, nous avons été avertis qu'en pareille matière, l'évidence nous était, à la différence de ce qui a lieu pour les mathématiques, masquée par trop de préjugés, d'intérêts et de passions.

Aussi bien, même à ne pas tenir compte de ces influences affectives qui vicient les arguments de la raison pratique et en obscurcissent la lumière, il est, pour la déduction philosophique, une autre raison d'échec. C'est la subtilité épineuse, la difficulté ardue qui rendent ces sortes de déductions inaccessibles aux masses dénuées de culture ou de loisirs, par qui cependant un principe directeur est réclamé. Ou encore, c'est le défaut de cohésion des apophtegmes auxquels les anciens doctes excellaient et qui ne forment point corps, parce qu'ils ne sont pas reliés en un système de préceptes découlant en toute clarté de la loi même de la nature[1]. « La plus grande partie de l'humanité manque de loisir ou de capacité pour la démonstration... Partout où ils frappent, les docteurs sont toujours tenus à faire la preuve, à dissiper le doute, par un fil de déductions cohérentes, tirées du premier principe, si longues, si compliquées, soient-elles. Et vous pouvez aussi bien espérer, avoir en tous les journaliers et les commerçants, les fileuses et les vachères, des mathématiciens parfaits, que de les rendre par cette méthode parfaits en morale... »

Enfin, il est une considération que je ne trouve qu'indiquée par Locke, mais qui possède beaucoup de force : les mêmes philosophies seront incompétentes pour donner au monde une loi dont le caractère souverain s'impose immédiatement, un code d'obligation, d'autant plus impératif qu'il sera plus clair et plus saisissant. Ce code, l'a-t-on jamais composé ? « Où y eut-il jamais un pareil code, auquel l'humanité peut avoir recours ? »

---

1. Locke montre en cela combien était superficielle et courte sa connaissance de la philosophie ancienne. La morale des Stoïciens avait été construite avec un art consommé de logiciens. Celle d'Épicure ne lui cédait guère pour la rigueur rationnelle. Les « apophtegmes », relatés par les compilateurs, n'étaient guère de l'une et de l'autre que de brillantes applications.

La raison ordinaire étant condamnée à un échec, et par l'aveuglement des siècles et par l'incapacité des foules et par l'impuissance des philosophies, comme cependant il ne se pouvait que Dieu tolérât une définitive éclipse de la moralité dans l'univers, il ne restait qu'une alternative, celle qui s'est réalisée par le fait même de la venue du Sauveur. C'est pourquoi, au défaut de déductions universellement acceptables et convaincantes, par lesquelles le législateur en morale justifierait la loi qu'il prétend imposer, un seul moyen subsiste : que ce législateur nous prouve qu'il a reçu du ciel un mandat ; « qu'il vient avec autorité de la part de Dieu pour faire connaître au monde sa volonté et ses commandements. » Le moraliste ainsi compris, voilà ce qu'a été Jésus-Christ. Et c'est ici le point central de l'exégèse de Locke. « Cette loi de moralité, Jésus nous l'a donnée dans le Nouveau Testament. Nous avons de lui une règle complète et suffisante pour nous diriger et conforme à celle de la raison. Mais la vérité et l'obligation de ses préceptes ont leur force et sont mis pour nous au-dessus du doute, par l'évidence de sa mission. Il fut envoyé par Dieu ; ses miracles l'attestent et l'autorité de Dieu dans ses préceptes ne peut être mise en question. » En ces lignes on peut dire que se résume tout le credo du maître anglais.

Les miracles, tant ceux que Jésus accomplit, que ceux qu'opérèrent ses disciples, et dont la réalité est entourée aux yeux de Locke d'une évidence historique, n'ont pas une valeur propre. Ils sont des signes irréfragables par lesquels devait être annoncée aux peuples la mission du divin réformateur, des signes propres à frapper l'imagination et la raison tout à la fois. Mais ces signes n'ont de prise que parce que celui qui apportait aux hommes la loi morale n'aurait pu, sans leur secours, faire reconnaître son autorité législatrice. En vain objectera-t-on que déjà Moïse avait apporté au monde une révélation de ce genre. Cette révélation avait été confinée dans un coin de la terre et n'avait pu permettre une suffisante propagande. Il fallait un nouvel appel et qui fût entendu des gentils. Par conséquent, les miracles ne sont de la part du Sauveur qu'un moyen énergique et violent, mais un moyen d'une efficacité souveraine. « L'évidence de la mission de notre Sauveur de la part du ciel est si grande, dans la multitude de miracles qu'il fit devant toutes sortes de gens, que ce qu'il a déclaré ne peut qu'être reçu comme les oracles de Dieu et la vérité indiscutable. Car les miracles qu'il fit étaient ordonnés de telle sorte, par la providence et la sagesse divines, qu'ils ne furent jamais ni jamais ne purent être niés par aucun des ennemis ou des opposants du christianisme. »

Le miracle se subordonne donc à la loi. Il la suppose, il la signifie. Il a dans la morale sa fin. Et cela, non pas d'une manière générale et comme en bloc, mais aussi dans tout le détail de l'Évangile.

Et Locke de consacrer la plus grande partie de son Traité à suivre les actions et démarches de Jésus, par lesquelles se manifesta sa délégation surnaturelle. Les circonstances de chacun de ces actes lui apparaissent comme disposées par la plus parfaite sagesse et l'on en pourrait dégager, selon lui, de très édifiantes leçons. Dans cette partie de sa tâche, il faut avouer que la critique du philosophe se montre singulièrement facile et accommodante. Les problèmes d'authenticité ne se posent jamais pour lui, ou plutôt il les écarte par cette commode observation que les dissemblances mêmes des narrateurs, les uns omettant ceci, les autres ajoutant cela, prouvent qu'il n'y a pas eu concert frauduleux, mais au contraire bonne foi et véracité dans leurs témoignages respectifs. Comment, cependant, ne vient-il pas à l'esprit de Locke, qu'une telle façon de fonder la certitude religieuse sur des témoignages dont les discordances accidentelles seraient un titre de plus à notre créance relève du jugement historique, par conséquent, n'admet, aux termes mêmes de l'*Essai,* qu'un assentiment hypothétique, singulièrement relatif et que, par suite, les fondements de la foi chrétienne ne sauraient, aux yeux de la raison, autoriser autre chose qu'un jugement de probabilité ? Cela, Locke, pour être conséquent, le devrait dire ; je ne suis pas sûr qu'il l'eût seulement osé penser.

Parce que Jésus venait, entouré de tout l'éclat du merveilleux, mais d'un merveilleux que pénétrait la plus pure morale, dissiper l'ignorance des hommes, les rappeler et à la foi en un Dieu unique et au respect du devoir ; parce que sa parole devait aller non aux doctes, non aux seuls esprits spéculatifs, mais à la multitude de ceux sur qui pèse le poids du jour, de ceux qui réclament non des arguments, mais une autorité, non des controverses mais des directions, il fallait que l'enseignement qu'il allait répandre fût concis et clair, libre de complications doctrinales et par cela même d'autant plus vivant. C'est ainsi que Locke, poursuivant l'œuvre simplificatrice qui avait fait la gloire de Chillingworth, mais s'efforçant d'arriver à des précisions que le grand latitudinaire n'était point parvenu à fixer, institue sa théorie des articles fondamentaux et la resserre en deux points, dont l'un résume toute la théologie, l'autre toute la morale. Le premier qui, au vrai, pourrait suffire, car il emporte le second, est *la foi au Messie*. Il constitue, dans l'Évangile, la vérité culminante, celle que la prédication, tant du Sauveur que des apôtres, représente comme nécessaire et totale. « Qu'il était le Messie, fut la grande vérité dont il se mit en peine de convaincre ses disciples et ses apôtres, en leur apparaissant après sa résurrection, ainsi que l'on peut voir par Luc XXIV... Nous pouvons observer que la prédication des apôtres, partout dans les Actes, tendit à ce seul point : prouver que Jésus est le Messie... » De même saint Jean ramène à ce point toute la foi. « Il connut qu'il n'était requis de croire à rien d'autre, pour atteindre la Vie, sinon que Jésus est le Messie, le Fils de Dieu. »

Locke prévoit l'objection qu'on lui fera, et qu'il accueille avec d'autant plus d'empressement qu'elle lui sera l'occasion de confirmer la tradition protestante et de dépouiller la foi de tous les éléments adventices que l'arbitraire ecclésiastique ou scolastique y a trop souvent introduits.

On lui opposera donc que « croire seulement que Jésus de Nazareth est le Messie, c'est là une foi historique, non la foi justificative, la foi qui donne le salut. — « A quoi je réponds que je permets aux faiseurs de systèmes et à leurs partisans, d'inventer et employer telles distinctions qu'il leur plaît, d'appeler les choses de tels noms qu'ils jugent à propos. Mais je ne puis leur accorder, à eux ni à personne, l'autorité de faire une religion pour moi, ou d'altérer celle que Dieu a révélée... » Personne n'a le droit d'attendre de nous plus que Dieu n'a formellement exigé.

On lui opposera encore qu'une foi aussi rudimentaire est si peu suffisante pour le salut, que les démons eux-mêmes en sont capables, qu'ils la possèdent certainement. N'est-ce pas, en effet, saint Jacques qui nous dit : « Les diables croient et tremblent » ; pourtant ils ne seront pas sauvés ? — Mais Locke pare à cette difficulté nouvelle en posant le second point, celui-là même, disions-nous, où toute la morale est contenue : « oui, les diables croyaient, mais ils ne pouvaient être sauvés par le pacte de grâce, parce qu'ils n'accomplissaient pas l'autre condition qui y était requise, tout aussi nécessaire que celle de croire : et c'est le repentir... ». Que cette seconde condition renferme virtuellement la morale et qu'elle soit comprise elle-même dans l'acte de croire à Christ (acte incomplet, inefficace chez les esprits infernaux), l'analyse morale du repentir le montre amplement. « Le repentir est un vigoureux chagrin de nos méfaits passés et une sincère résolution, un sincère effort de conformer, de tout notre pouvoir, toutes nos actions à la loi de Dieu. En sorte que le repentir ne consiste pas en un simple acte de chagrin, mais à faire les œuvres propres au repentir; il consiste en une sincère obéissance à la loi du Christ, le reste de notre vie. » On doit donc conclure que : « ces deux choses, foi et repentir, c'est-à-dire croire que Jésus est le Messie, et mener un vie juste sont les conditions du nouveau pacte, que doivent respecter tous ceux qui veulent obtenir la vie éternelle. »

Jésus, enfin, a mis le sceau à son œuvre d'initiation morale en faisant revivre dans l'âme humaine une croyance qui s'y était trop effacée et en la rendant visible par le miracle de sa propre résurrection : je veux dire la croyance en une vie future, dont la perspective s'offre ici-bas comme un stimulant à la vertu : « Avant le temps de notre Sauveur, la doctrine d'un état futur, sans être totalement cachée, n'était cependant pas clairement connue dans le monde. C'était une vue imparfaite de la raison, ou peut-être les restes vermoulus d'une tradition ancienne, qui semblait plutôt flotter sur les imaginations des hommes, qu'elle ne plongeait profondément dans leurs cœurs. C'était quelque chose, ils ne savaient pas quoi, entre l'être et le non-être. Ils imaginaient que quelque chose en l'homme pouvait échapper du tombeau ; mais une vie parfaite et complète d'éternelle durée, succédant à celle-ci, était chose qui n'entrait guère dans leurs pensées, et moins encore dans leurs persuasions. Et ils étaient si peu éclairés là-dessus, que nous ne voyons pas de nation au monde qui l'ait publiquement professée, et qui ait édifié sur elle... » A Jésus il était réservé de faire à ce sujet la conviction ; ce devait être sa mission d'apprendre aux hommes que « s'ils vivaient bien ici-bas, ils seraient heureux après. Ils n'avaient qu'à ouvrir les yeux sur les joies sans fin, indicibles, d'une autre vie, pour que leurs cœurs trouvassent quelque chose de solide et de puissant pour les mouvoir ».

Et ainsi Locke aura bien rempli sa promesse. Il aura montré que la révélation chrétienne était, d'un bout à l'autre, en parfait accord avec la raison naturelle et que son but unique avait été de dissiper l'épais brouillard qui avait enveloppé cette dernière. La religion de Locke est une religion raisonnable, moralisatrice, mais clémente, accessible à tous et animée de pure bonté. « Dieu, du fond de l'infinité de sa clémence, s'est comporté avec l'homme comme un père compatissant et tendre. » La loi qu'il a dictée et que le Sauveur a fait renaître dans les cœurs, est celle-là même que la raison commande, mais il a pris, pour la promulguer, des voies simples, de manière à ne pas mettre trop à l'épreuve les intelligences et les volontés. « C'est ici une religion appropriée aux capacités vulgaires et à l'état de l'humanité dans ce monde, destinée au travail et au labeur.

« Les écrivains et disputeurs en religion la remplissent de joliesses, la parent de notions et ils en font des parties nécessaires et fondamentales de cette religion, comme si nul chemin ne menait à l'Église, qu'en passant par l'Académie ou le Lycée. La plus grande partie de l'humanité n'a pas le loisir de l'étude et de la logique et des superfines distinctions des Écoles. Là où la main est occupée à la charrue et à la bêche, la tête s'élève rarement aux notions sublimes et rarement elle s'exerce aux mystères du raisonnement... Si Dieu avait eu l'intention que personne, sinon le scribe lettré, le disputeur ou le sage de ce monde, ne fût chrétien ou ne fût sauvé, alors la religion aurait dû être accommodée pour eux, remplie de spéculations et de finesses, de termes obscurs et de notions abstraites... Si c'est aux pauvres que l'Évangile fut prêché, ce fut, sans aucun doute, un Évangile tel que les pauvres pussent l'entendre : clair et intelligible ; et c'est bien ce qu'il était, nous l'avons vu, dans les prédications de Christ et de ses disciples. »

Locke, à notre avis, s'est surpassé dans cet ouvrage d'apologétique, d'une si élégante simplicité. Et c'est bien injustement que ce traité, qui souleva d'abord de passionnées polémiques, a été rejeté dans la pénombre par la fortune toujours grandissante de l'*Essai*. Il s'y révèle tout entier : un dogmatique mesuré, qui associe expérience et entendement, histoire et doctrine ; un spéculatif avisé qui compte avec les faits, avec les besoins actuels du gros de l'humanité.

Sa religion est démocratique, hostile aux subtilités rebutantes des scolastiques et des purs théologiens. Sa conception ne nous paraît pas avoir beaucoup vieilli. Même il suffirait d'une légère transposition de termes pour reconnaître dans le problème religieux, tel qu'il l'énonça, celui qui, à l'heure présente, se pose pour le moraliste : comment, au défaut de cette révélation que d'apparentes probabilités déterminèrent Locke à y souscrire, mais que des probabilités contraires le conduiraient peut-être à rejeter aujourd'hui ; oui, comment, sans recourir à ces coups d'État physiques que l'on appelle des miracles, énoncer et établir, de manière à en faire les vivantes règles des consciences, les principes universellement valables d'une morale séculière, qui possède toute la majesté de la discipline chrétienne, qui en exerce tout le charme et qui la dépasse même en excluant l'idée de sanction, c'est-à-dire qui proclame, comme l'avait fait le stoïcisme, la vertu gratuite, la bonté sans salaire, le parfait désintéressement ?

V

LOCKE APOLOGISTE DE LA TOLÉRANCE. SES DEVANCIERS DE L'ÉGLISE ANGLICANE

I

L'auteur de *Rationalité du Christianisme* a considéré la dogmatique religieuse en théologien philosophe, résolu de la réduire aux quelques points essentiels dont l'entendement peut s'accommoder et qui suffisent pour le salut. Ici de même que dans l'*Essai*, il a fait œuvre d'analyse, ramenant aux éléments les plus simples le contenu de la foi comme il avait analysé le contenu de la connaissance. Dégager ainsi qu'il l'a fait des innombrables articles dont l'esprit scolastique l'avait comme hérissée une religion qu'il conçoit intelligible, diaphane, non pédantesque, de facile abord, cela même était déjà, dans une matière où le fanatisme intellectuel avait sévi, donner la preuve de son libéralisme. Combien cette largeur de vues méritera davantage encore notre reconnaissance, quand le philosophe, si préoccupé d'établir les vrais fondements et de délimiter le juste champ de l'autorité civile, examinera cette même religion non plus en métaphysicien, mais en politique, lorsqu'il se demandera quels sont les pouvoirs de l'État sur les consciences ou mieux quels sont les droits des consciences vis-à-vis de l'État et vis-à-vis les unes des autres. Hobbes avait répondu par sa géniale et absurde doctrine du *Léviathan*, c'est-à-dire du despotisme absolu. Il répondra lui, sans paradoxe, fort de son bon sens comme du sentiment de la dignité individuelle, par une doctrine de liberté.

Cette réponse se déploie dans les *Lettres sur la Tolérance*. La première de ces lettres parut en latin, en mars 1689, un an avant l'*Essai sur l'Entendement humain* ; elle fut traduite par Popple, l'été suivant. Elle est, de toutes les quatre, la plus importante, je dirai même : la seule importante, car elle renferme les idées générales de l'auteur sur ce grand sujet, les principes sur lesquels repose le devoir politique de tolérance et l'indication des limites entre lesquelles ce devoir est compris. Les trois autres lettres (1690 ; — 1692 ; — 1706, cette dernière à l'état de fragment), bien que beaucoup plus volumineuses, constituent des écrits de polémique et n'ajoutent aux conclusions de la première rien qui vaille absolument d'être signalé.

La cause défendue par Locke nous est devenue si familière que nous concevons mal, quand nous relisons cet opuscule, combien il dut montrer d'audace, lui l'écrivain prudent et réservé par excellence, pour le publier. La manière même dont il l'édita est d'ailleurs bien significative. Dès longtemps notre philosophe avait mûri ses Lettres dans son esprit ; elles avaient fourni un aliment, nous dit son savant biographe, M. Campbell Fraser, à ses longues méditations d'Oxford, et cela même avant qu'il se fût associé à Shaftesbury dans sa lutte contre les ennemis de la liberté. La lettre avait été adressée à son ami, le hollandais Limborch. Elle portait, à la première page, ces indications mystérieuses : *Epistola de Tolerantia, ad Clarissimum Virum* T. A. R. P. T. O. L. A. *scripta a* P. A. P. O. I. I. A. Le sens de la première série d'initiales était : *Theologiæ apud Remonstrantes Professorem, Tyrannidis Osorem, Limburgium, Amstelodamensem* et la seconde : *Pacis amico, Persecutionis Osore, Joanne Lockio, Anglo* [1]. Locke aurait désiré que le secret, connu du seul Limborch, ne fût point divulgué. Mais Limborch, en un moment de distraction, le laissa échapper, ce dont l'auteur lui garda longtemps rancune. Tant il y avait de témérité, en un tel pays et en un tel temps, à défier l'esprit de fanatisme et à mener, au mépris des violents, l'apostolat de la modération !... Sans doute, après Locke, les choses vont bien changer. L'irréligion et le libertinage, durant un demi-siècle, vont régner en Angleterre presque sans partage [2].

1. *Lettre sur la tolérance au très illustre professeur de théologie chez les Rémonstrants, ennemi de la tyrannie, Limborch d'Amsterdam ; écrite par l'ami de la paix, ennemi de la persécution, Jean Locke, anglais.*

2. V. Élie Halévy, *La naissance du méthodisme en Angleterre* (*Revue de Paris* du 1er et du 15 août 1906). On lira avec intérêt, dans ces études

Cette lignée sceptique ou athée, l'auteur de *Rationalité* l'eût désavouée avec tristesse. Locke fit acte de courage lorsqu'il réclama la liberté d'examen. Mais il ne crut pas un instant avoir frayé la route à la liberté de scepticisme et de blasphème.

La loi de tolérance, que proclament les *Lettres*, n'est pas déduite par elles dans la totalité de ses conséquences; la portée en est restreinte aux choses religieuses. Cette application avait paru à Locke la plus impérieuse. Il avait trouvé, selon la juste remarque de M. Campbell Fraser, tous les partis, toutes les sectes et en premier lieu l'Église, disposés à la persécution; à la partialité de l'État les indépendants n'avaient su résister qu'en s'appuyant sur des principes étroits, tirés eux-mêmes d'intérêts sectaires. Il fallait s'élever plus haut, jusqu'à un principe vraiment général[1]. Locke le comprit et ainsi il légiféra non pour des chapelles ou pour des Églises, mais pour l'universalité elle-même de la religion.

Aussi bien la tolérance en matière religieuse est celle qui importe avant tout, celle qui entraînera toutes les autres libertés intellectuelles et morales à sa suite. La raison en est que l'on a toujours vu les hommes enclins à persécuter en proportion de l'incertitude et de l'impénétrabilité des objets pour

très documentées, comment le relâchement du dogmatisme durant cette période provoqua la réaction puritaine qui devait prévaloir jusqu'à notre temps.

1. *Locke*, par Campbell Fraser, 1890. — Nous devons beaucoup, dans toute cette exposition, à l'éminent éditeur de Berkeley.

lesquels ils persécutent. Or, quoi de plus impénétrable, quoi de plus incertain pour la pensée commune que la réalité et les déterminations d'un au delà ? Le témoignage de l'histoire est constant et universel : le fanatisme meurtrier a toujours été déchaîné par l'esprit d'exclusivisme religieux. « Toute église, dira Voltaire, a voulu exterminer toute Église d'une opinion contraire à la sienne. Le sang a coulé longtemps pour des arguments théologiques et la tolérance seule a pu étancher le sang qui coulait d'un bout de l'Europe à l'autre[1] ». Et, de nos jours, Renan avec son ordinaire douceur : « L'énergie de l'affirmation est en raison inverse de la certitude. » On peut donc avancer que la cause de la tolérance, gagnée en matière théologique, devra, *a fortiori*, triompher sur tous les autres domaines.

II

En passant de son enquête sur les sources de la connaissance à la détermination des données fondamentales de la religion, nous ne pouvions nous attendre que Locke eût changé de méthode. Qu'il s'agisse de credo ou qu'il s'agisse d'évidence, nul *a priori* ne saurait être pour lui de mise. Sa thèse de libéralisme religieux ne se réclamera donc pas de quelque axiome transcendant ou d'une pure abstraction, telle que le droit imprescriptible de la

---

1. *Dictionnaire philosophique.*

pensée humaine à se formuler. Il n'est ni un métaphysicien ni un moraliste spéculatif ; mais bien un écrivain politique en même temps qu'un analyste de la nature mentale. C'est à ce double point de vue de la fonction de l'État et de l'essence psychologique du sentiment religieux qu'il va se placer pour proscrire l'ingérence des pouvoirs civils dans ce qui est l'enceinte réservée de la conscience individuelle. Son investigation sera toute critique ; ce qui ne veut pas dire qu'elle se cantonnera dans un empirisme étroit. « Il faut avouer, dit M. Campbell Fraser, qu'avec Locke l'idée de tolérance a un peu perdu de la beauté poétique ou de la grandeur philosophique qu'elle reçut de Jeremy Taylor et de Milton. Mais ce fut Locke qui, le premier, l'adapta aux besoins des hommes d'État pratiques et par ses raisonnements lumineux la fit passer dans les convictions du monde moderne ». A mon sens, M. Campbell Fraser a insisté plus que de raison sur la portée « pratique » de la démonstration de Locke. Il en a laissé dans l'ombre les prémisses d'une psychologie si juste et d'une si heureuse harmonie avec la doctrine entière de l'*Essai*. D'autre part, on montrerait sans peine et nous nous en assurerons plus loin, que Locke n'a pas été sans subir l'inspiration de ces beaux penseurs que l'on a appelés les Platoniciens de Cambridge. Ajoutons que le mot même de *tolérance,* qui implique une manière de résignation, consentie à contre-cœur et parce que l'on ne croit pouvoir faire autrement, pèche par trop d'impropriété. Il traduit infidèlement l'intention vraie de l'auteur des *Lettres*. Sans doute cette expression peut convenir à la timide théorie d'un Montesquieu, qui se contentera, ce qui est presque un truisme, d'édicter la loi de tolérance dans un État où la coexistence de religions multiples est autorisée par le Souverain : « Lorsque les lois d'un État ont cru devoir souffrir plusieurs religions, il faut qu'elles les obligent aussi à se tolérer entre elles [1]... » Thèse humiliée, conditionnelle, subordonnée à un sous-entendu qui admet la religion d'État. Dans les termes où elle se formule, l'engagement pris par l'État d'endurer la simultanéité de confessions différentes est une grâce arbitraire, révocable à son gré. Le fâcheux mot de « tolérance » favorise dangereusement cette inquiétante et hautaine acception. Et c'est à bon droit que, dans les débats de la Constituante sur la Déclaration des Droits, Rabaud Saint-Étienne se refusera à l'employer : « Mais Messieurs, s'écriera-t-il, ce n'est pas la tolérance que je réclame, c'est la liberté. La tolérance, le support, le pardon, idées souverainement injustes envers les dissidents ! La tolérance ! Je demande qu'il soit proscrit à son tour et il le sera, ce mot injuste ! » A ce mâle langage Locke eût sans nul doute applaudi. Un siècle avant la Constituante, c'est bien la cause du libre examen qu'il a plaidée contre les sectaires.

La lettre débute par une manière de prologue

1. *Esprit des lois*, l. XXV, ch. IX.

satirique et amer, où l'on reconnaît l'esprit des latitudinaires et les pensées maîtresses de son livre : *Rationalité*. Le fond de la religion chrétienne est un enseignement moral, tout pénétré d'amour et de bonté. D'où vient donc que les persécuteurs se montrent d'ordinaire si dénués de tout sentiment de charité et que leurs rigueurs s'exercent sur les opinions, mais épargnent l'immoralité et le vice ? « Comment se fait-il que ce zèle brûlant pour Dieu, pour l'Église, pour le salut des âmes, brûlant dis-je au sens littéral, souffre sans les châtier aucunement ces vices moraux et ces scélératesses que tout le monde reconnaît être entre opposition diamétrale avec la profession de christianisme ; qu'il bande tous ses nerfs soit contre l'introduction de cérémonies ou l'établissement d'opinions qui, pour la plupart, portent sur des questions subtiles et enchevêtrées qui dépassent la capacité des entendements ordinaires ? » Nous avons ainsi, même du point de vue d'un croyant, une présomption *a prima facie* qui doit nous mettre en défiance contre le parti des intolérants.

Mais posons le problème dans sa généralité logique. « J'estime, déclare Locke, qu'il est avant tout nécessaire de distinguer exactement entre la tâche du gouvernement civil et celle de la religion ; qu'il faut donc tracer les limites précises qui séparent l'une de l'autre. » Et la solution supposera que l'on s'est fait une théorie de l'État. Celle à laquelle l'auteur de l'*Essai* s'arrête pourrait être adoptée par la future École Benthamiste : « La république (*com-*

monwealth) me semble consister en une société d'hommes uniquement fondée pour assurer, préserver, améliorer leurs intérêts civils. Et j'appelle intérêts civils, la vie, la liberté, la santé, l'absence de douleur corporelle et la possession de choses extérieures telles que l'argent, des terres, des maisons, des meubles, etc. » Or il appartient au magistrat civil de garantir à chacun, par l'exécution de justes lois, la possession de ces biens. A cet objet exclusif doit être limitée la juridiction des magistrats.

Une telle proposition, où se trouve implicitement énoncée la doctrine de la séparation des Églises et de l'État, Locke n'a garde de se l'accorder comme un postulat commode. Il la démontre à l'aide de trois arguments qu'il dérive de sa conception de la foi religieuse. En premier lieu, « le soin des âmes n'est point commis au magistrat civil de préférence à qui que ce soit. Il ne lui est pas commis, dis-je, par Dieu, parce qu'on ne voit pas que Dieu ait jamais donné une autorité de ce genre à un homme sur un autre et il ne saurait l'avoir été par le consentement du peuple, parce que personne ne peut abandonner le soin de son propre salut jusqu'à laisser à la discrétion d'un autre, prince ou sujet, le privilège de lui dicter quelle foi ou quel culte il doit embrasser. Car personne ne peut, quand même il le voudrait, conformer sa foi aux dictées d'un autre. *Toute la vie et tout le pouvoir de la vraie religion consiste dans l'intime et pleine persuasion de l'esprit.* » C'est à dessein que je souligne cette dernière phrase, perdue de vue par M. Campbell Fraser quand il reproche à notre philosophe le terre à terre de sa discussion. On ne peut invoquer et l'on n'a jamais invoqué, en faveur du libre examen, de raison plus noble, plus en harmonie avec notre sentiment de la **dignité de la pensée philosophique ou religieuse.** Cette pensée doit se mouvoir, évoluer, sans obéir à d'autres lois que celles qui la commandent au plus profond d'elle-même. Une contrainte extérieure, sous quelque forme qu'elle s'exerce sur ma pensée ou sur ma foi, est aussi vaine qu'illégitime ; elle est attentatoire à la spontanéité de l'esprit, va insister Locke. On pourrait dire plus et nous l'allons voir : elle est un non-sens.

Le second argument, autorisé par une exacte notion du rôle dévolu aux pouvoirs politiques, est complémentaire du premier : « Le soin des âmes ne peut appartenir au magistrat civil parce que son pouvoir consiste seulement dans la force extérieure, au lieu que la religion véritable et libératrice consiste dans la persuasion intérieure, sans laquelle rien ne peut être agréable à Dieu. Et telle est la nature de l'entendement qu'il ne peut être par la force extérieure contraint à croire en quoi que ce soit. Confiscation de biens, emprisonnement, supplices, rien de cette nature ne peut avoir l'efficacité de faire modifier aux hommes le jugement intérieur qu'ils se sont formé sur les choses. »

Reste la troisième raison qui, sans être aussi profonde que les deux premières, a bien sa valeur pratique, car elle est empruntée à l'expérience commune et elle se fonde sur le fait de la variété, de la bigarrure des religions existantes. Elle a sa valeur théorique aussi, puisqu'elle tire sa force d'un jugement de probabilité, jugement dont l'*Essai* a fait ressortir le rôle souverain dans tout le cours de notre vie sociale. « Dans la diversité et la contradiction des opinions religieuses, en quoi les princes du monde sont tout aussi divisés que dans leurs intérêts séculiers, la voie étroite serait considérablement resserrée ; un pays seul serait dans le droit chemin et tout le reste du monde mis sous l'obligation de suivre ses princes dans les chemins qui mènent à la destruction ; et ce qui rehausse l'absurdité et convient mal à la notion de divinité, les hommes devraient leur félicité ou leur misère éternelle aux emplacements de leur naissance. »

Locke a parlé jusqu'ici en philosophe, en rationaliste, disons mieux : en laïque qui n'a consulté presque que son beau sens. Mais il est expert en théologie ; il ne l'oublie pas et la théologie elle-même va fortifier ses démonstrations. « L'Église, remarque-t-il, l'Église, comme se plaisent à crier nos dogmatiques, il ne paraît nulle part, dans les livres du Nouveau Testament, qu'elle doive persécuter les autres et forcer les autres par le feu et l'épée à embrasser sa foi et sa doctrine. » Ses seules armes pour maintenir dans le devoir les membres qui la composent sont les exhortations et les avis et, comme suprême mesure, le rejet de son sein. Encore l'excommunication — et elle possède ce droit — ne doit-elle priver celui qui en est frappé d'aucun des droits civils dont il était en possession. De là découle cette conséquence : Que nul particulier n'a le droit de faire tort d'aucune manière à une autre personne dans ses avantages civils, parce qu'elle appartient à une autre Église ou religion... Ce que je dis concernant la tolérance mutuelle des particuliers qui diffèrent les uns des autres en religion, je l'entends aussi des Églises particulières. » — Cette fois, remarquons-le, ce n'est plus de libre examen qu'il s'agit, comme c'était le cas tout à l'heure alors que nous envisagions l'État dans ses rapports avec les confessions. Maintenant, Locke se place au point de vue exclusif des Églises elles-mêmes, dans leurs relations réciproques. Or, même à celles-ci, il impose le devoir de respecter les croyances rivales. Mais il est trop clair que de la part tout au moins des plus dogmatiques d'entre elles, ce respect ne saurait être que purement extérieur ; il ne saurait dépasser ce que nous appelons la tolérance. Ajoutons que Locke a d'autant plus de mérite à exiger de l'Église toute la première cette vertu qu'il fait à la partie adverse une concession énorme dont sa critique, si elle avait été plus audacieuse, plus complètement sécularisée, n'aurait eu garde de s'embarrasser : à savoir qu'il n'y a qu'une unique voie qui mène au salut.

D'ailleurs Locke n'est pas un naïf. Il ne se berce pas d'illusions. Il connaît les hommes. Il ne se dissimule pas que, parmi les militants des Églises, il se rencontrera de curieux amis de la tolérance : ce seront ceux qui cesseront de prêcher la paix et la charité, sitôt que l'autorité civile se montrera disposée à devenir leur auxiliaire. « Là où ils n'ont pas le pouvoir de mener la persécution et de devenir les maîtres, là ils désirent vivre en bons termes et prêcher la tolérance. Quand ils ne sont pas appuyés par le pouvoir séculier, alors ils savent supporter très patiemment, sans s'émouvoir, la contagion de l'idolâtrie, de la superstition et de l'hérésie dans leur voisinage ; toutes choses pour lesquelles, en d'autres occasions, l'intérêt de la religion leur fait éprouver une appréhension extrême. » Ces malicieuses observations n'ont rien perdu de leur vérité.

Pour conclure, le devoir du magistrat est nettement tracé : le soin des âmes n'est absolument pas de son ressort. « Le souci de l'âme de chacun n'appartient qu'à lui-même... Personne ne peut être forcé à être riche ou bien portant. Dieu lui-même ne sauvera pas les hommes contre leur volonté... »

III

Le devoir de tolérance est-il illimité ? Locke n'est pas allé jusqu'à le prétendre. Il a reconnu à cette obligation des bornes précises qu'il interdit au magistrat de laisser franchir. Cette limitation n'est pas étroite ; mais elle existe. Il admet en effet trois exceptions, que ne dicte nullement un dogmatisme préconçu mais qu'impose, estime-t-il, l'intérêt supérieur de l'État et de la Société. — En premier lieu, « nulles opinions contraires à la société ou à ces règles morales qu'exige le maintien de la société civile ne devront être tolérées par le magistrat. » Il se hâte d'ajouter qu'au reste les exemples de ces dernières sont rares, tant il est vrai qu'il n'excepte qu'à contre-cœur. — Deuxièmement, « une Église ne peut avoir nul droit à être tolérée par le magistrat, qui est établie sur un fondement tel que ceux qui y entreraient se mettraient *ipso facto* sous la protection et au service d'un autre prince. » Locke n'a pas oublié les enseignements fournis par les révolutions qui bouleversèrent son pays. — Enfin, « ceux-là ne peuvent pas être tolérés qui nient l'existence de Dieu ». Ainsi en décideront, comme l'on sait, J.-J. Rousseau et, à la suite de Robespierre, un peu intimidés par lui sans doute, les hommes de la Convention. En effet, si l'auteur du *Contrat Social* a exclu de sa Cité toute Religion d'État, par contre il maintenait un credo civil très étroit, très rigoureux dont le premier point est l'affirmation d'un Dieu Providence et la négation de cet article fondamental devait entraîner, pour qui la commettrait, la peine du bannissement. Quant à la Convention, elle ne se bornera pas à voter l'impression du rapport de Robespierre sur le culte de l'Être suprême, rapport sentimental et mystique où la croyance obligatoire en Dieu est présentée comme la meilleure des sauvegardes contre l'intolérance religieuse : « Fanatiques, n'espérez rien de nous. Rappeler les hommes au culte pur de l'Être suprême, c'est porter un coup mortel au fanatisme ! » Elle fit mieux. Le 18 floréal (an II) elle vota un décret débutant ainsi : « Le peuple français reconnaît l'existence de l'Être suprême. » C'est ainsi qu'à la Religion d'État le Déisme d'État aura succédé[1].

Les raisons par lesquelles l'éloquent sociologue français et son redoutable disciple interdiront l'athéisme dans leurs Républiques respectives sont, à peu de chose près, celles-là mêmes que Locke avait avancées pour excepter du droit à la liberté d'opinion la négation de l'existence de Dieu. La plus importante est tirée du rôle social réservé à la croyance en une Divinité : « Promesses, contrats, serments, qui sont les liens de la Société humaine, ne peuvent avoir de prise sur l'athée... Rejeter Dieu, ne fût-ce qu'en pensée, c'est tout dissoudre. » Ainsi s'exprime le philosophe anglais. Or, Rousseau ne dira guère autre chose, quand il parlera d'articles de foi qu'il appartient à l'autorité civile de fixer « non pas précisément comme dogmes de religion, mais comme sentiments de sociabilité ». Lui aussi exigera un consentement du for intérieur : Vous êtes libre de ne pas y croire, interprète fort exactement M. Aulard; si vous n'y croyez pas, vous serez banni, non comme impie, mais comme insociable. — Locke s'appuie également sur cette considération que quiconque

[1]. V. Ernest Hamel, *Histoire de Robespierre*, t. III, l. XIV, § 14. — Aulard, *Histoire politique de la Révolution française*, ch. IX, § 4 : *le culte de l'Être suprême et Robespierre*.

répudie absolument toute religion ne peut se réclamer de la religion (comme lui-même avait fait au début de sa lettre) pour obtenir d'avoir part au privilège de la tolérance. Et de cet argument quelque peu dialectique le révolutionnaire français pourrait bien s'être inspiré quand il émettait cet apparent paradoxe que professer le théisme, c'est se mettre à l'abri de l'intolérance.

Ces trois exceptions sont les seules. Locke n'en admet point d'autres. Toutes les autres opinions, si sujettes à l'erreur qu'elles puissent être, dès là qu'elles ne visent point à établir la domination ou à doter l'Église qui les enseigne de l'impunité civile, il déclare formellement qu'elles doivent être tolérées.

En résumé, c'est bien la libre vie spirituelle, soustraite aux contraintes physiques et sociales, c'est l'émancipation de la pensée sous la plus haute de ses formes et nullement je ne sais quelle résignation intéressée à supporter les dires et les pensers d'autrui, dont Locke s'est institué l'apologiste. Il ne consent pas que, pour adorer Dieu, personne impose tels ou tels rites ; il lui suffit que ce culte soit rendu en esprit et en vérité. S'il ne dépendait que de lui, il ferait en sorte que cette loi de mutuel respect fût inscrite dans tous les *credo* comme un article initial. Aussi, sur le point de clore cette lettre si belle, émet-il le vœu que « la loi de tolérance fût ainsi posée que toutes les Églises seraient tenues d'établir la tolérance comme la base de leur propre liberté et d'enseigner que la liberté de conscience est le droit naturel de tout homme. » Le droit naturel ! Nulle part Locke n'en a dit aussi long et c'est ainsi que l'élan de sa discussion a porté le scrupuleux analyste jusqu'à l'universel axiome que proclameront, en France, les métaphysiciens de la Déclaration des Droits !

Certes, après ce grand plaidoyer, la cause n'est pas épuisée. L'auteur de la lettre a laissé plus qu'à glaner à ses successeurs. Sa défense a des lacunes. En particulier, il est un argument qui, comme l'on dit, y brille par son absence : celui qui naît de la faiblesse et de l'incertitude des jugements humains ; celui qui consisterait à nous rappeler à la modestie intellectuelle et que Voltaire, dans son *Dictionnaire philosophique*, a présenté en des termes si émouvants : « nous devons nous tolérer mutuellement, parce que nous sommes tous faibles, inconséquents, sujets à la mutabilité, à l'erreur. Un roseau couché par le vent dans la fange dira-t-il au roseau voisin couché dans un sens contraire : « Rampe à ma façon, « misérable, ou je présenterai requête pour qu'on « t'arrache et qu'on te brûle ?... »

Il y a d'autres motifs intellectuels que le philosophe de l'*Essai*, ailleurs si attentif à délimiter le champ de la connaissance certaine, aurait pu invoquer encore. Ce champ, l'élite de l'humanité pensante s'efforce et de le fertiliser et de l'agrandir. Et tel est précisément le rôle de la science. Or la science n'accomplit une tâche durable qu'à la condition d'être toujours prête à défier l'épreuve des discussions contradictoires, discussions que nul pouvoir au monde ne saurait trancher sinon celui de l'évidence. Cela revient à dire que nulle énonciation ne saurait être proscrite, parce que ou bien elle est fondée et alors c'est une vérité que l'on condamne, ou bien elle est en partie fondée, en partie inexacte et alors ce que l'on prohibe c'est la possibilité de corriger des opinions reçues ; ou bien elle est fausse et alors ce dont on prive la vérité c'est le choc qui en rendra l'éclat plus vif en même temps que l'obligation pour le vrai d'être toujours en état de faire sa preuve et d'attester sa vitalité. Ces motifs de proclamer la tolérance et le droit de libre examen, Locke a laissé au plus pénétrant logicien du XIXe siècle, à John Stuart Mill, l'honneur de les mettre en lumière[1]. D'ailleurs, pour l'un comme pour l'autre, combattre l'intolérance c'est empêcher que les vérités ne deviennent des lettres mortes, de vides formules qui se figent sur les lèvres et d'où la pensée mouvante s'est retirée. Tous deux se font les défenseurs de la libre activité de l'esprit, mais d'une activité séculière pour Mill, et pour Locke d'une activité encore toute religieuse.

IV

Quelque inoubliables services que Locke ait

---

[1]. J. Stuart Mill, *Liberty*. On lira avec profit la discussion soutenue à l'occasion des arguments de Mill par Leslie Stephen, *The English Utilitarians*, t. III, ch. IV, de qui nous nous inspirons, dans ce résumé.

rendus à la cause toujours menacée de la liberté d'examen, nous ne voulons point les surfaire. Il n'a pas inventé la tolérance. En son pays même, il eut des précurseurs, très persuasifs, très éloquents, à qui l'histoire n'a pas suffisamment fait justice et ce nous est une occasion, à propos des *Lettres sur la Tolérance*, de leur donner, si brève soit-elle, la réparation que mérite la générosité de leurs âmes. Il y eut, au xviie siècle, en Angleterre, toute une succession d'orateurs théologiens, d'écrivains religieux, qui avaient conçu un Christianisme tellement élargi qu'il aurait pu faire accueil même au *credo* rationaliste de la religion naturelle ; un Christianisme où la vie morale était tout, non la pratique extérieure, la confession et le rite : un Christianisme sobre d'exégèse, mais épris de grandes spéculations métaphysiques, toutes pénétrées de l'esprit qui anima le platonisme et plus encore l'École d'Alexandrie ; un Christianisme ouvert, libéral, heureux de concilier, dans de larges synthèses philosophiques, les opinions réputées les plus exclusives et désireux d'unir dans la communauté d'un idéal moral identique les dogmatismes les plus discordants. D'où le nom qui leur fut donné de *latitudinaires* ou encore, en souvenir du fameux collège puritain d'Emmanuel où nombre d'entre eux s'initièrent à l'idéalisme grec, les *Platoniciens de Cambridge*.

Les limites de notre étude ne nous permettent point de retracer, d'esquisser même les théories professées par les principaux d'entre eux. Les deux noms les plus considérables, celui de Ralph Cudworth et celui de Henry More ont été les moins inaperçus des historiens. Ils furent des fondateurs de systèmes, Cudworth principalement et, à ce titre, ils ne pouvaient laisser l'histoire des philosophies indifférente. Arrêtons-nous de préférence sur l'un des deux initiateurs de l'École et, négligeant Stillingfleet, encore trop empêtré de théologie, préférons-lui Whichcote, en qui respire le pur esprit de cette tolérance qui fit l'honneur de nos latitudinaires. Assurément il est un Chrétien ; il croit à la Révélation, au salut par la foi. Mais cette foi, il la comprend tout autrement que la plupart des théologiens. Il estime, comme l'a bien montré M. Tulloch, l'écrivain qui a mis en si belle lumière les talents de ces penseurs trop oubliés, oui, il estime que l'essence de cette foi est non une adhésion à d'abstraites formules, mais une direction morale. Il proclame que les lois morales ne tiennent point leur autorité d'une arbitraire dictée divine ; mais bien qu'elles sont lois par elles-mêmes, qu'elles émanent de l'immuable raison et que la piété véritable consiste en une « universelle charité ». Être religieux, c'est vivre de la vie morale. Tout le reste est de petite importance. Jamais effort plus vigoureux, plus sincère, n'a été accompli pour montrer dans la religion l'épanouissement de la philosophie, pour faire se joindre, se pénétrer dans la vérité agissante ces deux prétendues ennemies, que Victor Cousin au contraire appellera « les deux sœurs immortelles ». Aussi Whichcote sera-t-il conduit à faire de la religion non pas, comme disait l'antiquité, une possession, mais bien plutôt une activité, une μελέτη ou encore et, au sens socratique de ce mot, une *ascétique* (ἀσκητική). Bref, on ne peut mieux résumer l'ensemble de ces conceptions qu'en ces mots où les condense M. Tulloch : « La Religion n'est pas une pure section de la connaissance surnaturelle, mais une culture et une discipline de l'homme tout entier, une éducation et une consécration de toutes ses activités supérieures. Et ainsi la Religion, non seulement n'est pas indépendante de la moralité, mais elle en est le complément nécessaire ; non seulement elle n'est pas hostile à la philosophie, mais elle en est le plus haut accomplissement ». Ces idées de Whichcote n'ont rien perdu de leur force et il serait facile de les retrouver, de nos jours encore, à la base même du Protestantisme libéral.

Cet apostolat en faveur du rationalisme chrétien, Whichcote le mena avec un succès éclatant dans ses conférences de Trinity Church. Il exhortait les jeunes gens à ne pas séparer l'étude de la Religion d'avec la fréquentation des maîtres idéalistes de l'antiquité au premier rang desquels il plaçait Platon et Plotin. Il exerça sur cette jeunesse un ascendant irrésistible. « Il s'employait avec une persévérance infatigable à détourner les esprits des fastidieuses argumentations de la controverse pour les ramener, dit M. Tulloch, aux grandes réalités morales et spirituelles qui gisent à la base de toute religion, » ou encore, ainsi qu'il s'exprime lui-même, « loin des formes verbales au dedans des choses. » Une telle prédication n'était pas sans provoquer, dans certains milieux dogmatiques, des inquiétudes. Mais il ne se laissa point troubler. Et à son ami, le puritain Tuckney, qui apercevait plus d'un péril à cet extrême éclectisme, il écrivait : « ... Je garde la vérité divine comme un hôte bien venu ; elle n'a pas été de force introduite en moi, mais je l'ai laissée entrer, toutefois comme enseignée de Dieu. Déshonoré-je ma foi ou lui fais-je quelque tort de dire au monde que ma raison et ma foi y trouvent satisfaction ? Je n'ai pas de raison contre elle. Que dis-je ? La plus haute et plus pure raison lui est favorable. »

Comment de pareilles prémisses la loi de tolérance n'aurait-elle pas découlé ? Cette loi, Whichcote ne se lasse pas de l'énoncer dans les formules les plus vives et les plus variées. Ses *Centuries d'Aphorismes* abondent en maximes où toujours reparaît son grand principe du libéralisme spirituel. On me saura gré d'en citer quelques-uns. Elles seront la parure de ce chapitre :

« L'homme a tout autant le droit de se servir de son entendement à lui pour juger de la vérité qu'il a le droit de se servir de ses yeux à lui pour apercevoir son chemin.

« Aller contre la raison est aller contre Dieu. C'est même chose de faire, dans une circonstance donnée, ce que la raison exige et ce que Dieu lui-même indique. La Raison est la divine directrice de la vie humaine ; elle est la voix même de Dieu.

« Nous pouvons nous rencontrer dans la règle de la vérité, bien que nous différions dans les applications particulières. S'il n'y avait aucune contradiction dans les perceptions respectives des hommes, nous ne pourrions jamais être mis en éveil pour approfondir les choses et, par suite, s'il nous arrivait d'être une seule fois dans l'erreur, nous n'en pourrions jamais sortir. » Pensée admirable, qui dépasse les vues coutumières du théologien, pour nous élever à la logique des sciences. Ici Whichcote a rompu le cercle ordinaire de ses méditations. Il a parlé sans doute encore en interprète de la religion révélée, mais son langage acquiert une portée bien plus générale. Il vient de s'exprimer en véritable critique de la connaissance rationnelle. Cet aphorisme condense l'argumentation célèbre sur laquelle Stuart Mill appuiera sa thèse du libéralisme intellectuel.

« Ce n'est pas notre faute si nos entendements n'ont pas été jetés dans le même moule, pas plus que ce n'est notre faute si nos organes ou nos constitutions corporelles d'où naît de la diversité ne sont pas identiques. Il peut aussi se faire que nos perceptions soient plus proches que nos expressions. Deux personnes qui pensent ne pas parler de même peuvent penser de même relativement à Dieu.

« La première chose en religion est d'affiner le caractère de l'homme, la seconde de gouverner sa conduite. Si la religion d'un homme ne fait pas cela, sa religion est une pauvre maigre chose et de petite importance ; elle n'est qu'une pure déclaration, uniquement bonne à permettre de le dénommer[1]. Je veux dire que la religion d'un tel homme n'a que peu de valeur : car elle n'a nulle efficacité et demeure en deçà des vrais principes de la nature.

« La Religion est intelligible, rationnelle et explicable. Elle n'est pas notre fardeau, mais notre privilège. La partie morale de la religion ne s'altère jamais. Les lois morales sont lois par elles-mêmes, sans avoir besoin qu'une volonté les sanctionne. La nécessité qui leur est inhérente a son origine dans les choses elles-mêmes. Tout le reste en religion lui est subordonné.

« Il n'y a que deux choses dans la Religion : la Morale et les Institutions... On possède la morale, dès l'instant où elle est énoncée. Elle constitue les dix-neuf vingtièmes de toute religion. Les Institutions dépendent de l'Écriture et il n'est pas d'institution qui ne dépende uniquement que d'un seul texte de l'Écriture ; l'institution qui n'a qu'un seul texte en sa faveur n'en a absolument aucun.

Toutes les différences dans la Chrétienté portent sur les Institutions, non sur la Morale.

« La Religion n'est pas un ouï-dire, une présomption, une supposition ; elle n'est pas une prétention, une déclaration coutumière ; elle n'est pas l'étalage d'une mode ; elle n'est pas une piété d'un type particulier, consistant en des dévotions pathétiques, des

---

[1]. C'est-à-dire de le désigner comme appartenant à telle ou telle confession, telle ou telle secte.

expressions véhémentes, des rigueurs corporelles, des anomalies affectées et des aversions pour les innocentes habitudes des autres ; elle consiste en une profonde humilité et en une universelle charité.

« Les déterminations qui dépassent l'Écriture ont sans doute agrandi la foi, mais amoindri la charité et multiplié les divisions.

« Libre à celui qui est assuré de ne se tromper en rien de prétendre condamner tout homme qui se trompe en quoi que ce soit.

« Les erreurs les plus énormes ne sont que des abus de certaines nobles vérités. »

V

A fréquenter les maîtres de l'idéalisme grec, les libéraux de Cambridge s'étaient composé le plus large, le plus généreux, le plus hautement moral des christianismes. Mais ce retour sur les périodes modernes antérieures à Locke serait trop incomplet, si nous passions sous silence une première lignée d'écrivains et d'orateurs ecclésiastiques qui ont eux-mêmes frayé la voie aux Platoniciens de Cambridge. L'objet qu'ils se proposèrent avait été moins ambitieux. Ils n'avaient pas visé à inscrire en quelque sorte la Religion dans la Philosophie générale. Théologiens, prédicateurs, c'est du dedans qu'ils étudièrent cette religion ; c'est à l'aide des textes sacrés qu'ils l'interprétèrent. Or, ainsi examinée en elle-même, elle leur apparut exempte de cette étroitesse que les sectes mutuellement en lutte avaient prétendu lui imposer. Là détermination des « points fondamentaux » de la foi chrétienne — c'est l'expression mise en honneur par plusieurs d'entre eux — fut la tâche qu'ils s'assignèrent avec l'intention de réduire ces points à un si petit nombre que l'Église chrétienne ne fût inaccessible qu'à bien peu de bonnes volontés. En réaction à la fois contre l'intransigeance romaine et contre le rigorisme puritain, et Falkland et John Hales et l'illustre orateur Chillingworth et le pathétique et poétique Jeremy Taylor s'inspirèrent de la Révélation elle-même pour condamner toute prétention d'appuyer l'intolérance sur la révélation. Écoutons Falkland, lorsqu'il ose soutenir la supériorité morale de celui qui se trompe mais qui a cherché et n'a pas trouvé sur celui qui, par une bonne chance, a trouvé sans s'enquérir et a accepté aveuglément : « Accordez que l'Église soit infaillible ; il me semble que celui qui le nie et emploie sa raison à découvrir si cela est vrai devrait être en aussi bonne situation que celui qui le croit et ne cherche pas du tout la vérité de la proposition qu'il admet. Car je ne puis comprendre pourquoi celui-ci serait sauvé parce qu'en raison de la croyance de ses parents ou de la religion de son pays ou de quelque accident de ce genre, la vérité fut offerte à son entendement, alors que si le contraire lui eût été offert, il l'aurait reçu, et pourquoi l'autre serait damné parce qu'il croit le faux sur un aussi bon fondement que le second le vrai, à moins que l'Église ne soit comme un cercle magique qui préserve notre homme du diable, dût-il au hasard d'y être entré. » John Hales ne parle guère différemment. Et Chillingworth travaillera à simplifier encore, à réduire les exigences de *credo* imposées au chercheur sincère. « Les hommes, » dira-t-il avec un rare bonheur, « ne se contentent pas de ce qui est raisonnable, mais Dieu s'en contente. Les hommes veulent un poids qui précipite la balance, mais Dieu se contente d'un poids qui incline. »

Mais tous les extraits précédents pâlissent auprès de la brillante page qui termine le grand traité de Jeremy Taylor[1] sur la *Liberté de prophétiser* et dans laquelle un apologue, emprunté par l'orateur chrétien au poète Persan Saadi, résume ce devoir sacré de la tolérance, devoir que l'Écriture approuve et que Dieu même aurait prescrit au père des patriarches, si nous en croyons le conteur oriental. Mais laissons parler Jeremy Taylor :

« Je termine par un récit que je trouve dans les livres des Juifs[2]. Comme Abraham était assis à la

[1] On la trouvera citée dans le beau livre de M. John Tulloch, de qui je suis grandement tributaire dans toute cette partie de la présente étude : *Rational Theology and Christian Philosophy and England in the* 17th *century,* 1872, t. I, ch. vi. Quant au traité lui-même *a Discourse of the liberty of prophesying,* on peut le lire au tome VII de l'édition complète des œuvres de J. Taylor, publiée par Reginald Heber, à Londres en 1822.

[2] « On s'est longtemps demandé, dit M. Tulloch, si l'intention de Taylor n'avait pas été de cacher sous cette désignation indéfinie une invention tirée de sa riche et belle imagination ; mais la source du récit a été finalement découverte, non dans un livre juif, mais dans un conte du poète persan Saadi. » — On trouva, d'ailleurs, l'histoire de cette petite enquête, ainsi que des plagiats auxquels la gracieuse parabole de Jeremy

porte de sa tente, selon sa coutume, attendant les étrangers pour les recevoir, il aperçut un vieillard, courbé et incliné sur son bâton, chargé d'années et de labeur, qui venait vers lui et qui avait cent ans. Il le reçut aimablement, lava ses pieds, lui donna à souper, le fit asseoir. Mais remarquant que le vieillard s'asseyait sans prier, qu'il n'implorait point de bénédiction sur son repas, il lui demanda pourquoi il n'adorait pas le Dieu du Ciel. Le vieillard répondit qu'il n'adorait que le feu et ne reconnaissait nul autre Dieu. A cette réponse, Abraham entra dans une si sainte colère qu'il jeta le vieillard hors de sa tente et l'exposa à tous les maux de la nuit et d'une condition sans défense. — Quand le vieillard fut parti, Dieu appela Abraham et lui demanda où était l'étranger. — Il répondit : Je l'ai jeté dehors parce qu'il ne T'a pas adoré. — Et Dieu de lui dire : voilà cent ans que je l'endure, bien qu'il me déshonore, et toi ne pouvais-tu le supporter une nuit, alors qu'il ne t'a rien fait ? — Sur quoi, poursuit le conte, Abraham le rappela, lui fit un accueil hospitalier et lui donna un sage enseignement ». Et Taylor d'ajouter : « Allez, vous, faites de même et votre charité sera récompensée par le Dieu d'Abraham ! »

Taylor a donné lieu, dans l'introduction de Reginald Heber à son édition du grand prédicateur anglais. Tout ce récit est piquant ; mais le résumer nous entraînerait trop loin de notre sujet.

VI

QUELQUES PENSÉES DE LOCKE SUR L'ÉDUCATION

I

Si la religion de Locke est éminemment démocratique, il n'en est pas de même de sa pédagogie. Son horizon d'éducateur n'a guère dépassé celui de Montaigne, dont le chapitre de l'*Institution des Enfants* lui était certainement familier. L'un et l'autre écrivain ont en vue de former l'esprit et les mœurs d'un *gentilhomme*. Il est vrai que selon la remarque de Coste, ce terme de *gentleman* a, en anglais, une acception moins étroite que son équivalent français et qu'il ne désigne pas seulement l'homme titré, mais bien d'une manière générale « l'homme de bonne maison, de bonne bourgeoisie. » Ce n'en est pas moins une pédagogie limitée à une élite de la naissance ou de la fortune. — On lui a reproché d'être éminemment nationale, de viser surtout à former un anglais, selon les usages et les goûts anglais. Cette critique est moins fondée et il serait injuste de méconnaître que le philosophe n'épargne rien pour s'élever au-dessus des préjugés de son pays et de son temps. Bien plus, il n'hésite pas, sur des points décisifs, à les braver ouvertement.

L'ouvrage de Locke porte le titre : *Quelques pensées concernant l'Éducation.* Il parut en juillet 1693. Le succès en fut considérable, non seulement en Angleterre, mais à l'étranger. D'ailleurs ce titre même atteste que son dessein n'avait rien de didactique et, de fait, son livre ne suit pas un ordre raisonné ; tout dessein soutenu y fait défaut. Ce n'est aucunement une entreprise systématique (dans le genre de celle de H. Spencer, adaptant une pédagogie à sa théorie de l'évolution) destinée à déduire de la philosophie de l'*Essai* les applications éducatives qu'elle comporte. Efforçons-nous néanmoins de faire ressortir les points sur lesquels son esquisse pédagogique reste fidèle à cette philosophie, en même temps que de marquer celles de ses vues qui offrirent le plus de nouveauté et qui méritèrent d'être surtout suivies[1].

La philosophie de l'*Essai*, ne l'oublions pas, est à deux pôles : c'est d'abord la primauté de la sensation, source commune du plus grand nombre de nos idées ;

---

1. Dans sa magistrale *Histoire des doctrines de l'Éducation*, M. Gabriel Compayré a consacré au livre de Locke d'intéressantes et fortes pages. (L. V, ch. 1, § 3). Il en a très justement relevé le dessein utilitaire. Mais il s'en est exagéré, selon nous, les divergences avec l'*Essai*, et cela sans doute parce qu'il a trop exclusivement réduit la doctrine de ce dernier ouvrage à un sensualisme radical. Différente, on l'a vu plus haut, est notre propre interprétation de la philosophie de Locke.

c'est, à l'autre extrémité, l'hégémonie de la raison, organe de démonstration logique, suprême garante de ces hautes vérités dont la révélation a confirmé quelques-unes à coups de miracles. Sur les matériaux issus de cette double origine s'exerce l'activité de l'esprit qui, lui (et cela, Locke n'avait pas à l'apprendre de Leibnitz), n'est assurément pas né de la sensation. Nous verrons qu'en dépit de leur apparent décousu, les *Pensées sur l'éducation* rentrent dans le plan général de cette philosophie.

La première condition pour faire œuvre sérieuse d'éducateur (et cette condition a été moins souvent remplie qu'on ne pense) est de croire à la vertu de l'œuvre éducatrice. Cette conviction, personne ne l'a entretenue à un plus haut degré que notre philosophe. Selon lui, la principale différence qui se voit entre les hommes tient à la différente manière dont ils ont été élevés. « Je crois pouvoir assurer que de cent personnes, il y en a quatre-vingt-dix qui sont ce qu'elles sont, bonnes ou mauvaises, utiles ou nuisibles à la société, grâce à l'éducation qu'elles ont reçue... Il en est des premières impressions comme d'une rivière dont on peut, sans beaucoup de peine, détourner l'eau en divers canaux, par des routes tout à fait contraires, de sorte que, par la direction insensible que l'eau reçoit au commencement de sa source, elle prend différents cours et arrive enfin dans des lieux fort éloignés les uns des autres. C'est, je pense, avec la même facilité qu'on peut tourner l'esprit des enfants du côté que l'on veut. »

Si l'éducation est à ce point tenue par Locke pour efficace, c'est que jamais personne n'a mieux perçu toute la puissance de l'habitude. Cette puissance, il compte partout avec elle, soucieux d'en prévenir l'apparition, non seulement quand elle serait nocive, ce qui est d'une prudence élémentaire, mais encore toutes les fois, et c'est ce dont on s'avise moins, que sa tyrannie menacerait d'être importune. Là où nous sommes prompts aux habitudes physiques, empêchons qu'elles ne se forment ; là où elles paraissent incapables de se former et où nous risquons en conséquence d'être les jouets du hasard, créons-les telles que nous gardions sur elles l'empire et que notre organisme même soit mis sous notre dépendance. Au reste cette première partie de l'ouvrage est, par son existence même, une véritable nouveauté. Locke ne s'en tient pas à l'aphorisme banal : *mens sana in corpore sano*. Il donne le détail des règles à suivre pour rendre vigoureuse la constitution de l'enfant. Il n'a point honte d'entrer dans les détails les plus familiers : la nourriture des enfants, la façon de les vêtir, la mesure de leur sommeil, leurs exercices, leurs jeux, rien de tout cela ne lui paraît indifférent. Et cependant il ne se laisse jamais entraîner jusqu'à une oppression de la jeune individualité ; jamais il ne propose une réglementation symétrique. Les préceptes sont en petit nombre. Ils sont dictés par l'expérience et le sens commun et, sans pousser jusqu'à l'âpreté rude d'une vie de Spartiate, conspirent à rendre le corps robuste et les membres résistants.

II

Ce souci du corps devait animer un éducateur qui professe que les sens sont les premiers canaux par où nous arrivent les éléments de notre savoir. On pourrait noter bien d'autres préceptes où se révèle le même désir de mettre à profit, dans la tâche pédagogique, l'influence initiale de la sensation et du sentiment. — Par exemple, ayant observé que, de tous les sentiments qui émeuvent l'âme enfantine, le plus intense est l'aversion pour la douleur et par suite sa plus forte passion la crainte, il recommande d'éviter que l'esprit des enfants « ne soit frappé, durant leur première jeunesse, d'aucune idée effrayante ou par des discours capables de les épouvanter, ou par quelque objet terrible présenté inopinément à leur vue pour les surprendre..... Car on voit tous les jours des exemples de personnes qui, durant tout le cours de leur vie, ont l'esprit faible et timide pour avoir été épouvantées dans leur jeunesse. » Même il souhaiterait qu'on les accoutumât par degrés à soutenir la vue des objets qui leur causent le plus de frayeur.

On peut faire mieux, mais ce n'est pas sans s'excuser que Locke propose un remède en quelque sorte homéopathique contre cette instinctive répugnance à souffrir ; « puisque la douleur est le plus grand fondement de la crainte des enfants, si vous voulez les fortifier contre la crainte et le danger, accoutumez-les à souffrir la douleur... J'avoue que ce que je propose ici doit être ménagé avec beaucoup de discrétion, aussi est-ce un bonheur qu'il ne soit approuvé que de ceux qui examinent et pénètrent exactement les raisons des choses... » L'âme naturellement douce de notre philosophe ne se plaît pas à ces moyens héroïques, dont il veut qu'usent seules des mains habiles et légères. — C'est avec discrétion également qu'il entend utiliser le sentiment qui fait la contre-partie de cette répulsion à souffrir, je veux dire : le goût du plaisir. Or, de tous les plaisirs, il n'en est point qui exerce plus d'attrait sur l'enfance que celui du jeu. Aussi recommande-t-il de transformer, autant qu'il est possible, en jeu et en divertissement, l'occupation à laquelle on souhaite que l'enfant s'applique ; en sorte que l'étude même et la pratique des livres lui deviennent une distraction. Mais cette méthode, pour être efficace, demande à être de bonne heure adoptée ; sinon, il est trop tard et le pli fâcheux est pris.

Toutefois, même en ce dernier cas, la recette peut être appliquée. « Observez pour cet effet, quel est l'objet qui lui plaît le plus ; ordonnez-lui de s'y appliquer et faites-le jouer tant d'heures par jour, non pas comme pour le punir par là de l'inclination qu'il a pour ce jeu, mais comme si vous vouliez lui imposer cette tâche sous l'idée d'un devoir dont vous prétendez qu'il s'acquitte exactement. Cela fera, si je ne me trompe, que, dans peu de jours, il contractera un si grand dégoût pour le jeu qu'il aimait le plus, qu'il ne s'y plaira plus tant qu'à l'étude, surtout si en s'appliquant à l'étude, il peut se dispenser d'une partie de cette tâche... » De cette méthode générale qui consiste à faire revêtir au travail le déguisement du plaisir il tire des applications relatives aux premiers rudiments du savoir : « on ne doit charger les petits enfants de rien qui sente le travail ou qui soit fort sérieux : c'est un joug que leur esprit ni leur corps ne peuvent point porter. Il est préjudiciable à leur santé et je sais que ce n'est que pour avoir été forcés de s'attacher à leurs livres dans un âge ennemi de toute contrainte, que la plupart des enfants haïssent les livres et la science durant tout le reste de leur vie. »

Il y aurait lieu, par exemple, de chercher le moyen de rendre attrayant aux tout jeunes commençants ce premier travail de lecture qui leur est d'ordinaire si pénible. On pourrait imaginer quelque équivalent du *Royal Oak,* jeu spécial à l'Angleterre, et pour cela tailler une boule d'ivoire, à vingt-quatre faces, où seraient inscrites deux ou quatre lettres de l'alphabet et ensuite d'autres, par degrés, jusqu'au jour où grâce à l'agrément pris à cette loterie d'un nouveau genre, le petit joueur aurait fait assez de progrès pour que l'on pût imprimer sur la boule l'alphabet en son entier. Mais il importerait que d'autres personnes y jouassent avec lui et que, le jeu terminé, la boule fût mise en lieu sûr, afin de prévenir chez lui la satiété et le dégoût.

Si les mouvements de la sensibilité doivent être utilisés par un éducateur habile, encore ne doivent-ils avoir à ses yeux que la valeur de simples moyens ; en aucune manière ils ne sont par eux-mêmes les fins de notre activité, pas plus que les idées auxquelles nos sensations ont donné naissance ne constituent le terme de notre savoir. Ces mouvements, l'auteur, nous l'avons vu, entend qu'on les mette à contribution avec une discrétion extrême, tant il a peur qu'on ne prenne ces auxiliaires pour ce qu'ils ne sont pas, c'est-à-dire pour l'essentiel. Et c'est pour cette raison que Locke (sans parler de sa naturelle douceur) se montre si défavorable à ces châtiments physiques si en honneur aujourd'hui encore et dans les répressions pénales et dans les sanctions éducatives de son pays. Il n'admet guère qu'une exception. « Il y a un défaut qui est l'unique, à mon avis, pour lequel je crois qu'on doive battre les enfants ; c'est l'obstination ou la désobéissance volontaire ; et en cela même je voudrais qu'on fît en sorte, si l'on pouvait, que la honte que les enfants auraient d'être battus, plutôt que la douleur des coups fît la plus grande partie de la punition[1]. »

Les mêmes motifs le rendent défavorable à cette

---

1. Dans la visite que nous fîmes, en juin 1906, comme délégués des Universités Françaises à l'Université de Londres, nous fûmes reçus à l'École de Westminster. Et là, comme nous nous arrêtions devant un faisceau de verges, mis en place d'honneur, sur la grande table de l'une des salles, un de nous s'informa s'il en était encore fait usage. « Dans un seul cas, répondit le maître anglais qui nous conduisait, dans le cas de mensonge. »

méthode si usitée qui consiste à attirer l'enfant vers le devoir par l'appât d'une récompense. C'est ainsi « qu'on lui donne des pommes, des dragées ou quelque autre chose de cette nature qu'il aime beaucoup, afin de l'obliger à apprendre sa leçon » ; ou qu'on lui « promet une cravate à dentelles ou un bel habit neuf, pourvu qu'il s'acquitte de quelqu'un de ses petits devoirs ». Dans l'un et l'autre cas, sous des formes différentes, on commet le même contresens radical, celui de se persuader que tout le but de l'éducation est de favoriser l'idolâtrie du plaisir et l'horreur de la souffrance.

Le premier excès, qui porte à battre à tout propos, n'est bon qu'à faire des opiniâtres, en qui le sentiment du bien sera déformé. « Si l'on veut inspirer aux enfants des sentiments généreux et dignes d'un honnête homme, c'est à la honte d'avoir mal fait et au déshonneur dont leur faute est accompagnée qu'on devrait les rendre sensibles, plutôt qu'à la douleur qui est attachée au châtiment. » Quant au second excès, qui fait multiplier les récompenses, les effets en seront plus funestes encore. Il favorise l'amour que l'âme a naturellement pour le plaisir. « C'est en vain que vous espérez obliger votre enfant à vaincre cette passion, si vous vous engagez à le dédommager de la contrainte que vous imposez à son inclination en lui proposant de nouveaux objets capables de la satisfaire... Ainsi, pour engager les enfants à apprendre leur grammaire, à danser ou à faire quelque autre chose de cette nature,... on emploie mal à propos les récompenses et les châtiments, on détruit en eux tout principe de vertu, on renverse l'ordre de leur éducation, et on leur inspire le luxe, l'orgueil ou l'avarice... Méthode extravagante, par laquelle un père entretient ses enfants dans de mauvaises inclinations qu'il devrait étouffer entièrement et jette dans leur âme la semence de *tous ces vices qu'on ne peut éviter qu'en réprimant ses propres désirs et en s'accoutumant de bonne heure à se soumettre à sa raison.* » Ces derniers mots résument la fin véritable de l'œuvre éducative et Locke ne fait que la désigner d'une autre expression, lorsqu'un peu plus loin il dé-déclare que « disposer l'âme à la vertu, telle est l'unique chose à quoi il faut travailler, car, ce point une fois gagné, tout ce que vous pouvez désirer de plus suivra naturellement ».

III

Comme la connaissance est le plus haut terme de la pensée, ainsi la vertu est le suprême achèvement de l'action et toutes deux, connaissance et vertu, sont les fruits de l'entendement. Et là, nous saisissons le point de jonction entre la pédagogie de Locke et la doctrine de l'*Essai*. Cultiver dans l'enfant la vertu, c'est, pourrait-on lire à chaque page des *Quelques pensées,* le dessein unique qui doit guider l'éducateur.

« C'est la vertu, la pure, la simple vertu qui est le

point difficile et essentiel qu'il faut se proposer dans l'éducation. C'est là ce qu'il faut tâcher de procurer avant toute autre chose aux enfants... » Plus un enfant fera de progrès dans la vertu, plus il sera aisé de l'instruire de toute autre chose. « Car celui qui est une fois disposé à se soumettre à la vertu, ne saurait refuser opiniâtrément de se perfectionner dans tout le reste qui lui convient... »

Or la vertu consiste à suivre la raison de préférence aux appétits, à contracter l'habitude de les braver pour lui obéir. En sorte que ces deux mots : *raison* et *vertu* sont, d'un bout à l'autre du livre, convertibles.

Tout l'apparent désordre des préceptes que l'ouvrage contient se débrouille si l'on garde présente à l'esprit l'identité de ces deux notions. « Le grand principe et la base de toutes les vertus dont un homme peut être orné, consiste en ce qu'il soit capable de vaincre ses propres désirs, de réprimer ses passions et de suivre purement et simplement ce que la Raison lui propose comme le meilleur, quoique ses appétits inclinent d'un autre côté. » Parce que la suprématie de la raison sur le désir est la fin à atteindre, il faut que, dès le commencement, les parents s'appliquent à y façonner leurs enfants. Et parce que cette suprématie s'incarne en quelque sorte dans les parents, il convient que les enfants en bas âge les respectent avec crainte comme des maîtres absolus ; mais « qu'étant parvenus à un âge plus mûr, ils les regardent comme leurs meilleurs amis ». D'où il suit, par un corollaire immédiat, qu'à mesure que l'enfant avance en âge et qu'il devient de plus en plus apte à comprendre, son père doit de moins en moins, pour se faire obéir, interposer son autorité, mais, au contraire, amener où il désire son enfant « par des *raisonnements* proposés d'une manière douce et insinuante ». Que si on le reprend, il faut « lui faire sentir que l'on ne fait rien qui ne soit raisonnable en soi et qui ne se termine à son propre avantage et que ce n'est point par caprice, par passion ou par fantaisie, qu'on lui commande ou qu'on lui défend telle ou telle chose ». Une telle méthode ne saurait avoir dans les âmes de plus puissants auxiliaires que l'*honneur* et l'*infamie*. Aussi Locke a-t-il soin, dans son plan, de faire place à ces deux stimulants d'ordre passionnel et de mettre à profit leur action bienfaisante : l'amour des louanges et de l'estime, la honte devant le blâme et le mépris.

On est loin, il faut bien le dire, de l'entendre ainsi dans les écoles. Là le risque est grand que l'enfant, sous l'influence des mauvais exemples, ne vienne « à joindre au vice la confiance ou la finesse » et qu'il n'apprenne bien plutôt « les tours de malice et de friponnerie, la manière incivile et grossière, que les principes de justice, de générosité et de tempérance, joints à un esprit perfectionné par la réflexion et par l'amour du travail ». C'est pourquoi notre philosophe désapprouve l'éducation en commun et se prononce pour l'éducation domestique, sous l'œil vigilant d'un père et sous la surveillance d'un gouverneur bien choisi. De la sorte le père pourra proportionner son entretien à la maturité croissante de son enfant. « Un père fera très bien, lorsque son enfant devient grand et qu'il est capable d'entendre raison, de s'entretenir familièrement avec lui et même de lui demander son avis sur les choses dont il a connaissance et qu'il peut comprendre....; plus tôt vous traiterez votre enfant en homme, plus tôt commencera-t-il à le devenir[1]. »

Il faut au père toute la dextérité, tout le tact que lui donne sa tendresse pour doser comme il convient cet apprentissage que l'enfant devra à sa propre expérience et à ses propres mécomptes. Car Locke (devançant une théorie de H. Spencer) recommande de laisser l'enfant demander directement aux choses leurs leçons ; de lui permettre de s'aventurer à ses risques et périls sur cette scène du monde où tant de déconvenues l'attendent et où tant de pièges sont dressés devant ses pas. « Il faudrait leur ouvrir la scène peu à peu, les introduire dans le monde insensiblement... Que si, par trop de confiance en leurs forces et en leur adresse, ils se hasardent outre mesure, il serait bon que de temps en temps on les laissât tomber dans quelque infortune qui n'intéressât point leur innocence, leur santé ou leur réputation, car ce serait le vrai moyen de les rendre plus sages et plus circonspects. » Ce précepte, Herbert Spencer se bornera à généraliser.

1. Ainsi procéda James Mill à l'égard de son fils John Stuart. V. l'*Autobiographie* de ce dernier.

Enfin, parce que la suprématie de la raison trouve en un Dieu de puissance et de justice son suprême garant, la notion de Dieu doit être établie dans le cœur de l'enfant, comme le premier fondement de la vertu. Mais cette notion elle-même ne doit être entretenue en un si jeune esprit qu'avec une extrême prudence. Il faut lui représenter cet être suprême comme toute indépendance, puissance absolue, bonté et justice infinies ; on se gardera d'engager ses méditations inexpérimentées dans la considération « d'un être que tout le monde doit considérer comme incompréhensible ; car il y a quantité de gens qui, n'ayant ni assez de force ni assez de netteté d'esprit pour distinguer ce qu'ils peuvent connaître d'avec ce qui dépasse leur intelligence, se jettent par cette curiosité mal entendue dans la superstition ou dans l'athéisme, faisant Dieu semblable à eux-mêmes ou n'en reconnaissant point du tout, parce qu'ils ne peuvent se le représenter sous aucune autre idée. » C'est toujours cette religion des âmes candides et sincères que nous avons vue décrite dans *Rationalité*, religion d'autant plus satisfaisante et accessible aux esprits que les articles en seront moins nombreux. Aussi sera-ce en un formulaire clair et court que les enfants devront adresser à Dieu leurs prières et leurs dévotions.

IV

L'excellence attribuée par Locke à la vertu nous

explique qu'il ait dans sa pédagogie placé la science à un rang paradoxalement secondaire et abaissé. Dans son plan, l'éducation est tout ; l'instruction ne figure que comme un accessoire. La classification des biens dont il souhaite que l'enfant soit mis en possession est ainsi dressée : la *vertu,* la *prudence,* la *politesse* et le *savoir.* « Je mets la vertu au premier rang comme la plus excellente chose... » Il s'attend que l'on s'étonnera de lui voir placer la science « au dernier rang des choses nécessaires à un enfant bien élevé » (toujours le gentleman) et il croit fournir de ce dédain une explication suffisante, en faisant observer combien, dans le mode d'éducation suivi de son temps, on consume d'années à inculquer aux enfants un peu de latin et de grec ; avec combien « de bruit et d'embarras » et pour quel maigre fruit. A ce point, ajoute-t-il en se moquant, qu'il est « tenté de croire que les parents regardent encore, avec une sorte de frayeur respectueuse, la verge des maîtres d'école, qu'ils considèrent comme l'unique moyen qu'on puisse employer pour bien élever les enfants ». Au reste, « il faudrait être tout à fait déraisonnable pour ne pas estimer infiniment plus un homme vertueux ou habile dans les affaires de la vie, qu'un homme simplement savant » ; il redoute même que, chez des esprits mal disposés pour réunir ces deux qualités, la science « ne serve qu'à augmenter la sottise ou la méchanceté ».

A nos yeux, c'est la grande faiblesse de la théorie du philosophe anglais. Un certain snobisme, la haine

démesurée du pédantisme, l'ont quelque peu égaré
et, sans doute aussi, le sentiment excessif de la disproportion énorme entre les aspirations de notre pensée et ce qu'il lui est donné d'atteindre. Locke n'a vu
dans la science que les résultats qu'elle peut saisir,
non l'acte même de chercher à saisir, la prise, non
la chasse. Il n'a pas entrevu ce que l'on a, de nos
jours, si bien appelé la vertu éducative de la science ;
il n'en a pas soupçonné la faculté hautement moralisatrice. En aucun sens, il n'a compris que la science,
c'est-à-dire la possession du vrai, pût être, par ellemême, une fin. Il ne veut voir en elle qu'un moyen
et un moyen de valeur surérogatoire. Soit qu'il parle
de la connaissance des langues ou de celle des
sciences proprement dites, l'utilité qu'il en attend est
toute indirecte ; il songe aux facilités que l'on en peut
recevoir dans les relations sociales ou même simplement aux agréments qu'elles peuvent donner à la
conversation d'un gentleman.

Cela posé, notons les traits les plus remarquables
de son programme d'études. Il émet le vœu qu'à
peine maître de sa langue maternelle, l'enfant apprenne une langue moderne, que le jeune anglais,
par exemple, s'exerce, sans tarder, au *français*, et
cela, non pas en s'embarrassant de règles et de théorie, mais en se mettant à la conversation et à la pratique. L'étude du latin est un mal auquel il se résigne,
mais en gagnant sur elle le plus possible. Il demande
« qu'à cette étude de mots, peu agréable et à un
jeune homme et à un homme fait, soient jointes au-

tant de connaissances réelles qu'il sera possible, en commençant toujours par les choses qui tombent le plus sous les sens, comme est la connaissance des minéraux, des plantes et des animaux, et particulièrement des arbres fruitiers, de leurs différentes espèces et de la manière de les provigner ». Il veut que l'on enseigne à l'enfant la *géographie,* l'*astronomie* et l'*anatomie*. A la pratique des discours latins il préférerait bien les discours en langue anglaise ; mieux encore, il substituerait volontiers à ces discours écrits des exercices de parole improvisée sur quelque question « raisonnable et utile. » Au lieu de leur faire apprendre, sous prétexte d'exercer leur mémoire, de longues pages aussitôt oubliées que sues, comme il vaudrait mieux détacher des livres mis en leurs mains « de belles et solides pensées », aliment pour leurs réflexions !

Aux sciences que nous avons énumérées et dont la géographie est la première, s'ajouteraient la *chronologie,* l'*histoire,* le *droit civil.* « Il est visible qu'il faut qu'un gentleman anglais soit instruit des lois de son pays. Cette connaissance lui est si nécessaire, quelque poste qu'il occupe, que, depuis la charge de *juge de paix* jusqu'à celle de ministre d'État, je n'en vois aucune qu'il puisse bien remplir sans cela. » La maxime sous-entendue d'où dérive cette observation n'est-elle pas que le savoir doit être en raison de l'autorité que l'on détient et des droits que l'on possède ? Et, si nous généralisions, ne faudrait-il pas conclure que, dans une démocratie où règne l'égalité politique, l'instruction intégrale devrait être tenue pour une institution d'État ? A la *Logique* et à la *Rhétorique* notre auteur s'arrête peu ; il recommande seulement, à quiconque veut que son enfant se perfectionne dans l'art de raisonner, la lecture de Chillingworth et, dans l'art de bien discourir, celle de Cicéron. Car il estime que bien parler et bien écrire est l'indispensable achèvement d'un homme comme il faut.

Notons enfin la manière dont Locke s'exprime au sujet de la *physique*. Cette science comprend deux branches : l'étude des esprits et l'étude des corps. La première est plus spécialement désignée sous le nom de *métaphysique* et il la faut envisager, bien moins comme une « science qu'on puisse réduire en système, que comme une étude plus certaine et plus étendue du *monde intellectuel,* que la raison et la révélation concourent à nous faire connaître ». Chose remarquable, des deux parties qu'il a distinguées dans la physique, c'est à la première surtout qu'il désire que l'on s'attache. C'est qu'il compte sur elle pour prévenir le préjugé grâce auquel l'esprit s'accoutumerait à n'apercevoir de réalité qu'en cette matière « dont tous nos sens sont incessamment frappés », en sorte qu'elle « remplît, pour ainsi dire, toute la capacité de notre âme, accoutumance qui empêche qu'on n'admette des esprits ou qu'on ne croie qu'il y ait dans la nature aucun être immatériel. »

Nous ne serions pas surpris que, par le cours de

ses méditations, Locke eût été conduit à cette conviction, que l'*Essai* ne laissait point soupçonner encore et qui le rapprocherait de Malebranche et de Berkeley, que la seconde partie de la physique elle-même, la science des corps, ne pouvait être intelligible qu'à la condition de se suspendre à la première. « Il est évident que, par la seule idée de la matière et du mouvement, on ne saurait expliquer aucun des phénomènes considérables de la nature. Force est de recourir à la volonté positive d'un Être suprême... » L'auteur de la *Recherche de la Vérité* n'avait pas dit autre chose.

Où puiser cette science du spirituel, indispensable à ses yeux? Il entend qu'on la demande à un abrégé, aussi simple que possible, de la Bible. Vue, convenons-en, aussi confuse qu'elle est mystique, et qui nous atteste à quel point, dans les dernières années de sa carrière philosophique, les spéculations d'exégèse dominaient, dans l'esprit de Locke, toutes ses préoccupations. Quant à la physique des corps, il la tient pour une science très attardée, très rudimentaire. Il ne veut pas « inférer de là qu'on ne doive suivre aucun système de physique. Dans un siècle aussi éclairé que celui-ci, il est nécessaire qu'un gentleman en examine quelques-uns pour en pouvoir discourir dans la conversation. » Parmi les modernes, le système de Descartes « qui est le plus à la mode » lui paraît à recommander. Les modernes l'emportent de beaucoup sur les péripatéticiens en ce qu'ils « expliquent les effets de la nature par la seule considération de la figure et du mouvement des différentes parties de la matière. » Il n'a garde d'oublier « l'incomparable M. Newton qui a montré ce que pouvaient les mathématiques appliquées à quelques parties de la nature ». Quant aux opinions physiques des anciens, on s'en instruira en lisant le *Système intellectuel* du Dr Cudworth. Dans tout ce programme d'études, le philosophe anglais traite la science, celle de la nature particulièrement, de façon assez cavalière, comme un superflu, un luxe qui sera une parure pour l'esprit, un agrément pour les entretiens. « La vertu et la prudence, il ne se lasse pas de le redire, voilà le point le plus important. »

V

L'ouvrage nous laisse sur un conseil vraiment neuf et que Rousseau devait populariser : « un gentleman devrait apprendre un métier (entendons un métier manuel) et, si possible même, deux ou trois, mais un seul plus particulièrement. La raison qu'il avance de cette remarquable anticipation pédagogique est double. C'est d'abord que « les langues et les sciences ne sont pas les seules choses dignes de l'application des hommes et que tous les arts utiles à la société méritent aussi qu'on s'y rende habile. » Et c'est en second lieu que la pratique de métiers qui s'exercent en plein air est des plus utiles à la santé et constitue pour des enfants adonnés à l'étude le plus salutaire des divertissements.

Au moment où il termine, Locke, avec sa modestie coutumière, se défend d'avoir voulu donner sur la matière un traité complet. Il sent trop bien ce qu'il y aurait d'illusoire à prétendre tracer aux éducateurs des directions uniformes, sans tenir compte de l'extrême spécificité des esprits et des caractères. « Il y a, dans l'âme de chaque homme, aussi bien que dans le visage, quelque chose de particulier, qui le distingue de tous les autres. » Le grand point, c'est que chacun, pour élever son enfant, *consulte sa raison* de préférence à quelque « vieille coutume ».

Consulter la raison, cette conseillère de vertu, c'est l'idée qui clôt le livre, comme c'est l'idée qui l'avait ouvert. En quoi la vertu consiste-t-elle précisément? Car ce n'est en donner qu'une notion indirecte de nous dire qu'on la reconnaît à l'habituelle victoire de la raison sur les désirs. Quelle définition essentielle en fournir? A quel principe ferme la rattacher? Quel fondement lui reconnaître?

De semblables questions qui renaissent à chaque page des *Quelques pensées* nous amènent à cette conclusion, que nous eussions pu pressentir : la science et l'art de l'éducation doivent emprunter leur lumière à la philosophie morale. Cette philosophie à laquelle il eût été tenu de donner la forme la plus rigoureuse, puisque, dans son *Essai*, il l'avait déclarée susceptible de démonstration, c'est en vain que les amis de Locke la lui demandèrent avec insistance. Il ne se résolut jamais à la composer. Lacune d'autant plus grave que la ressource lui était interdite de passer la main à la religion, étant donné que la révélation à son tour doit, selon lui, sa marque d'origine et son brevet d'excellence à la morale dont elle s'inspire, et que, loin de supplanter l'Éthique, elle suppose, elle postule une Éthique rationnelle. Cette philosophie éthique, Locke l'a peut-être entrevue. Elle eût formé le couronnement de sa doctrine de la vie, de sa conception religieuse, comme de sa théorie éducative. Il ne l'a pas construite. Ou le temps ou la patience ou le génie lui a manqué.

VII

LE LEVIATHAN ET LA PAIX PERPÉTUELLE

Dans l'étude distinguée où il a entrepris d'établir *les principes moraux du droit*[1], M. Dunan, avant d'en venir à la conclusion idéaliste qui seule lui paraît susceptible de concilier avec les exigences de la raison les revendications de l'expérience, a cru devoir écarter de sa route une doctrine célèbre, qu'il qualifie d'empirique et qui mérite à certains égards d'être ainsi désignée, mais qui, vue sous un autre aspect, pourrait tout aussi bien être dite rationaliste et dont l'auteur se flatta d'avoir mené à bien cette conciliation qu'à son tour M. Dunan s'efforce aujourd'hui d'opérer. Cette doctrine est celle de Hobbes. Nous voudrions revenir sur la réfutation que M. Dunan en a faite, afin de rétablir, sur quelques points essentiels, la véritable pensée du philosophe anglais et de désigner les endroits vulnérables par lesquels ce système serré donne, selon nous, définitivement prise à l'objection.

---

1. V. *Revue de métaphysique et de morale*, novembre 1901.

Mais surtout nous aimerions à montrer, par l'exemple du hobbisme, combien la considération de théories que l'on aurait crues mortes et à peine susceptibles d'éveiller un intérêt historique, peut offrir d'instructive actualité aux esprits que préoccupent les problèmes supérieurs de la vie contemporaine.

I

La philosophie hobbiste présente, si l'on peut dire, un double visage. Ses données initiales sont, d'une part, la sensation génératrice de toute science, de l'autre, l'impulsion appétitive, génératrice de toute moralité. Mais de ces données une déduction rigoureuse, menée selon le mode géométrique, développe des conséquences qu'une construction purement a prioristique compose ensuite en un système harmonieux de l'homme et du citoyen. Ce système aboutit, dans l'ordre moral et dans l'ordre politique, indissolublement liés l'un à l'autre, à un étatisme absolu, qui ne tolère ni chez les sujets le plus léger maintien de franchises quelconques, ni chez le Souverain — que celui-ci soit le peuple, une élite, ou un monarque — le moindre partage des attributions inhérentes au suprême pouvoir. Ce Dieu humain, Léviathan monstrueux, que l'industrie de notre race a fabriqué artificiellement, pour s'assurer le bien par excellence, qui est la paix entre les membres d'une même collectivité, couvre de sa protection sans limites les activités individuelles. La crainte respectueuse qu'il inspire et qui bientôt agit de manière insensible, puisqu'il contient par l'idée seule de sa force toutes les unités politiques à leurs rangs respectifs, se substitue heureusement aux alertes, anxiétés, terreurs à tout instant renaissantes qui, durant la phase pré-sociale, étaient la condition normale d'agglomérations humaines toujours en péril, toujours incertaines de leur lendemain. L'organisation civile une fois achevée, la quiétude n'a pas tardé à renaître dans les cœurs et, selon une antithèse que le chancelier Bacon avait formulée, la maxime attristante : *homo homini lupus* a fait place à la maxime rassérénée : *homo homini deus*.

Cette formule devenue banale : *homo homini lupus*, a donné lieu à des contresens. On a compris que Hobbes avait par ces mots voulu symboliser on ne sait quelle période antéhistorique où les individus juxtaposés en groupements dépourvus de communes règles ne connaissaient d'autre voix que celle de leurs instincts, où les égoïsmes prêts à une mutuelle attaque étaient tout à la fois menaçants et menacés. M. Dunan paraît d'abord favoriser cette interprétation quand il écrit : « à l'état de nature, l'homme est, selon Hobbes, une brute qui ne pense pas, qui n'a que des appétits, et qui les satisfait dans la mesure de sa force. » Mais, un peu plus bas, il efface sagement la grave inexactitude qui vient de lui échapper et concède que, pour Hobbes, même en cet état primitif, l'homme est capable de pensée et de réflexion.

Ce n'est pas assez dire. L'homme primitif, que Hobbes a exclusivement en vue, n'est pas seulement doué de réflexion, il est, par essence, raisonnable. Et c'est parce que l'on peut retracer la suite logique des ordres que sa raison lui dicte en vue de satisfaire aux plus impérieux et aux plus permanents de ses appétits, qu'il existe une morale infra-politique, si l'on peut dire, morale qui comprend deux chapitres : l'un très court énonce les droits naturels, l'autre, bien plus abondant, développe les lois impliquées par ces droits, c'est-à-dire, en réalité, les devoirs naturels. Tout le droit, en dernière analyse, consiste dans la liberté (la liberté physique, car le hobbisme n'en comporte point d'autre) d'user de ses facultés naturelles selon les dictées de la droite raison. Et les devoirs ou les lois naturelles se confondent avec ces dictées, dont la première lui commande de préserver à tout prix notre vie et nos membres, attendu que la conservation personnelle est le premier bien, puisque, à défaut de celui-là, tous les autres s'évanouiraient. Les dictées suivantes déterminent les obligations qu'entraîne ce souci fondamental de sécurité. Entre ces obligations, il en est une qui domine tout le code de la morale naturelle et jette le pont avec la morale civile : « respecter les pactes que l'on a consentis ». Or le pacte des pactes n'est-il pas celui par lequel, en vue de nous garantir cette paix, qui est le bien par excellence, nous remettons tous nos droits à l'élu de la collectivité, nous construisons volontairement l'édifice de sa toute-puissance ? Cet élu désormais réunira dans ses mains le glaive de justice et le glaive de guerre. Législateur unique, il déterminera le tien et le mien, il définira le crime, il édictera les sanctions. Le corps de ses décisions constituera le droit civil. La morale naturelle de tout à l'heure, morale toute platonique et que les instincts indisciplinés demeuraient, en fait, maîtres de démentir, abdique devant la morale de l'État. M. Dunan ne s'explique pas que l'une et l'autre morale puissent ainsi persister côte à côte; il reproche à Hobbes cette inconséquence de juxtaposer au droit naturel un droit différent propre à l'homme social. Mais il oublie que le second est l'émanation du premier, que la morale primitive ne coexiste pas plus avec la morale civile que le bouton ne coexiste avec la fleur en laquelle il s'est épanoui. Du devoir de respecter ses pactes, auquel se ramène toute la morale selon la nature, est né le devoir « d'obéissance simple », en qui se résume toute la morale sociale, prescrite par la Souveraineté.

Ainsi donc la morale naturelle tout à la fois a disparu devant la morale civile et demeure immanente à celle-ci. On ne conçoit pas bien comment la seconde pourrait se placer en opposition avec la première. Y a-t-il une hypothèse imaginable, aux termes de laquelle le Souverain pourrait être supposé dicter cet ordre absurde : « je t'ordonne de ne tenir nul compte du pacte qui me soumet ta volonté » ? Or, la fidélité au pacte, conséquence du premier devoir : « veuille à tout prix préserver la paix », condensait, nous le répétons, tout le code des droits et des devoirs selon la nature.

Dès lors tombe l'objection capitale de M. Dunan contre le système : « la constitution de l'État a été pour moi une ruse, l'obéissance que je lui donne est une ruse encore, l'un des moyens dont j'use pour me conserver… ; c'est un moyen… qu'à tout moment je dois être disposé à sacrifier à la fin pour laquelle il sert. Sous les apparences d'un citoyen soumis aux lois, je suis un révolté. » — En aucune manière, répondrait Hobbes. L'édification de la souveraineté n'est point une ruse, mais, ce qui est bien différent, l'œuvre artificielle, même le chef-d'œuvre du génie humain. Cette œuvre, c'est la loi naturelle ou, en d'autres termes, la raison, qui a prescrit de l'accomplir et la même raison avait au préalable enjoint le respect des contrats, respect non pas extérieur ou affecté, mais loyal, sincère, intime, obligeant la conscience « dans le for intérieur », assujettissant déjà aux libres et douces chaînes de la reconnaissance les intentions. Ruser avec le pacte, c'est déjà trahir le pacte ; c'est forfaire, intentionnellement, à la loi civile et, par suite, à la loi naturelle invisible et présente sous les stipulations des législations établies. Et que l'on ne dise pas : « logique, tout cela ! l'homme, dans la cité, ne se réduit pas à une pure force intellectuelle que l'abstraite Logique meut et dirige. » — Ici, répondrons-nous, une distinction est nécessaire : ceux pour qui la souveraineté, selon la conception hobbiste, légifère, se peuvent répartir en deux classes: les irrationnels et les réfléchis. Ces derniers seront l'élite, une élite elle-même inégale et qui comportera bien des degrés : elle comprendra tous ceux des sujets qui, habiles à remonter la chaîne des idées rationnelles, seront capables de reconnaître, dans les institutions présentes, les principes permanents qui, de proche en proche, les ont inspirées ; mais elle renfermera également la multitude de ceux qui, inaptes à des déductions aussi rigoureuses, pressentent, plus ou moins confusément, que c'est le vœu de la nature qu'exaucent, somme toute, les constitutions civiles et qui, par conséquent, obéissent avec respect et gratitude. Quant aux irrationnels, nous nommerons ainsi ceux qui abandonnent à l'impulsion instinctive, aux mobiles passionnels, les rênes de leur vie. Pour eux ce serait peine perdue de développer les déductions morales dans leurs conséquences majestueuses ; c'est pour ceux-là que le Léviathan doit prendre toute sa terrifiante signification. Devant ces impulsifs, il faut que se dresse la grande image de la souveraineté, avec son cortège d'attributs et l'appareil redoutable de ses sanctions : cette seule menace, entrevue par la pensée, suffira (sous réserve des exceptions que le glaive de justice a charge de réprimer) pour mettre en déroute les mauvais désirs et étouffer en leurs germes les desseins criminels.

II

Ce système, dont nous n'avons pu dessiner qu'une insuffisante esquisse, présente une cohésion, une fermeté logique, qui n'ont pas été dépassées. Mais précisément ces mérites mêmes en font soupçonner les insuffisances profondes en même temps qu'ils trahissent l'abus de méthode qui a présidé à ce formidable paradoxe d'une humanité se ruant à la servitude par horreur de la dissension. Hobbes, dans sa morale et dans sa politique, a cédé à son amour effréné de la déduction abstraite. Il faudrait, à son égard, renverser le mot d'Aristote sur Xénocrate et dire qu'il a traité mathématiquement d'objets qui n'étaient point mathématiques. En moins de mots, nous reconnaîtrons que cet esprit puissant, simplificateur à l'excès, a raisonné avec rigueur sur des données incomplètes. Plus précisément encore, il nous paraît que son postulat politique, comme son postulat moral, ne contenait que les éléments, réels à coup sûr, mais négatifs, des grands problèmes qu'il s'était posés. D'où l'étroitesse des solutions qu'il apporte, étroitesse à laquelle surtout est dû le long scandale soulevé par la doctrine, mais qui ne doit pas nous rendre insensibles à l'imposante part de vérité que recèlent ces solutions.

Que l'institution de l'État procède de causes tout d'abord négatives, c'est ce que Hobbes a montré avec beaucoup de force, mais montré exclusivement. La crainte, la pire crainte, telle fut l'origine de la Cité : c'est-à-dire l'appréhension des violences soudaines, motivée par cette conviction trop fondée que, pour nuire et pour surprendre, les hommes sont sensiblement égaux ; ou encore ce besoin de sécurité et de confiance sans lesquelles l'activité pastorale, agricole, industrielle, artistique, scientifique, serait astreinte au développement le plus précaire, à supposer même qu'elle parvînt, sous cette menace, à prendre son essor. Aussi la première fonction du Souverain est-elle la justice : il la doit rendre le glaive à la main, « attendu que, sans l'épée, les lois ne sont que des paroles » *(Léviathan)*. A cette création d'un grand justicier toutes les institutions sociales, même les plus hautes, se subordonnent, ainsi la propriété, ainsi la famille, puisque, sans les magistrats et les officiers publics, toutes les garanties tutélaires feraient défaut aux citoyens. Voilà qui est à souhait ; mais l'explication génétique de ce fait énorme, l'avènement de la Cité, est-elle de la sorte épuisée ? Il a fallu tout le parti pris de sa méthode unilinéaire pour que Hobbes l'ait pu penser. Il s'est volontairement aveuglé sur d'autres éléments, non moins primordiaux, du problème fondamental.

Et en effet les membres de la Cité poursuivent aussi des fins positives dont l'atteinte est facilitée ou même uniquement permise par le concours de cette Cité. Le pacte social — en admettant qu'il y ait eu pacte — est un contrat d'assurance en vue de vivre, oui, sans doute, mais aussi en vue de mieux vivre. Et il semble que ce que l'on appelle civilisation date de l'instant où le premier objet : vivre, n'est plus le centre exclusif vers lequel convergent les forces sociales, mais où le second objet : mieux vivre, est devenu le but des applications. Or, qu'est-ce que mieux vivre ? Sans nous engager ici dans une recherche éthique, à la manière des anciens, sur la nature du τέλος, nous dirons en langage hobbiste : c'est exercer de plus en plus complètement et de plus en plus harmonieusement celles de nos facultés dont l'arrêt entraîne pour nous une souffrance, au lieu que leur déploiement sans obstacle nous donne de la joie : facultés dont l'énergie, la diversité, sont d'ailleurs susceptibles de varier selon les individus. Or ce déploiement sera dit *libre*, toujours au sens de Hobbes, dans la mesure où nulle action du dehors ne viendra lui faire obstacle. Mais ce libre déploiement comportera une limite, celle que nécessitera le libre déploiement des facultés des autres citoyens. Une telle limite, appartiendra-t-il donc à chacun d'eux de la déterminer? Évidemment non, car ce serait le retour à la condition première d'anarchie et de déchirements. Cette borne, le Souverain la marquera, dans la plénitude de sa puissance. Mais, à ce point, tout n'est pas dit. et il reste que l'universel désir de mieux vivre soit concilié avec l'universel désir de vivre. De la coexistence et de l'association de ces deux appétits essentiels, ou plutôt de ces deux fins sociales, on voit quelles conséquences vont résulter. Si l'on sacrifie tout, comme Hobbes l'a voulu, au désir négatif initial, la fin positive, assurément supérieure, se trouve entièrement sacrifiée ; des deux grandes utilités par lesquelles se justifiait l'institution sociale, une seule, la plus immédiate, soit, mais non peut-être la plus haute ni la plus féconde, subsiste. Le Léviathan ne nous apporte plus que l'un et le moindre des deux bienfaits espérés de lui; il nous assure nos vies, mais dans des conditions telles qu'elles ne valent plus d'être vécues. Tout ceci revient à dire qu'un équilibre doit tendre à s'établir entre ces deux exigences de l'individu social : besoin d'être protégé et besoin d'être libre. Dans sa fureur de simplifier, le hobbisme n'a tenu compte que du besoin de protection et c'est pourquoi l'État qu'il a édifié ne peut correspondre qu'à une ère d'attente, à une période transitoire de la Cité définitive.

Enfin, même en cette phase préparatoire pour laquelle seule on croirait que Hobbes a légiféré, comment ne pas trouver démesurée la disproportion entre la fin négative que sa doctrine nous propose et les moyens dont elle fait usage? Y a t-il nécessité vraiment que ce plérome d'attributions soit conféré au souverain pouvoir? Bon cela peut-être en ces âges lointains où l'homme n'avait pas encore secoué la barbarie, ou bien dans ces époques de perturbations profondes où la barbarie primitive menace de reparaître! Mais, à mesure que les peuples se polissent, il semble que l'inverse ait lieu. Les mœurs se composent, les passions se tempèrent, les âmes s'adoucissent, l'association des idées — cette association que Hobbes a si exactement décrite et à laquelle il eût bien dû recourir en son système sociologique — fait son œuvre. L'idée de cette personnalité factice : l'État et le souvenir de ses injonctions : les lois finissent, dans la plupart des cas, par agir mécaniquement et il suffit d'un exécutif investi d'attributs modestes pour en assurer le respect. Dans une société bien réglée, le minimum d'appareil coercitif réussit à maintenir le maximum de légalité. Moindre est cet appareil et plus grande est l'obéissance, plus une collectivité politique se peut dire avancée en civilisation.

Si la politique de Hobbes nous apparaît ainsi comme une conception mutilée, ne serait-ce pas que la doctrine morale qu'elle continue est elle-même incomplète et ne traduit à son tour que certains côtés négatifs de la personnalité humaine? Laissons de côté le point de savoir si les dictées de la loi naturelle ont toutes leurs sources dans une ὁρμή de la sensibilité ou si elles ne tiendraient pas l'universalité, la majesté de leur empire d'un règne supérieur qui est celui de l'impersonnelle raison. Ne rouvrons point ce grand débat. Tenons-nous sur le terrain où Hobbes s'est lui-même placé. Eh bien! ici encore, est-il possible de ne pas dénoncer la simplification abusive à laquelle le logicien moraliste s'est résolu? M. Dunan signale ce *primum falsum* de l'égoïsme absolu, et combien il a raison! Oui, dirons-nous, l'égoïsme radical n'est qu'une vue, négative encore, de notre nature affective. Le pur égoïsme, qui se condense initialement dans la terreur de la mort et de la souffrance, serait l'exclusion de toutes les tendances qui nous portent à placer hors de nous, par l'amour, par l'amitié, par l'art, par la science, l'axe de notre personnalité. Aussi n'est-il que juste de rappeler — et nous avons ici un cas remarquable de ce que l'on peut entendre par le progrès en philosophie — qu'à cette première étape la spéculation utilitaire ne s'est pas maintenue. L'École eudémoniste anglaise, il est vrai, se divisera : les uns comme Adam Smith et peut-être, malgré des hésitations, David Hume, tiendront que, concurremment avec l'amour de soi, existe primitivement en l'homme une tendance bientôt capable de compenser et même de se subordonner la première : la sympathie ; les autres se refuseront à sanctionner ce dualisme psychologique : à l'exemple de Hartley, ils professeront que l'égoïsme engendre nécessairement l'altruisme et cette génération est, selon eux, si rapide qu'elle vaut au sentiment de l'amour d'autrui l'illusion de l'innéité. Ainsi l'entendra le chef officiel de l'utilitarisme, ce Bentham dont la mentalité présente avec celle de Hobbes de si remarquables analogies. Le principe auquel Hobbes s'était tenu ne sera pour le prophète du radicalisme philosophique (si savamment exposé en Angleterre, par M. Leslie Stephen, en France par M. Élie Halévy), qu'un simple point de départ. Et, par la substitution de l'altruisme à l'égoïsme, la théorie étroite de l'abdication universelle et sans conditions aux mains du despote cèdera la place à la théorie large d'une libre démocratie, toute orientée vers ce but : « le plus grand bonheur du plus grand nombre. »

III

Est-ce donc à dire que le système construit par

Hobbes ait perdu toute valeur et ne doive plus compter que comme un document historique dans les annales de la haute spéculation ? Rien n'est plus loin de notre pensée. L'auteur du *de Cive* et du *Léviathan* n'a vu qu'un côté de l'individualité humaine, mais il l'a vu avec une incomparable acuité de regard ; il n'a légiféré que pour un stade, pour le premier stade du développement social, mais il a légiféré avec une vigueur logique qui contraint l'admiration. Reste à savoir si toute cette législation préalable n'aurait pas été en pure perte, attendu qu'elle aurait manqué d'objet, ce premier stade n'ayant jamais eu d'autre réalité que celle d'une fiction éclose dans une tête d'arrangeur d'idées.

De bonne heure l'objection fut formulée et Hobbes tout le premier se l'était adressée à lui-même. Il n'y attache pas grande importance. La question pour lui n'a rien d'historique ou de préhistorique et le point de fait ne le touche pas. Y a-t-il eu ou n'y a-t-il pas eu contrat formel souscrit par tous les membres des sociétés aïeules ? Il n'importe, dès là que tout se passe, au sein de la Cité, comme si ce contrat avait été explicitement consenti. Y a-t-il eu ou n'y a-t-il pas eu, pendant ces durées indéterminées au cours desquelles le pacte social était inconnu, une condition effective de guerre sans trêve, entretenue par tous contre tous ? Il n'importe encore, pour peu que l'on admette que, si le pacte était résilié, les institutions politiques dissoutes, le risque serait perpétuel de déchirements soudains, d'attentats contre les biens et contre les personnes, d'usurpations violentes ou hypocrites plongeant dans l'insécurité et l'alarme à peu près indistinctement tous les membres de ce qui fut la Cité humaine. Le *risque* : voilà le grand mot. Il résume toutes les frayeurs, toutes les paniques, toutes les anxiétés ; il signifie la perte irrémédiable de ce bien que Bentham plaçait avec raison parmi les motifs primordiaux de l'activité humaine, bien qui sert à tous les autres de caution : la sécurité.

Ce risque, notons-le bien, n'exige pas, pour donner lieu à de légitimes inquiétudes, qu'une sorte d'unanimité à vouloir le mal et la lutte ni même qu'une majorité de volontés séditieuses le fassent courir. N'est-il pas de notoriété que quelques brouillons suffisent pour jeter le désarroi dans une assemblée paisible? Dans tel canton calme et tranquille, que la nouvelle se répande d'un forfait certainement exceptionnel, jusqu'ici sans exemple, et qu'en toutes vraisemblances ce coin de terre ne reverra pas. Toutes les âmes sont émues, indignées et effrayées. Il n'est pas un foyer où ne flotte le spectre du crime et chacun de se dire avec le poète : « ton bien est en péril, quand brûle la maison du voisin. » Que l'on juge, par ces exemples accidentels, de ce que serait l'état d'âme d'une collectivité humaine où toutes les garanties préventives ou répressives par lesquelles nos lois ont d'avance paralysé les vouloirs pervers seraient ou inconnues ou abrogées et osons prétendre que le tableau imaginé par Hobbes d'une humanité anté-sociale nous dépeint la vie primitive sous de trop noires couleurs !

Que disons-nous ? Il n'est pas besoin d'invoquer ces cas « cruciaux » pour démontrer que le risque dont nous parlons n'a rien de fictif. En un passage de son *Léviathan,* Hobbes fait remarquer avec autant d'esprit que de force comment, sous la savante armature de l'État policé moderne, se trahit quelque chose de la mutuelle défiance qui dut animer les cœurs pendant l'âge d'anarchie. « Il peut sembler étrange à qui n'a pas bien pesé ces choses que la nature ait pu dissocier à ce point les hommes et les rendre aptes à s'envahir et à se détruire les uns les autres. Peut-être désirera-t-il, comme il ne se fie pas à l'inférence que je tire des passions, que ce même point lui soit confirmé par l'expérience. Qu'il examine donc avec lui-même, alors qu'en voyage il emporte des armes, qu'il cherche à aller bien accompagné ; quand, avant de se coucher, il verrouille ses portes ; quand, même chez lui, il ferme à double tour ses tiroirs et cela, alors qu'il sait qu'il y a des lois, des officiers publics armés pour châtier tous les attentats dont il serait victime : quelle est l'opinion qu'il se fait de ses compatriotes, quand il va en armes à cheval ; de ses concitoyens, quand il verrouille ses portes ; de ses enfants et de ses domestiques, quand il ferme à clefs ses tiroirs. En cela n'accuse-t-il pas l'humanité par ses actions autant que moi par mes paroles ? »

Ce n'est pas tout. De nos jours même, alors que tous les agrégats humains ont leur organisation civile, leurs constitutions et leurs codes, il est permis d'apercevoir l'image agrandie de cette condition misérable et incertaine où devaient se traîner nos lointains ancêtres de la période anarchique. Au lieu de considérer les individus en leurs relations réciproques, élevons nos regards sur ces grandes unités politiques, que l'on nomme les nations, dans leur mode d'agir les unes à l'égard des autres. Leur coexistence que ne dominent ni des lois communes, ni une commune autorité, nous offre comme la projection gigantesque de la juxtaposition première d'êtres humains ignorants de tout contrat politique, à peu près de même que, selon Platon, la Cité nous présente, en proportions démesurées, la structure exacte de l'âme individuelle. Royautés ou démocraties, les nations sont mutuellement sur le pied de guerre, quand bien même elles ne se trouveraient pas présentement aux prises. Le mauvais temps, observe Hobbes, ne signifie pas que l'orage est actuellement déchaîné, mais bien que l'état du ciel est une continuelle menace d'orage. De même la condition internationale d'hostilité consiste moins en ce qu'à l'heure où nous parlons, les armées se livrent bataille, qu'elle ne réside dans la perpétuelle possibilité d'usurpations ou de querelles qui auront des batailles pour dénouement. Or, depuis que Hobbes écrivit, peut-on dire que cette condition internationale de guerre — virtuelle, — guerre de tous les États contre tous les États, se soit améliorée ; que la condition de nature soit à la veille de prendre fin, entre les peuples s'entend ?

N'est-ce pas l'humanité contemporaine que semblent viser ces lignes saisissantes : « Dans tous les temps, des rois, des personnes ayant l'autorité souveraine, en raison de leur indépendance, sont dans des jalousies mutuelles, dans l'état et la posture de gladiateurs se portant leurs armes à la gorge et les yeux fixés dans les yeux ; c'est-à-dire leurs forts, leurs garnisons, canons, sur les frontières de leurs royaumes ; leurs espions lancés continuellement chez leurs voisins ; ce qui est une attitude de guerre *(Léviathan)*. » Cette description trop fidèle de la situation politique de l'Europe au xviie siècle a-t-elle perdu, à l'aube du xxe, une parcelle de sa vérité ?

Nous serions tentés de croire au contraire et il ne nous serait que trop aisé d'établir que l'exactitude s'en est, depuis un demi-siècle, tragiquement accrue. L'humanité présente vit sous le cauchemar du grand *risque* international. Il y a plus : cette condition générale de guerre virtuelle de tous contre tous entraîne quelque chose de plus douloureux, si possible, que la guerre effective : la résignation à des iniquités colossales, longs massacres de populations impuissantes à obtenir que l'on acquitte envers elles les stipulations du traité le plus solennel, suppression brutale pour une province des franchises et privilèges que depuis près d'un siècle ses souverains lui avaient successivement jurées ; invasion et progressif égorgement d'un petit peuple de héros. Les gouvernements, sinon les peuples, détournent leurs regards de ces défis à la conscience éternelle, car, si l'un d'eux s'aventurait, selon la mystique expression de Locke, à lancer « l'appel au ciel », c'est-à-dire une protestation armée, la perspective d'un conflit aux conséquences incalculables glacerait le cœur des plus audacieux. En sorte que la peur des maux et des catastrophes que résume le seul mot de guerre, cette même peur qui conduisit les individus humains à faire régner, à l'ombre des institutions civiles, l'équité et toutes les vertus de la morale naturelle, condamne aujourd'hui les cités humaines, faute d'une institution supérieure qui les domine de son unité bienfaisante, à tolérer, en prévision de calamités plus grandes, le piétinement de cette même morale.

A cette situation désolante n'est-il point d'issue ? Si fait, il en est une et il ne se peut que l'œil perçant de Hobbes ne l'ait point découverte ; d'autant que le mouvement naturel de sa dialectique l'y devait amener. Pour quelles raisons il a omis de s'y engager, se résignant à laisser notre race enchaînée pour jamais à son malheureux destin, nous n'avons pas à le rechercher ici. Mais il est certain que nulle raison *a priori*, nulle impossibilité de fait ne s'opposent à ce que ces grandes personnalités artificielles : les États, conviennent de se lier réciproquement par des pactes analogues à ceux qui apportèrent à ces personnalités naturelles : les particuliers, le bienfait de la paix civile, et, par la paix, de la sécurité[1]. Nul motif in-

---

1. Un instant, ce problème — d'ailleurs sans nulle référence à Hobbes — s'est présenté au robuste esprit de Joseph de Maistre : « Je demande pourquoi les nations n'ont pu s'élever à l'état social comme les particuliers ? Comment la raisonnable Europe surtout n'a-t-elle jamais rien tenté dans ce genre ? J'adresse en particulier cette même question aux croyants avec encore plus de confiance. Comment Dieu, qui est l'auteur de la

surmontable n'interdirait la création concertée d'un Léviathan du second degré, si l'on peut dire, personnalité nouvelle, chef-d'œuvre supérieur créé par l'industrie, non plus des individus réunis en assemblée plénière, mais des États représentés par leurs souverains en un universel congrès. Vivante incarnation du droit des gens, ce Léviathan surhumain — qu'il consiste en un élu désigné ou en la majorité simple de ce congrès — posséderait le glaive des glaives : justices et armées seraient à ses ordres. Arbitre en dernier ressort, il se ferait déférer tous les conflits entre peuples, tout comme les Léviathans du premier ordre appellent et tranchent les querelles entre simples citoyens. Suprême justicier, il n'aurait pas seulement l'autorité qui prononce, mais encore la force qui contraint, puisque les États qui l'auraient élu auraient fait de leurs armées les siennes et qu'une seule forme de guerre serait désormais concevable, celle de tous les coalisés pour la paix contre l'État parjure égaré dans la rébellion[1]. Au début sans

société des individus, n'a-t-il pas permis que l'homme, sa créature chérie, qui a reçu le caractère divin de la perfectibilité, n'ait pas seulement essayé de s'élever jusqu'à la société des nations ? Toutes les raisons imaginables pour établir que cette société est possible, militeront de même contre la société des individus. » (*Soirées de Saint-Pétersbourg*, 9e Entretien.) On sait comment le grand écrivain catholique a éludé la question et sur quels sophismes il a, si je puis dire, excusé Dieu : en alléguant la sublime beauté et la grandeur céleste de la guerre !

1. Une telle conception sera-t-elle traitée d'utopie ? Ce ne serait assurément point par un homme aussi sagace, aussi *matter of fact* que M. Raymond Poincaré qui, en réponse à la question de savoir si la cour d'arbitrage de La Haye, par le fait de son abstention dans le conflit anglo-boer, n'avait pas donné la preuve de son impuissance, écrivait noblement :

doute — et ce début occupera une durée imprévisible — il y aura lieu de compter avec les résistances cachées ou les révoltes à ciel ouvert, avec les anciennes pratiques de la brutalité ou de la mauvaise foi. Les peuples ont leurs aberrations, comme ils ont leurs routines. Ni les mécomptes, ni les retours en arrière ne seront rares. Mais ne peut-on se flatter que l'ère des tâtonnements aura son terme ? Sur ce terrain plus vaste, l'association des idées accomplira insensiblement sa tâche, comme en l'enceinte de chaque cité elle l'avait antérieurement remplie. De nouveau l'image seule du Léviathan, présente à tous les esprits, aura toute l'efficacité du Léviathan en action. Cette seule pensée : la Cité des États, n'exécutera-t-elle point, dans cette sphère plus haute, les prodiges que journellement la simple idée d'une cité particulière réalise aujourd'hui sous nos yeux ?

Instruits par l'expérience, les organisateurs de cette société des nations apprendront, par l'exemple de Hobbes lui-même, à éviter les erreurs dans lesquelles Hobbes est tombé. Au Léviathan supérieur il sera bien inutile de conférer ces attributions indéfinies qui feraient les consciences serviles et frapperaient les vouloirs de stérilité. Pour les nations aussi, vivre n'est pas tout, ce n'est que la condition du

« Je crois bien que si les nations continentales pouvaient arriver à une entente unanime et à une action concentrée, l'Angleterre, plus lasse qu'elle ne veut le paraître, s'inclinerait devant cette démarche collective. » — Qu'un tel vœu, dont M. Raymond Poincaré ne se dissimule point les difficultés, parvînt à être réalisé, ce serait là quelque chose qui ressemblerait fort à l'intervention de notre Léviathan.

mieux vivre. Que si des âmes chagrines, attachées au passé et à ses routines, déplorent la suppression de cet élément fertile, l'émulation et la lutte, elles peuvent se consoler. A l'abri de la grande paix, les objets de rivalité ne manqueront pas aux peuples ; tant de problèmes, moraux, économiques, scientifiques, sollicitent les initiatives que ce n'est pas trop de toutes les bonnes volontés pour en préparer concurremment la solution.

Un tel avenir est-il chimérique ? Il y a seulement un demi-siècle, bien peu d'hommes se disant sensés eussent eu la témérité de répondre : non. Mais les temps ont marché et, si les armements ont grossi, la réflexion sur la folie des armements à outrance s'est elle-même enhardie de jour en jour. Les idées d'arbitrage international conquièrent des adhésions de plus en plus nombreuses. Ce qui ne fut d'abord qu'un rêve se précise : on a vu le plus puissant autocrate de l'ancien monde prendre l'initiative solennelle de lui donner forme. Initiative, il est vrai, très mollement suivie, contre laquelle des événements douloureux se sont dressés comme de sanglants démentis. Mais l'art humain fait des merveilles et notre civilisation n'est que d'hier. L'homme, plus d'une fois, a créé le possible en y croyant. Méditer sur la paix perpétuelle[1],

---

1. Entendons : une méditation virile, qui n'entraîne nullement l'abandon du devoir présent devant une incertaine espérance. Aimer par avance la paix perpétuelle ce n'est point, il s'en faut bien, consentir à laisser aujourd'hui ou demain la patrie sans défense ni même témoigner d'un moindre vouloir, à lui sacrifier, si elle le commandait, notre vie. La paix, oui ! Non la paix à tout prix ! Non la paix quand même ! Non

l'aimer et la faire aimer, c'est de la part de chacun de nous et dans la modeste mesure de ses forces, en préparer l'avènement.

la paix dans la servitude ! Non la paix sans dignité ! Nos pères de la Révolution avaient proclamé la fraternité des peuples. En furent-ils moins ardents à repousser les peuples envahisseurs ? La cause de la paix perpétuelle, sublime par elle-même, devient monstrueuse, si l'on en prétend déduire le refus du devoir militaire et le reniement de la patrie. Une doctrine n'a pas à répondre de ses propres déformations. Les plus nobles conceptions sont exposées à ces honteux contresens. Comme l'a dit excellemment l'antiquité : « *Pessima optimi corruptio*. Rien n'est pire que la corruption du meilleur ». [6 avril 1907].

TABLE DES MATIÈRES

INTRODUCTION
La pédagogie et l'école normale en 1902. 1

I
L'ENSEIGNEMENT D'ÉTAT ET LA PENSÉE RELIGIEUSE
I. — Quelle est la limite du devoir de neutralité. 19
II. — Corrections possibles à notre critère et réponses à ces objections. 54
III. — Le devoir du respect à l'égard de la pensée religieuse. . 86

II
Querelle de philosophe (en réponse a M. Jules Simon). . . 113

III
L'originalité de la philosophie de Locke. 129

IV
Philosophie religieuse de Locke. 149

V
Locke apologiste de la tolérance. Ses devanciers de l'église anglicane. 165

VI
Quelques pensées de Locke sur l'éducation. 193

VII
Le Léviathan et la paix perpétuelle. 215

CHARTRES. — IMPRIMERIE DURAND, RUE FULBERT.

FÉLIX ALCAN, Éditeur
LIBRAIRIES FÉLIX ALCAN ET GUILLAUMIN RÉUNIES

PHILOSOPHIE — HISTOIRE

CATALOGUE
DES
Livres de Fonds

	Pages.		Pages.
BIBLIOTHÈQUE DE PHILOSOPHIE CONTEMPORAINE.		ANNALES DE L'UNIVERSITÉ DE LYON	21
Format in-16	2	RECUEIL DES INSTRUCTIONS DIPLOMATIQUES	21
Format in-8	5		
COLLECTION HISTORIQUE DES GRANDS PHILOSOPHES	12	INVENTAIRE ANALYTIQUE DES ARCHIVES DU MINISTÈRE DES AFFAIRES ÉTRANGÈRES	21
Philosophie ancienne	12	REVUE PHILOSOPHIQUE	22
Philosophie médiévale et moderne	12	REVUE GERMANIQUE	22
Philosophie anglaise	13	JOURNAL DE PSYCHOLOGIE	22
Philosophie allemande	13	REVUE HISTORIQUE	22
Philosophie anglaise contemporaine	14	ANNALES des SCIENCES POLITIQUES	22
Philosophie allemande contemporaine	14	JOURNAL DES ÉCONOMISTES	22
Philosophie italienne contemporaine	14	REVUE DE L'ÉCOLE D'ANTHROPOLOGIE	22
LES MAITRES DE LA MUSIQUE	14	REVUE ÉCONOMIQUE INTERNATIONALE	22
LES GRANDS PHILOSOPHES	14	SOCIÉTÉ POUR L'ÉTUDE PSYCHOLOGIQUE DE L'ENFANT	22
MINISTRES ET HOMMES D'ÉTAT	14		
BIBLIOTHÈQUE GÉNÉRALE DES SCIENCES SOCIALES	15	BIBLIOTHÈQUE SCIENTIFIQUE INTERNATIONALE	23
BIBLIOTHÈQUE D'HISTOIRE CONTEMPORAINE	16	RÉCENTES PUBLICATIONS NE SE TROUVANT PAS DANS LES COLLECTIONS PRÉCÉDENTES	26
PUBLICATIONS HISTORIQUES ILLUSTRÉES	19		
BIBLIOTHÈQUE DE LA FACULTÉ DES LETTRES DE PARIS	19	TABLE DES AUTEURS	31
TRAVAUX DE L'UNIVERSITÉ DE LILLE	20	TABLE DES AUTEURS ÉTUDIÉS	32

On peut se procurer tous les ouvrages qui se trouvent dans ce Catalogue par l'intermédiaire des libraires de France et de l'Étranger.

On peut également les recevoir franco par la poste, sans augmentation des prix désignés, en joignant à la demande des TIMBRES-POSTE FRANÇAIS *ou un* MANDAT *sur Paris.*

108, BOULEVARD SAINT-GERMAIN, 108
PARIS, 6ᵉ

MARS 1907

F. ALCAN.

Les titres précédés d'un *astérisque* sont recommandés par le Ministère de l'Instruction publique pour les Bibliothèques des élèves et des professeurs et pour les distributions de prix des lycées et collèges.

BIBLIOTHÈQUE DE PHILOSOPHIE CONTEMPORAINE
Volumes in-16, brochés, à 2 fr. 50.
Cartonnés toile, 3 francs. — En demi-reliure, plats papier, 4 francs.

La *psychologie*, avec ses auxiliaires indispensables, l'*anatomie* et la *physiologie du système nerveux*, la *pathologie mentale*, la *psychologie des races inférieures et des animaux*, les *recherches expérimentales des laboratoires*; — la *logique*; — les *théories générales fondées sur les découvertes scientifiques*; — l'*esthétique*; — les *hypothèses métaphysiques*; — la *criminologie et la sociologie*; — l'*histoire des principales théories philosophiques*; tels sont les principaux sujets traités dans cette Bibliothèque.

ALAUX (V.), prof. à l'École des Lettres d'Alger. **La philosophie de Victor Cousin.**
ALLIER (R.). "**La Philosophie d'Ernest Renan.** 2ᵉ édit. 1903.
ARRÉAT (L.). *La Morale dans le drame, l'épopée et le roman. 3ᵉ édition.
— *Mémoire et imagination (Peintres, Musiciens, Poètes, Orateurs). 2ᵉ édit.
— **Les Croyances de demain.** 1898.
— **Dix ans de philosophie.** 1900.
— **Le Sentiment religieux en France.** 1903.
— **Art et Psychologie individuelle.** 1906.
BALLET (G.). **Le Langage intérieur** et les diverses formes de l'aphasie. 2ᵉ édit.
BAYET (A.). **La morale scientifique.** 2ᵉ édit. 1906.
BEAUSSIRE, de l'Institut. *Antécédents de l'hégél. dans la philos. française.
BERGSON (H.), de l'Institut, professeur au Collège de France. *Le Rire. Essai sur la signification du comique. 3ᵉ édition. 1904.
BERTAULD. **De la Philosophie sociale.**
BINET (A.), directeur du lab. de psych. physiol. de la Sorbonne. **La Psychologie du raisonnement**, expériences par l'hypnotisme. 4ᵉ édit.
BLONDEL. **Les Approximations de la vérité.** 1900.
BOS (C.), docteur en philosophie. *Psychologie de la croyance. 2ᵉ édit. 1905.
BOUCHER (M.). **L'hyperespace, le temps, la matière et l'énergie.** 2ᵉ édit. 1905.
BOUGLÉ, prof. à l'Univ. de Toulouse. **Les Sciences sociales en Allemagne.** 2ᵉ éd. 1902.
— **Qu'est-ce que la Sociologie ?** 1907.
BOURDEAU (J.). **Les Maîtres de la pensée contemporaine.** 4ᵉ édit. 1906.
— **Socialistes et sociologues.** 2ᵉ éd. 1907.
BOUTROUX, de l'Institut. *De la contingence des lois de la nature. 5ᵉ éd. 1905.
BRUNSCHVICG, professeur au lycée Henri IV, docteur ès lettres. *Introduction à la vie de l'esprit. 2ᵉ édit. 1906.
— *L'Idéalisme contemporain. 1905.
COSTE (Ad.). **Dieu et l'âme.** 2ᵉ édit. précédée d'une préface par R. Worms. 1903.
CRESSON (A.). docteur ès lettres. **La Morale de Kant.** 2ᵉ édit. (Cour. par l'Institut.)
— **Le Malaise de la pensée philosophique.** 1905.
DANVILLE (Gaston). **Psychologie de l'amour.** 4ᵉ édit. 1907.
DAURIAC (L.). **La Psychologie dans l'Opéra français** (Auber, Rossini, Meyerbeer).
DELVOLVÉ (J.), docteur ès lettres, agrégé de philosophie. *L'organisation de la conscience morale. *Esquisse d'un art moral positif.* 1906.
DUGAS, docteur ès lettres. *Le Psittacisme et la pensée symbolique. 1896.
— **La Timidité.** 3ᵉ édit. 1903.
— **Psychologie du rire.** 1902.
— **L'absolu.** 1904.
DUMAS (G.), chargé de cours à la Sorbonne. **Le Sourire**, avec 19 figures. 1906.
DUNAN, docteur ès lettres. **La théorie psychologique de l'Espace.**
DUPRAT (G.-L.), docteur ès lettres. **Les Causes sociales de la Folie.** 1900.
— **Le Mensonge.** *Etude psychologique.* 1903.

Suite de la *Bibliothèque de philosophie contemporaine*, format in-16, à 2 fr. 50 le vol.

DURAND (de Gros). *Questions de philosophie morale et sociale. 1902.
DURKHEIM (Émile), professeur à la Sorbonne. * Les règles de la méthode sociologique. 3° édit. 1904.
D'EICHTHAL (Eug.) (de l'Institut). Les Problèmes sociaux et le Socialisme. 1899.
ENCAUSSE (Papus). L'occultisme et le spiritualisme. 2° édit. 1903.
ESPINAS (A.), de l'Institut, prof. à la Sorbonne. * La Philosophie expérimentale en Italie.
FAIVRE (E.). De la Variabilité des espèces.
FÉRÉ (Ch.). Sensation et Mouvement. Étude de psycho-mécanique, avec fig. 2° éd.
— Dégénérescence et Criminalité, avec figures. 3° édit. 1907.
FERRI (E.). *Les Criminels dans l'Art et la Littérature. 2° édit. 1902.
FIERENS-GEVAERT. Essai sur l'Art contemporain. 2° éd. 1903. (Cour. par l'Ac. fr.).
— La Tristesse contemporaine, essai sur les grands courants moraux et intellectuels du XIX° siècle. 4° édit. 1904. (Couronné par l'Institut.)
— *Psychologie d'une ville. *Essai sur Bruges*. 2° édit. 1902.
— Nouveaux essais sur l'Art contemporain. 1903.
FLEURY (Maurice de). L'Ame du criminel. 1898.
FONSEGRIVE, professeur au lycée Buffon. La Causalité efficiente. 1893.
FOUILLÉE (A.), de l'Institut. La propriété sociale et la démocratie. 4° édition. 1904.
FOURNIÈRE (E.). Essai sur l'individualisme. 1901.
FRANCK (Ad.), de l'Institut. * Philosophie du droit pénal. 5° édit.
GAUCKLER. Le Beau et son histoire.
GELEY (D' G.). L'être subconscient. 2° édit. 1905.
GOBLOT (E.), professeur à l'Université de Lyon. Justice et liberté. 2° éd. 1907.
GODFERNAUX (G.), docteur ès lettres. Le Sentiment et la Pensée, 2° éd. 1906.
GRASSET (J.), professeur à la Faculté de médecine de Montpellier. Les limites de la biologie. 3° édit. 1906. Préface de Paul BOURGET.
GREEF (de). Les Lois sociologiques. 3° édit.
GUYAU. * La Genèse de l'idée de temps. 2° édit.
HARTMANN (E. de). La Religion de l'avenir. 5° édit.
— Le Darwinisme, ce qu'il y a de vrai et de faux dans cette doctrine. 6° édit.
HERBERT SPENCER. * Classification des sciences. 6° édit.
— L'Individu contre l'État. 5° édit.
HERCKENRATH. (C.-R.-C.) Problèmes d'Esthétique et de Morale. 1897.
JAELL (M°°). L'intelligence et le rythme dans les mouvements artistiques, avec fig. 1904
JAMES (W.). La théorie de l'émotion, préf. de G. DUMAS, chargé de cours à la Sorbonne. Traduit de l'anglais. 1902.
JANET (Paul), de l'Institut. * La Philosophie de Lamennais.
JANKELEWITCH (S. J.). Nature et Société. *Essai d'une application du point de vue finaliste aux phénomènes sociaux*. 1906.
LACHELIER, de l'Institut. Du fondement de l'induction, suivi de psychologie et métaphysique. 5° édit. 1907.
LAISANT (C.). L'Éducation fondée sur la science. Préface de A. NAQUET. 2° éd. 1905.
LAMPÉRIÈRE (M°° A.). * Rôle social de la femme, son éducation. 1898.
LANDRY (A.), agrégé de philos., docteur ès lettres. La responsabilité pénale. 1902.
LANGE, professeur à l'Université de Copenhague. *Les Émotions, étude psycho-physiologique, traduit par G. Dumas. 2° édit. 1902.
LAPIE, professeur à l'Univ. de Bordeaux. La Justice par l'État. 1899.
LAUGEL (Auguste). L'Optique et les Arts.
LE BON (D' Gustave). * Lois psychologiques de l'évolution des peuples. 7° édit.
— * Psychologie des foules. 10° édit.
LÉCHALAS. *Etude sur l'espace et le temps. 1895.
LE DANTEC, chargé du cours d'Embryologie générale à la Sorbonne. Le Déterminisme biologique et la Personnalité consciente. 2° édit.
— * L'Individualité et l'Erreur individualiste. 2° édit. 1905.
— Lamarckiens et Darwiniens, 2° édit. 1904.
LEFÈVRE (G.), prof. à l'Univ. de Lille. Obligation morale et idéalisme. 1895.

Suite de la *Bibliothèque de philosophie contemporaine*, format in-16, à 2 fr. 50 le vol.

LIARD, de l'Inst., vice-rect. de l'Acad. de Paris. *Les Logiciens anglais contemp. 4ᵉ éd.
— Des définitions géométriques et des définitions empiriques. 3ᵉ édit.
LICHTENBERGER (Henri), maître de conférences à la Sorbonne. *La philosophie de Nietzsche. 9ᵉ édit. 1906.
— *Friedrich Nietzsche. Aphorismes et fragments choisis. 3ᵉ édit. 1905.
LOMBROSO. L'Anthropologie criminelle et ses récents progrès. 4ᵉ édit. 1901.
LUBBOCK (Sir John). *Le Bonheur de vivre. 2 volumes. 9ᵉ édit. 1905.
— *L'Emploi de la vie. 6ᵉ éd. 1905.
LYON (Georges), recteur de l'Académie de Lille. *La Philosophie de Hobbes.
MARGUERY (E.). L'Œuvre d'art et l'évolution. 2ᵉ édit. 1905.
MAUXION, professeur à l'Université de Poitiers. *L'éducation par l'instruction et les *Théories pédagogiques de Herbart*. 1900.
— *Essai sur les éléments et l'évolution de la moralité. 1904.
MILHAUD (G.), professeur à l'Université de Montpellier. *Le Rationnel. 1898.
— *Essai sur les conditions et les limites de la Certitude logique. 2ᵉ édit. 1898.
MOSSO. *La Peur. Étude psycho-physiologique (avec figures). 3ᵉ édit.
— *La Fatigue intellectuelle et physique, trad. Langlois. 5ᵉ édit.
MURISIER (E.), professeur à la Faculté des lettres de Neuchâtel (Suisse). *Les Maladies du sentiment religieux. 2ᵉ édit. 1903.
NAVILLE (E.), prof. à la Faculté des lettres et sciences sociales de l'Université de Genève. Nouvelle classification des sciences. 2ᵉ édit. 1901.
NORDAU (Max). *Paradoxes psychologiques, trad. Dietrich. 5ᵉ édit. 1904.
— Paradoxes sociologiques, trad. Dietrich. 4ᵉ édit. 1904.
— *Psycho-physiologie du Génie et du Talent, trad. Dietrich. 3ᵉ édit. 1902.
NOVICOW (J.). L'Avenir de la Race blanche. 2ᵉ édit. 1903.
OSSIP-LOURIÉ, lauréat de l'Institut. Pensées de Tolstoï. 2ᵉ édit. 1902.
— *Nouvelles Pensées de Tolstoï. 1903.
— *La Philosophie de Tolstoï. 2ᵉ édit. 1903.
— *La Philosophie sociale dans le théâtre d'Ibsen. 1900.
— Le Bonheur et l'Intelligence. 1904.
PALANTE (G.), agrégé de l'Université. Précis de sociologie. 2ᵉ édit. 1903.
PAULHAN (Fr.). Les Phénomènes affectifs et les lois de leur apparition. 2ᵉ éd. 1901.
— *Joseph de Maistre et sa philosophie. 1893.
— *Psychologie de l'invention. 1900.
— *Analystes et esprits synthétiques. 1903.
— *La fonction de la mémoire et le souvenir affectif. 1904.
PHILIPPE (J.). *L'Image mentale, avec fig. 1903.
PHILIPPE (J.) et PAUL-BONCOUR (J.). Les anomalies mentales chez les écoliers. (*Ouvrage couronné par l'Institut*). 2ᵉ éd. 1907.
PILLON (F.). *La Philosophie de Ch. Secrétan. 1898.
PIOGER (Dr Julien). Le Monde physique, essai de conception expérimentale. 1893.
QUEYRAT, prof. de l'Univ. *L'Imagination et ses variétés chez l'enfant. 2ᵉ édit.
— *L'Abstraction, son rôle dans l'éducation intellectuelle. 2ᵉ édit. 1907.
— *Les Caractères et l'éducation morale. 2ᵉ éd. 1901.
— *La logique chez l'enfant et sa culture. 2ᵉ édit. 1907.
— *Les jeux des enfants. 1905.
REGNAUD (P.), professeur à l'Université de Lyon. Logique évolutionniste. *L'Entendement dans ses rapports avec le langage.* 1897.
— Comment naissent les mythes. 1897.
RENARD (Georges), professeur au Conservatoire des arts et métiers. Le régime socialiste, *son organisation politique et économique*. 6ᵉ édit. 1907.
RÉVILLE (A.), professeur au Collège de France. Histoire du dogme de la Divinité de Jésus-Christ. 4ᵉ édit. 1907.
RIBOT (Th.), de l'Institut, professeur honoraire au Collège de France, directeur de la *Revue philosophique*. La Philosophie de Schopenhauer. 10ᵉ édition.
— *Les Maladies de la mémoire. 18ᵉ édit.
— *Les Maladies de la volonté. 21ᵉ édit.

Suite de la *Bibliothèque de philosophie contemporaine*, format in-16 à 2 fr. 50 le vol.

RIBOT (Th.), de l'Institut, professeur honoraire au Collège de France, directeur de la *Revue philosophique*. * **Les Maladies de la personnalité.** 11ᵉ édit.
— * **La Psychologie de l'attention.** 6ᵉ édit.
RICHARD (G.), chargé du cours de sociologie à l'Université de Bordeaux. * **Socialisme et Science sociale.** 2ᵉ édit.
RICHET (Ch.). Essai de psychologie générale. 5ᵉ édit. 1903.
ROBERTY (E. de). L'Inconnaissable, sa métaphysique, sa psychologie.
— L'Agnosticisme. Essai sur quelques théories pessim. de la connaissance. 2ᵉ édit.
— La Recherche de l'Unité. 1893.
— *Le Bien et le Mal. 1896.
— Le Psychisme social. 1897.
— Les Fondements de l'Ethique. 1898.
— Constitution de l'Éthique. 1901.
— Frédéric Nietzsche. 3ᵉ édit. 1903.
ROISEL. De la Substance.
— L'Idée spiritualiste. 2ᵉ éd. 1901.
ROUSSEL-DESPIERRES. L'Idéal esthétique. *Philosophie de la beauté*. 1904.
SCHOPENHAUER. *Le Fondement de la morale, trad. par M. A. Burdeau. 7ᵉ édit.
— *Le Libre arbitre, trad. par M. Salomon Reinach, de l'Institut. 8ᵉ éd.
— Pensées et Fragments, avec intr. par M. J. Bourdeau. 18ᵉ édit.
— Écrivains et style. Traduct. Dietrich. 1905.
— Sur la Religion. Traduct. Dietrich. 1906.
SOLLIER (Dʳ P.). Les Phénomènes d'autoscopie, avec fig. 1903.
SOURIAU (P.), prof. à l'Université de Nancy. La Rêverie esthétique. *Essai sur la psychologie du poète*. 1906.
STUART MILL. *Auguste Comte et la Philosophie positive. 6ᵉ édit.
— * L'Utilitarisme. 4ᵉ édit.
— Correspondance inédite avec Gust. d'Eichthal (1828-1842)—(1864-1871). 1898. Avant-propos et trad. par Eug. d'Eichthal.
SULLY PRUDHOMME, de l'Académie française. Psychologie du libre arbitre suivi de *Définitions fondamentales des idées les plus générales et des idées les plus abstraites*. 1907.
— et Ch. RICHET, professeur à l'Université de Paris. Le problème des causes finales. 2ᵉ édit. 1904.
SWIFT. L'Éternel conflit. 1904.
TANON (L.). * L'Évolution du droit et la Conscience sociale. 2ᵉ édit. 1905.
TARDE, de l'Institut. **La Criminalité comparée.** 6ᵉ édit. 1907.
— * Les Transformations du Droit. 5ᵉ édit. 1906.
— *Les Lois sociales. 4ᵉ édit. 1904.
THAMIN (R.), recteur de l'Acad. de Bordeaux. *Éducation et Positivisme 2ᵉ édit.
THOMAS (P. Félix). * La suggestion, son rôle dans l'éducation. 2ᵉ édit. 1898.
— *Morale et éducation, 2ᵉ édit. 1905.
TISSIÉ. * Les Rêves, avec préface du professeur Azam. 2ᵉ éd. 1898.
WUNDT. Hypnotisme et Suggestion. Étude critique, traduit par M. Keller. 3ᵉ édit. 1905.
ZELLER. Christian Baur et l'École de Tubingue, traduit par M. Ritter.
ZIEGLER. La Question sociale est une Question morale, trad. Palante. 3ᵉ édit.

BIBLIOTHÈQUE DE PHILOSOPHIE CONTEMPORAINE

Volumes in-8, brochés à 3 fr. 75, 5 fr., 7 fr. 50, 10 fr., 12 fr. 50 et 15 fr.
Cart. angl., 1 fr. en plus par vol.; Demi-rel. en plus, 2 fr. par vol.

ADAM (Ch.), recteur de l'Académie de Nancy. *La Philosophie en France (première moitié du XIXᵉ siècle). 7 fr. 50
ALENGRY (Franck), docteur ès lettres, inspecteur d'académie. *Essai historique et critique sur la Sociologie chez Aug. Comte. 1900. 10 fr.
ARNOLD (Matthew). La Crise religieuse. 7 fr. 50
ARRÉAT. *Psychologie du peintre. 5 fr.

F. ALCAN. — 6 —

Suite de la *Bibliothèque de philosophie contemporaine*, format in-8.

AUBRY (D' P.). La Contagion du meurtre. 1896. 3° édit. 5 fr.
BAIN (Alex.). La Logique inductive et déductive. Trad. Compayré. 2 vol. 3° éd. 20 fr.
— * Les Sens et l'Intelligence. Trad. Cazelles. 3° édit. 10 fr.
BALDWIN (Mark), professeur à l'Université de Princeton (États-Unis). Le Développement mental chez l'enfant et dans la race. Trad. Nourry. 1897. 7 fr. 50
BARDOUX (J.). *Essai d'une psychologie de l'Angleterre contemporaine. Les crises belliqueuses. (*Couronné par l'Académie française*). 1906. 7 fr. 50
BARTHÉLEMY-SAINT-HILAIRE, de l'Institut. La Philosophie dans ses rapports avec les sciences et la religion. 5 fr.
BARZELOTTI, prof. à l'Univ. de Rome. *La Philosophie de H. Taine. 1900. 7 fr. 50
BAZAILLAS (A.), docteur ès lettres, professeur au lycée Condorcet. *La Vie personnelle, *Étude sur quelques illusions de la perception extérieure*. 1905. 5 fr.
BELOT (G.), agrégé de philosophie. Études de morale positive. 1907. 7 fr. 50
BERGSON (H.), de l'Institut, professeur au Collège de France. * Matière et mémoire, essai sur les relations du corps à l'esprit. 2° édit. 1900. 5 fr.
— Essai sur les données immédiates de la conscience. 4° édit. 1904. 3 fr. 75
BERTRAND, prof. à l'Université de Lyon. * L'Enseignement intégral. 1898. 5 fr.
— Les Études dans la démocratie. 1900. 5 fr.
BINET (A.), directeur de laboratoire à la Sorbonne. Les révélations de l'écriture, avec 67 grav. 5 fr.
BOIRAC (Émile), recteur de l'Académie de Dijon. * L'Idée du Phénomène. 5 fr.
BOUGLÉ, prof. à l'Univ. de Toulouse. *Les Idées égalitaires. 1899. 3 fr. 75
BOURDEAU (L.). Le Problème de la mort. 4° édition. 1904. 5 fr.
— Le Problème de la vie. 1901. 7 fr. 50
BOURDON, professeur à l'Université de Rennes. *L'Expression des émotions et des tendances dans le langage. 7 fr. 50
BOUTROUX (E.), de l'Inst. Études d'histoire de la philosophie. 2° éd. 1901. 7 fr. 50
BRAUNSCHVIG (M.), docteur ès lettres, prof. au lycée de Toulouse. Le sentiment du beau et le sentiment poétique. *Essai sur l'esthétique du vers*. 1904. 3 fr. 75
BRAY (L.). Du beau. 1902. 5 fr.
BROCHARD (V.). de l'Institut. De l'Erreur. 2° édit. 1897. 5 fr.
BRUNSCHVICG (E.), prof. au lycée Henri IV, doct. ès lett. La Modalité du jugement. 5 fr.
— *Spinoza. 2° édit. 1906. 3 fr. 75
CARRAU (Ludovic), professeur à la Sorbonne. La Philosophie religieuse en Angleterre, depuis Locke jusqu'à nos jours. 5 fr.
CHABOT (Ch.), prof. à l'Univ. de Lyon. * Nature et Moralité. 1897. 5 fr.
CLAY (R.). * L'Alternative, *Contribution à la Psychologie*. 2° édit. 10 fr.
COLLINS (Howard). *La Philosophie de Herbert Spencer, avec préface de Herbert Spencer, traduit par H. de Varigny. 4° édit. 1904. 10 fr.
COMTE (Aug.). La Sociologie, résumé par E. Rigolage. 1897. 7 fr. 50
COSENTINI (F.). La Sociologie génétique. *Essai sur la pensée et la vie sociale préhistoriques*. 1905. 3 fr. 75
COSTE. Les Principes d'une sociologie objective. 3 fr. 75
— L'Expérience des peuples et les prévisions qu'elle autorise. 1900. 10 fr.
COUTURAT (L.). Les principes des mathématiques, suivis d'un appendice sur *La philosophie des mathématiques de Kant*. 1906. 5 fr.
CRÉPIEUX-JAMIN. L'Écriture et le Caractère. 4° édit. 1897. 7 fr. 50
CRESSON, doct. ès lettres. La Morale de la raison théorique. 1903. 5 fr.
DAURIAC (L.). *Essai sur l'esprit musical. 1904. 5 fr.
DE LA GRASSERIE (R.), lauréat de l'Institut. Psychologie des religions. 1899. 5 fr.
DELBOS (V.), maître de conf. à la Sorbonne. *La philosophie pratique de Kant. 1905. (Ouvrage couronné par l'Académie française.) 12 fr. 50
DELVAILLE (J.), agr. de philosophie. La vie sociale et l'éducation. 1907. 3 fr. 75
DELVOLVE (J.), docteur ès lettres, agrégé de philosophie. *Religion, critique et philosophie positive chez Pierre Bayle. 1906. 7 fr. 50
DEWAULE, docteur ès lettres. * Condillac et la Psychol. anglaise contemp. 5 fr.
DRAGHICESCO (D.), chargé de cours à l'Université de Bucarest. L'Individu dans le déterminisme social. 1904. 7 fr. 50
— Le problème de la conscience. 1907. 3 fr. 75

F. ALCAN.

Suite de la *Bibliothèque de philosophie contemporaine*, format in-8.

DUMAS (G.), chargé de cours à la Sorbonne. *La Tristesse et la Joie. 1900. 7 fr. 50
— Psychologie de deux messies. *Saint-Simon et Auguste Comte*. 1905. 5 fr.
DUPRAT (G. L.), docteur ès lettres. L'Instabilité mentale. 1899. 5 fr.
DUPROIX (P.), prof. à la Fac. des lettres de l'Univ. de Genève. * Kant et Fichte et le problème de l'éducation. 2ᵉ édit. 1897. (Ouv. cour. par l'Acad. franç.) 5 fr
DURAND (DE GROS). Aperçus de taxinomie générale. 1898. 5 fr.
— Nouvelles recherches sur l'esthétique et la morale. 1899. 5 fr.
— Variétés philosophiques. 2ᵉ édit. revue et augmentée. 1900. 5 fr.
DURKHEIM, professeur à la Sorbonne. * De la division du travail social, 2ᵉ édit. 1901. 7 fr. 50
— Le Suicide, *étude sociologique*. 1897. 7 fr. 50
— * L'année sociologique : 9 années parues.

   1ʳᵉ Année (1896-1897). — DURKHEIM : La prohibition de l'inceste et ses origines. — G. SIMMEL : Comment les formes sociales se maintiennent. — *Analyses* des travaux de sociologie publiés du 1ᵉʳ Juillet 1896 au 30 Juin 1897. 10 fr.
   2ᵉ Année (1897-1898). — DURKHEIM : De la définition des phénomènes religieux. — HUBERT et MAUSS : La nature et la fonction du sacrifice. — *Analyses*. 10 fr.
   3ᵉ Année (1898-1899). — RATZEL : Le sol, la société, l'État. — RICHARD : Les crises sociales et la criminalité. — STEINMETZ : Classification des types sociaux. — *Analyses*. 10 fr.
   4ᵉ Année (1899-1900). — BOUGLÉ : Remarques sur le régime des castes. — DURKHEIM : Deux lois de l'évolution pénale. — CHARMONT : Notes sur les causes d'extinction de la propriété corporative. *Analyses*. 10 fr.
   5ᵉ Année (1900-1901). — F. SIMIAND : Remarques sur les variations du prix du charbon au XIXᵉ siècle. — DURKHEIM : Sur le Totémisme. — *Analyses*. 10 fr.
   6ᵉ Année (1901-1902). — DURKHEIM et MAUSS : De quelques formes primitives de classification. Contribution à l'étude des représentations collectives. — BOUGLÉ : Les théories récentes sur la division du travail. — *Analyses*. 12 fr. 50
   7ᵉ Année (1902-1903). — H. HUBERT et MAUSS : Esquisse d'une théorie générale de la magie. — *Analyses*. 12 fr. 50
   8ᵉ Année (1903-1904). — H. BOURGIN : La boucherie à Paris au XIXᵉ siècle. — E. DURKHEIM : L'organisation matrimoniale australienne. — *Analyses*. 12 fr. 50
   9ᵉ Année (1904-1905). — A. MEILLET : Comment les noms changent de sens. — M. MAUSS et H. BEUCHAT : Les variations saisonnières des sociétés eskimos. — *Analyses*. 12 fr. 50

EGGER (V.), prof. à la Fac. des lettres de Paris. La parole intérieure. 2ᵉ éd. 1904. 5 fr.
ESPINAS (A.), de l'Institut, professeur à la Sorbonne. *La Philosophie sociale du XVIIIᵉ siècle et la Révolution française. 1898. 7 fr. 50
FERRERO (G.). Les Lois psychologiques du symbolisme. 1895. 5 fr.
FERRI (Enrico). La Sociologie criminelle. Traduction L. TERRIER. 1905. 10 fr.
FERRI (Louis). La Psychologie de l'association, depuis Hobbes. 7 fr. 50
FINOT (J.). Le préjugé des races. 2ᵉ édit. 1905. 7 fr. 50
— La philosophie de la longévité. 11ᵉ édit. refondue. 1906. 5 fr.
FONSEGRIVE, prof. au Lycée Buffon. * Essai sur le libre arbitre. 2ᵉ édit. 1895. 10 fr.
FOUCAULT, maître de conf. à l'Univ. de Montpellier. La psychophysique. 1903. 7 fr. 50
— Le Rêve. 1906. 5 fr.
FOUILLÉE (Alf.), de l'Institut. *La Liberté et le Déterminisme. 4ᵉ édit. 7 fr. 50
— Critique des systèmes de morale contemporains. 4ᵉ édit. 7 fr. 50
— *La Morale, l'Art, la Religion, d'après GUYAU. 5ᵉ édit. augm. 3 fr. 75
— L'Avenir de la Métaphysique fondée sur l'expérience. 2ᵉ édit. 5 fr.
— *L'Évolutionnisme des idées-forces. 3ᵉ édit. 7 fr. 50
— *La Psychologie des idées-forces. 2 vol. 2ᵉ édit. 15 fr.
— *Tempérament et caractère. 3ᵉ édit. 7 fr. 50
— Le Mouvement positiviste et la conception sociol. du monde. 2ᵉ édit. 7 fr. 50
— Le Mouvement idéaliste et la réaction contre la science posit. 2ᵉ édit. 7 fr. 50
— *Psychologie du peuple français. 3ᵉ édit. 7 fr. 50
— *La France au point de vue moral. 2ᵉ édit. 7 fr. 50
— *Esquisse psychologique des peuples européens. 2ᵉ édit. 1903. 10 fr.
— *Nietzsche et l'immoralisme. 2ᵉ édit. 1903. 5 fr.
— *Le moralisme de Kant et l'immoralisme contemporain. 1905. 7 fr. 50
— *Les éléments sociologiques de la morale. 1906. 7 fr. 50

F. ALCAN. — 8 —

Suite de la *Bibliothèque de philosophie contemporaine*, format in-8.

FOURNIÈRE (E.). *Les théories socialistes au XIXᵉ siècle, de Babeuf à Proudhon. 1904. 7 fr. 50
FULLIQUET. Essai sur l'Obligation morale. 1898. 7 fr. 50
GAROFALO, prof. à l'Université de Naples. La Criminologie. 5ᵉ édit. refondue. 7 fr. 50
— La Superstition socialiste. 1895. 5 fr.
GÉRARD-VARET, prof. à l'Univ. de Dijon. L'Ignorance et l'Irréflexion. 1899. 5 fr.
GLEY (Dʳ E.), professeur agrégé à la Faculté de médecine de Paris. Études de psychologie physiologique et pathologique, avec fig. 1903. 5 fr.
GOBLOT (E.), Prof. à l'Université de Caen. *Classification des sciences. 1898. 5 fr.
GORY (G.). L'Immanence de la raison dans la connaissance sensible. 5 fr.
GRASSET (J.), professeur à la Faculté de médecine de Montpellier. Demifous et demiresponsables. 1907. 5 fr.
GREEF (de), prof. à l'Univ. nouvelle de Bruxelles. Le Transformisme social. 7 fr. 50
— La Sociologie économique. 1904. 3 fr. 75
GROOS (K.), prof. à l'Université de Bâle. *Les jeux des animaux. 1902. 7 fr. 50
GURNEY, MYERS et **PODMORE.** Les Hallucinations télépathiques, préf. de Ch. Richet. 4ᵉ édit. 7 fr. 50
GUYAU (M.). *La Morale anglaise contemporaine. 5ᵉ édit. 7 fr. 50
— Les Problèmes de l'esthétique contemporaine. 6ᵉ édit. 5 fr.
— Esquisse d'une morale sans obligation ni sanction. 6ᵉ édit. 5 fr.
— L'Irréligion de l'avenir, étude de sociologie. 9ᵉ édit. 7 fr. 50
— *L'Art au point de vue sociologique. 6ᵉ édit. 7 fr. 50
— *Éducation et Hérédité, étude sociologique. 7ᵉ édit. 5 fr.
HALÉVY (Élie), docteur ès lettres, professeur à l'École des sciences politiques. *La Formation du radicalisme philosophique, 3 vol., chacun 7 fr. 50
HANNEQUIN, prof. à l'Univ. de Lyon. L'hypothèse des atomes. 2ᵉ édit. 1899. 7 fr. 50
HARTENBERG (Dʳ Paul). Les Timides et la Timidité. 2ᵉ édit. 1904. 5 fr.
HÉBERT (Marcel), prof. à l'Université nouvelle de Bruxelles. L'Évolution de la foi catholique. 1905. 5 fr.
— Le divin. *Expériences et hypothèses. Études psychologiques.* 1907. 5 fr.
HÉMON (C.), agrégé de philosophie. La philosophie de M. Sully Prudhomme. Préface de M. Sully Prudhomme. 1907. 7 fr. 50
HERBERT SPENCER. *Les premiers Principes. Traduc. Cazelles. 9ᵉ édit. 10 fr.
— *Principes de biologie. Traduct. Cazelles. 4ᵉ édit. 2 vol. 20 fr.
— *Principes de psychologie. Trad. par MM. Ribot et Espinas. 2 vol. 20 fr.
— *Principes de sociologie. 5 vol., traduits par MM. Cazelles, Gerschel et de Varigny : Tome I. *Données de la sociologie.* 10 fr. — Tome II. *Inductions de la sociologie. Relations domestiques.* 7. fr 50. — Tome III. *Institutions cérémonielles et politiques.* 5 fr. — Tome IV. *Institutions ecclésiastiques.* 3 fr. 75. — Tome V. *Institutions professionnelles.* 7 fr. 50.
— *Essais sur le progrès. Trad. A. Burdeau. 5ᵉ édit. 7 fr. 50
— Essais de politique. Trad. A. Burdeau. 4ᵉ édit. 7 fr. 50
— Essais scientifiques. Trad. A. Burdeau. 3ᵉ édit. 7 fr. 50
— * De l'Education physique, intellectuelle et morale. 10ᵉ édit. 5 fr.
— Justice. Traduc. Castelot. 7 fr. 50
— Le rôle moral de la bienfaisance. Trad. Castelot et Martin St-Léon. 7 fr. 50
— La Morale des différents peuples. Trad. Castelot et Martin St-Léon. 7 fr. 50
— Une Autobiographie. Trad. et adaptation H. de Varigny. 10 fr.
HIRTH (G.). *Physiologie de l'Art. Trad. et introd. de L. Arréat. 5 fr.
HOFFDING, prof. à l'Univ. de Copenhague. Esquisse d'une psychologie fondée sur l'expérience. Trad. L. Poitevin. Préf. de Pierre Janet. 2ᵉ éd. 1903. 7 fr. 50
— *Histoire de la Philosophie moderne. Traduit de l'allemand par M. Bordier, préf. de M. V. Delbos. 1906. 2 vol. Chacun 10 fr.
ISAMBERT (G.). Les idées socialistes en France (1815-1848). 1905. 7 fr. 50
JACOBY (Dʳ P.). Études sur la sélection chez l'homme. 2ᵉ édition. 1904. 10 fr.
JANET (Paul), de l'Institut. *Œuvres philosophiques de Leibniz. 2ᵉ édition. 2 vol. 1900. 20 fr.
JANET (Pierre), professeur au Collège de France. * L'Automatisme psychologique, 5ᵉ édit. 1907. 7 fr. 50
JAURÈS (J.), docteur ès lettres. De la réalité du monde sensible. 2ᵉ éd. 1902. 7 fr. 50
KARPPE (S.), docteur ès lettres. Essais de critique d'histoire et de philosophie. 1902. 3 fr. 75

Suite de la *Bibliothèque de philosophie contemporaine*, format in-8.

LACOMBE (P.). La psychologie des individus et des sociétés chez Taine. 1906. 7 fr. 50
LALANDE (A.), maître de conférences à la Sorbonne, *La Dissolution opposée à l'évolution, dans les sciences physiques et morales. 1899. 7 fr. 50
LANDRY (A.), docteur ès lettres, agrégé de philosophie. *Principes de morale rationnelle. 1906. 5 fr.
LANESSAN (J.-L. de). *La Morale des religions. 1905. 10 fr.
LANG (A.). *Mythes, Cultes et Religion. Introduc. de Léon Marillier. 1896. 10 fr.
LAPIE (P.), professeur à l'Univ. de Bordeaux. Logique de la volonté 1902. 7 fr. 50
LAUVRIÈRE, docteur ès lettres, prof. au lycée Charlemagne. Edgar Poë. Sa vie son œuvre. Essai de psychologie pathologique. 1904. 10 fr.
LAVELEYE (de). *De la Propriété et de ses formes primitives. 5ᵉ édit. 10 fr.
— *Le Gouvernement dans la démocratie. 2 vol. 3ᵉ édit. 1896. 15 fr.
LE BON (Dr Gustave). *Psychologie du socialisme. 5ᵉ éd. refondue. 1907. 7 fr. 50
LECHALAS (G.). *Études esthétiques. 1902. 5 fr.
LECHARTIER (G.). David Hume, moraliste et sociologue. 1900. 5 fr.
LECLÈRE (A.), docteur ès lettres. Essai critique sur le droit d'affirmer. 1901. 5 fr.
LE DANTEC, chargé de cours à la Sorbonne. L'unité dans l'être vivant. 1902. 7 fr. 50
— Les Limites du connaissable, *la vie et les phénom. naturels*. 2ᵉ éd. 1904. 3 fr. 75
LÉON (Xavier). *La philosophie de Fichte, *ses rapports avec la conscience contemporaine*, Préface de E. BOUTROUX, de l'Institut. 1902. (Couronné par l'Institut.) 10 fr.
LEROY (E. Bernard). Le Langage. *La fonction normale et pathologique de cette fonction*. 1905. 5 fr.
LÉVY (A.), maître de conf. à l'Un. de Nancy. La philosophie de Feuerbach. 1904. 10 fr.
LÉVY-BRUHL (L.), prof. adjoint à la Sorbonne. *La Philosophie de Jacobi. 1894. 5 fr.
— *Lettres inédites de J.-S. Mill à Auguste Comte, *publiées avec les réponses de Comte et une introduction*. 1899. 10 fr.
— *La Philosophie d'Auguste Comte. 2ᵉ édit. 1905. 7 fr. 50
— *La Morale et la Science des mœurs. 2ᵉ édit. 1905. 5 fr.
LIARD, de l'Institut, vice-recteur de l'Acad. de Paris. *Descartes, 2ᵉ éd. 1903. 5 fr.
— * La Science positive et la Métaphysique, 5ᵉ édit. 7 fr. 50
LICHTENBERGER (H.), maître de conférences à la Sorbonne. *Richard Wagner, poète et penseur. 3ᵉ édit. 1902. (Couronné par l'Académie française.) 10 fr.
— Henri Heine penseur. 1905. 3 fr. 75
LOMBROSO. * L'Homme criminel (criminel-né, fou-moral, épileptique), précédé d'une préface de M. le docteur LETOURNEAU. 3ᵉ éd., 2 vol. et atlas. 1895. 36 fr.
— Le Crime. *Causes et remèdes*. 2ᵉ édit. 10 fr.
LOMBROSO et FERRERO. La femme criminelle et la prostituée. 15 fr.
LOMBROSO et LASCHI. Le Crime politique et les Révolutions. 2 vol. 15 fr.
LUBAC, agrégé de philosophie. * Esquisse d'un système de psychologie rationnelle. Préface de H. BERGSON. 1904. 3 fr. 75
LUQUET (G.-H.), agrégé de philosophie. Idées générales de psychologie. 1906. 5 fr.
LYON (Georges), recteur de l'Académie de Lille. * L'Idéalisme en Angleterre au XVIIIᵉ siècle. 7 fr. 50
MALAPERT (P.), docteur ès lettres, prof. au lycée Louis-le-Grand. *Les Éléments du caractère et leurs lois de combinaison. 2ᵉ édit. 1906. 5 fr.
MARION (H.), prof. à la Sorbonne. *De la Solidarité morale. 6ᵉ édit. 1907. 5 fr.
MARTIN (Fr.), docteur ès lettres, prof. au lycée Voltaire. * La Perception extérieure et la Science positive, essai de philosophie des sciences. 1894. 5 fr.
MAXWELL (J.), docteur en médecine, avocat général près la Cour d'appel de Bordeaux. Les Phénomènes psychiques. Recherches, Observations Méthodes. Préface de Ch. RICHET. 3ᵉ édit. 1906. 5 fr.
MULLER (MAX), prof. à l'Univ. d Oxford. *Nouvelles études de mythologie. 1898. 12 fr. 50
MYERS. La personnalité humaine. *Sa survivance après la mort, ses manifestations supra-normales*. Traduit par le docteur JANKÉLÉVITCH. 1905. 7 fr. 50
NAVILLE (E.), correspondant de l'Institut. La Physique moderne. 2ᵉ édit. 5 fr.
— * La Logique de l'hypothèse. 2ᵉ édit. 5 fr.
— * La Définition de la philosophie. 1894. 5 fr.
— Le libre Arbitre. 2ᵉ édit. 1898. 5 fr.
— Les Philosophies négatives. 1899. 5 fr.

Suite de la *Bibliothèque de philosophie contemporaine*, format in-8.

NAYRAC (J.-P.). **Physiologie et Psychologie de l'attention.** Préface de M. Th. RIBOT. (Récompensé par l'Institut.) 1906. 3 fr. 75
NORDAU (Max). *Dégénérescence, 7ᵉ éd. 1904. 2 vol. Tome I. 7 fr. 50. Tome II. 10 fr.
— **Les Mensonges conventionnels de notre civilisation.** 7ᵉ édit. 1904. 5 fr.
— *Vus du dehors Essais de critique sur quelques auteurs français contemp. 1903. 5 fr.
NOVICOW. **Les Luttes entre Sociétés humaines.** 3ᵉ édit. 10 fr.
— * **Les Gaspillages des sociétés modernes.** 2ᵉ édit. 1899. 5 fr.
— *La Justice et l'expansion de la vie. *Essai sur le bonheur des sociétés.* 1905. 7 fr. 50
OLDENBERG, professeur à l'Université de Kiel. *Le Bouddha, sa Vie, sa Doctrine, sa Communauté*, trad. par P. FOUCHER, maître de conférences à l'École des Hautes Études. Préf. de SYLVAIN LÉVI, prof. au Collège de France. 2ᵉ éd. 1903. 7 fr. 50
— *La religion du Véda. Traduit par V. HENRY, prof. à la Sorbonne. 1903. 10 fr.
OSSIP-LOURIÉ. **La philosophie russe contemporaine.** 2ᵉ édit. 1905. 5 fr.
— *La Psychologie des romanciers russes au XIXᵉ siècle. 1905. 7 fr. 50
OUVRÉ (H.), professeur à l'Université de Bordeaux. *Les Formes littéraires de la pensée grecque. 1900. (Couronné par l'Académie française.) 10 fr.
PALANTE (G.), agrégé de philos. Combat pour l'individu. 1904. 3 fr. 75
PAULHAN. **L'Activité mentale et les Éléments de l'esprit.** 10 fr.
— *Les Caractères. 2ᵉ édit. 5 fr.
— Les Mensonges du caractère. 1905. 5 fr.
— Le mensonge de l'Art. 1907. 5 fr.
PAYOT (J.), recteur de l'Académie de Chambéry. La croyance. 2ᵉ édit. 1905. 5 fr.
— *L'Éducation de la volonté. 26ᵉ édit. 1907. 5 fr.
PÉRÈS (Jean), professeur au lycée de Caen. *L'Art et le Réel. 1898. 3 fr. 75
PÉREZ (Bernard). **Les Trois premières années de l'enfant.** 5ᵉ édit. 5 fr.
— L'Éducation morale dès le berceau. 4ᵉ édit. 1901. 5 fr.
— *L'Éducation intellectuelle dès le berceau. 2ᵉ éd. 1901. 5 fr.
PIAT (C.). La Personne humaine. 1898. (Couronné par l'Institut). 7 fr. 10
— *Destinée de l'homme. 1898. 5 fr.
PICAVET (E.), secrét. général du Collège de France, chargé de cours à la Sorbonne. *Les Idéologues. (Couronné par l'Académie française.) 10 fr.
PIDERIT. **La Mimique et la Physiognomonie.** Trad. par M. Girot. 5 fr.
PILLON (F.).*L'Année philosophique, 17 années : 1890, 1891, 1892, 1893 (épuisée). 1894, 1895, 1896, 1897, 1898, 1899, 1900 à 1906. 16 vol. Chac. 5 fr.
PIOGER (J.). La Vie et la Pensée, essai de conception expérimentale. 1894. 5 fr.
— La Vie sociale, la Morale et le Progrès. 1894. 5 fr.
PRAT (L.), doct. ès lettres. Le caractère empirique et la personne 1906. 7 fr. 50
PREYER, prof. à l'Université de Berlin. **Éléments de physiologie.** 5 fr.
PROAL, conseiller à la Cour de Paris. *La Criminalité politique. 1895. 5 fr.
— *Le Crime et la Peine. 3ᵉ édit. (Couronné par l'Institut.) 10 fr.
— Le Crime et le Suicide passionnels. 1900. (Couronné par l'Ac. française.) 10 fr.
RAGEOT (G.), prof. au Lycée St-Louis. *Le Succès. *Auteurs et Public.* 1906. 5 fr.
RAUH, chargé de cours à la Sorbonne. *De la méthode dans la psychologie des sentiments. 1899. (Couronné par l'Institut.) 5 fr.
— *L'Expérience morale. 1903. (Récompensé par l'Institut.) 3 fr. 75
RÉCÉJAC, doct. ès lett. Les Fondements de la Connaissance mystique. 1897. 5 fr.
RENARD (G.), professeur au Conservatoire des arts et métiers. *La Méthode scientifique de l'histoire littéraire. 1900. 10 fr.
RENOUVIER (Ch.) de l'Institut. *Les Dilemmes de la métaphysique pure. 1900. 5 fr.
— *Histoire et solution des problèmes métaphysiques. 1901. 7 fr. 50
— Le personnalisme, avec une étude sur la *perception externe et la force*. 1903. 10 fr.
— *Critique de la doctrine de Kant. 1906. 7 fr. 50
RIBERY, doct. ès lett. Essai de classification naturelle des caractères. 1903. 3 fr. 75
RIBOT (Th.), de l'Institut. *L'Hérédité psychologique. 8ᵉ édit. 7 fr. 50
— *La Psychologie anglaise contemporaine. 3ᵉ édit. 7 fr. 50
— *La Psychologie allemande contemporaine, 6ᵉ édit. 7 fr. 50
— La Psychologie des sentiments. 6ᵉ édit. 1906. 7 fr. 50
— L'Évolution des idées générales. 2ᵉ édit. 1904. 5 fr.
— * Essai sur l'Imagination créatrice. 2ᵉ édit. 1905. 5 fr.
— *La logique des sentiments. 2ᵉ édit. 1907. 3 fr. 75

F. ALCAN.

Suite de la *Bibliothèque de philosophie contemporaine*, format in-8.

RIBOT (Th.), de l'Institut. **Essai sur les passions.** 1907. 3 fr. 75
RICARDOU (A.), docteur ès lettres. *De l'Idéal. (Couronné par l'Institut.) 5 fr.
RICHARD (G.), chargé du cours de sociologie à l'Univ. de Bordeaux. *L'idée d'évolution dans la nature et dans l'histoire. 1903. (Couronné par l'Institut.) 7 fr. 50
RIEMANN (H.), prof. à l'Université de Leipzig. **Les éléments de l'esthétique musicale.** Trad. de l'allemand par M. G. Humbert. 1906. 5 fr.
RIGNANO (E.). Sur la transmissibilité des caractères acquis. *Hypothèse d'une centro-epigenèse*. 1906. 5 fr.
RIVAUD (A.), maître de conf. à l'Univ. de Rennes. **Les notions d'essence et d'existence dans la philosophie de Spinoza.** 1906. 3 fr. 75
ROBERTY (E. de). L'Ancienne et la Nouvelle philosophie. 7 fr. 50
— *La Philosophie du siècle (positivisme, criticisme, évolutionnisme). 5 fr.
— Nouveau Programme de sociologie. 1904. 5 fr.
ROMANES. *L'Évolution mentale chez l'homme. 7 fr. 50
RUYSSEN (Th.), chargé de cours à l'Université de Dijon. *Essai sur l'évolution psychologique du jugement. 5 fr.
SAIGEY (E.). *Les Sciences au XVIII° siècle. La Physique de Voltaire. 5 fr.
SAINT-PAUL (Dr G.). Le Langage intérieur et les paraphasies. 1904. 5 fr.
SANZ Y ESCARTIN. L'Individu et la Réforme sociale, trad. Dietrich. 7 fr. 50
SCHOPENHAUER. Aphor. sur la sagesse dans la vie. Trad. Cantacuzène. 7° éd. 5 fr.
— *Le Monde comme volonté et comme représentation. 3° éd. 3 vol., chac. 7 fr. 50
SÉAILLES (G.), prof. à la Sorbonne. Essai sur le génie dans l'art. 2° édit. 5 fr.
— *La Philosophie de Ch. Renouvier. *Introduction au néo-criticisme*. 1905. 7 fr. 50
SIGHELE (Scipio). La Foule criminelle. 2° édit. 1901. 5 fr.
SOLLIER. Le Problème de la mémoire. 1900. 3 fr. 75
— Psychologie de l'idiot et de l'imbécile, avec 12 pl. hors texte. 2° éd. 1902. 5 fr.
— Le Mécanisme des émotions. 1905. 5 fr.
SOURIAU (Paul), prof. à l'Univ. de Nancy. L'Esthétique du mouvement. 5 fr.
— La Beauté rationnelle. 1904. 10 fr.
STAPFER (P.), doyen honoraire de la Faculté des lettres de Bordeaux. **Questions esthétiques et religieuses.** 1906. 3 fr. 75
STEIN (L.), professeur à l'Université de Berne. *La Question sociale au point de vue philosophique. 1900. 10 fr.
STUART MILL. *Mes Mémoires. Histoire de ma vie et de mes idées. 3° éd. 5 fr.
— *Système de Logique déductive et inductive. 4° édit. 2 vol. 20 fr.
— *Essais sur la Religion. 3° édit. 5 fr.
— Lettres inédites à Aug. Comte et réponses d'Aug. Comte. 1899. 10 fr.
SULLY (James). Le Pessimisme. Trad. Bertrand. 2° édit. 7 fr. 50
— *Études sur l'Enfance. Trad. A. Monod, préface de G. Compayré. 1898. 10 fr.
— Essai sur le rire. Trad. Terrier. 1904. 7 fr. 50
SULLY PRUDHOMME, de l'Acad. franç. La vraie religion selon Pascal. 1905. 7 fr. 50
TARDE (G.), de l'Institut, prof. au Coll. de France.*La Logique sociale. 3° éd. 1898. 7 fr. 50
— *Les Lois de l'imitation. 3° édit. 1900. 7 fr. 50
— L'Opposition universelle. *Essai d'une théorie des contraires*. 1897. 7 fr. 50
— *L'Opinion et la Foule. 2° édit. 1904. 5 fr.
— *Psychologie économique. 1902. 2 vol. 15 fr.
TARDIEU (E.). L'Ennui. *Étude psychologique*. 1903. 5 fr.
THOMAS (P.-F.), docteur ès lettres. *Pierre Leroux, sa philosophie. 1904. 5 fr.
— *L'Éducation des sentiments. (Couronné par l'Institut.) 3° édit. 1904. 5 fr.
VACHEROT (Et.), de l'Institut. *Essais de philosophie critique. 7 fr. 50
— La Religion. 7 fr. 50
WEBER (L.). *Vers le positivisme absolu par l'idéalisme. 1903. 7 fr. 50

F. ALCAN.

COLLECTION HISTORIQUE DES GRANDS PHILOSOPHES

PHILOSOPHIE ANCIENNE

ARISTOTE. **La Poétique d'Aristote**, par HATZFELD (A.), et M. DUFOUR. 1 vol. in-8. 1900. 6 fr.

SOCRATE. ***Philosophie de Socrate**, par A. FOUILLÉE. 2 v. in-8. 16 fr.

— **Le Procès de Socrate**, par G. SOREL. 1 vol. in-8..... 3 fr. 50

PLATON. **La Théorie platonicienne des Sciences**, par ÉLIE HALÉVY. In-8. 1895............. 5 fr.

— Œuvres, traduction VICTOR COUSIN revue par J. BARTHÉLEMY-SAINT-HILAIRE : *Socrate et Platon ou le Platonisme — Eutyphron — Apologie de Socrate — Criton — Phédon*. 1 vol. in-8. 1896. 7 fr. 50

ÉPICURE. ***La Morale d'Épicure et ses rapports avec les doctrines contemporaines**, par M. GUYAU. 1 volume in-8. 5e édit.......... 7 fr. 50

BÉNARD. **La Philosophie ancienne**, ses systèmes. *La Philosophie et la Sagesse orientales. — La Philosophie grecque avant Socrate. Socrate et les socratiques. — Les sophistes grecs*. 1 v. in-8... 9 fr.

FAVRE (Mme Jules), née VELTEN. **La Morale de Socrate**. In-18. 3 50

— **Morale d'Aristote**. In-18. 3 fr. 50

OUVRÉ (H.) **Les formes littéraires de la pensée grecque**. In-8. 10 fr.

GOMPERZ. **Les penseurs de la Grèce**. Trad. REYMOND. (*Trad. cour. par l'Acad. franç.*).
I. *La philosophie antésocratique*. 1 vol. gr. in-8.......... 10 fr.
II. *Athènes, Socrate et les Socratiques*. 1 vol. gr. in-8.... 12 fr.
III. Sous presse).

RODIER (G.). ***La Physique de Straton de Lampsaque**. In-8. 3 fr.

TANNERY (Paul). **Pour la science hellène**. In-8........ 7 fr. 50

MILHAUD (G.).* **Les philosophes géomètres de la Grèce**. In-8. 1900. (*Couronné par l'Inst.*). 6 fr.

FABRE (Joseph). **La Pensée antique** *De Moïse à Marc-Aurèle*. 2e éd. In-8. 5 fr.

— **La Pensée chrétienne**. *Des Evangiles à l'Imitation de J.-C.* In-8. 9 fr.

LAFONTAINE (A.). **Le Plaisir**, *d'après Platon et Aristote*. In-8. 6 fr.

RIVAUD (A.), maître de conf. à l'Univ. de Rennes **Le problème du devenir et la notion de la matière**, *des origines jusqu'à Théophraste*. In-8. 1906. 10 fr.

GUYOT (H.), docteur ès lettres. **L'Infinité divine** *depuis Philon le Juif jusqu'à Plotin*. In 8. 1906.. 5 fr.

— **Les réminiscences de Philon le Juif chez Plotin**. *Etude critique*. Broch. in-8........ 2 fr.

PHILOSOPHIE MÉDIÉVALE ET MODERNE

* DESCARTES, par L. LIARD, de l'Institut 2e éd. 1 vol. in-8. 5 fr.

— **Essai sur l'Esthétique de Descartes**, par E. KRANTZ. 1 vol. in-8. 2e éd. 1897............ 6 fr.

— **Descartes, directeur spirituel**, par V. de SWARTE. Préface de E. BOUTROUX. 1 vol. in-16 avec pl. (*Couronné par l'Institut*). 4 fr. 50

LEIBNIZ. *Œuvres philosophiques, pub. par P. JANET. 2e éd. 2 vol. in-8. 20 fr.

— *La logique de Leibniz, par L. COUTURAT. 1 vol. in-8.. 12 fr.

— **Opuscules et fragments inédits de Leibniz**, par L. COUTURAT. 1 vol. in-8............ 25 fr.

— **Leibniz et l'organisation religieuse de la Terre**, *d'après des documents inédits*, par JEAN BARUZI. 1 vol. in-8...... 10 fr.

PICAVET, chargé de cours à la Sorbonne. **Histoire générale et comparée des philosophies médiévales**. 1 vol. in-8. 2e éd. 1907. 7 fr. 50

WULF (M. de) **Histoire de la philos. médiévale**. 2e éd In-8. 10 fr.

FABRE (JOSEPH). *L'imitation de Jésus-Christ. Trad. nouvelle avec préface. In-8............. 7 fr.

SPINOZA. **Benedicti de Spinoza opera**, quotquot reperta sunt, recognoverunt J. Van Vloten et J.-P.-N. Land. 2 forts vol. in-8 sur papier de Hollande... 45 fr.

Le même en 3 volumes. 18 fr.

FIGARD (L.), docteur ès lettres. **Un Médecin philosophe au XVIe siècle**. *La Psychologie de Jean*

Fernel. 1 v. in-8. 1903. 7 fr. 50

GASSENDI. **La Philosophie de Gassendi**, par P.-F. THOMAS. In-8. 1889 . . . . 6 fr.

MALEBRANCHE. * **La Philosophie de Malebranche**, par OLLÉ-LAPRUNE, de l'Institut. 2 v. in-8. 16 fr.

PASCAL. **Le scepticisme de Pascal**, par DROZ. 1 vol. in-8 . . . . . . 6 fr.

VOLTAIRE. **Les Sciences au XVIII° siècle**. Voltaire physicien, par Em. SAIGEY. 1 vol. in-8. 5 fr.

DAMIRON. **Mémoires pour servir à l'histoire de la philosophie au XVIII° siècle**. 3 vol. in-8. 15 fr.

J.-J. ROUSSEAU* **Du Contrat social**, édition comprenant avec le texte définitif les versions primitives de l'ouvrage d'après les manuscrits de Genève et de Neuchâtel, avec introduction par EDMOND DREYFUS-BRISAC. 1 fort volume grand in-8. 12 fr.

ERASME. **Stultitiæ laus des. Erasmi Rot. declamatio**. Publié et annoté par J.-B. KAN, avec les figures de HOLBEIN. 1 v. in-8. 6 fr. 75

PHILOSOPHIE ANGLAISE

DUGALD STEWART. *Éléments de la philosophie de l'esprit humain. 3 vol. in-16 . . . . . 9 fr.
— * **Philosophie de François Bacon**, par CH. ADAM. (Couronné par l'Institut). In-8 . . . . . 7 fr. 50

BERKELEY. **Œuvres choisies.** *Essai d'une nouvelle théorie de la vision. Dialogues d'Hylas et de Philonoüs.* Trad. de l'angl. par MM. BEAULAVON (G.) et PARODI (D.). In-8. 5 fr.

PHILOSOPHIE ALLEMANDE

FEUERBACH. **Sa philosophie**, par A. LÉVY. 1 vol. in-8 . . . . . 10 fr.

JACOBI. **Sa Philosophie**, par L. LEVY-BRUHL. 1 vol. in-8 . . . . 5 fr.

KANT. **Critique de la raison pratique**, traduction nouvelle avec introduction et notes, par M. PICAVET. 2° édit. 1 vol. in-8. . 6 fr.
— * **Critique de la raison pure**, traduction nouvelle par MM. PACAUD et TREMESAYGUES. Préface de M. HANNEQUIN. 1 vol. in-8. . 12 fr.
— **Éclaircissements sur la Critique de la raison pure**, trad. TISSOT. 1 vol. in-8 . . . . . . 6 fr.
— **Doctrine de la vertu**, traduction BARNI. 1 vol. in-8 . . . . 8 fr.
— * **Mélanges de logique**, traduction TISSOT. 1 v. in-8 . . . . . 6 fr.
— * **Prolégomènes à toute métaphysique future qui se présentera comme science**, traduction TISSOT. 1 vol. in-8 . . . . 6 fr.
— *Essai critique sur l'Esthétique de Kant, par V. BASCH. 1 vol. in-8. 1896 . . . . 10 fr.
— **Sa morale**, par CRESSON. 2° éd. 1 vol. in-12 . . . . 2 fr. 50
— **L'Idée ou critique du Kantisme**, par C. PIAT, Dr ès lettres. 2° édit. 1 vol. in-8 . . . . . 6 fr.

KANT et FICHTE et le problème de l'éducation, par PAUL DUPROIX. 1 vol. in-8. 1897 . . . . . . 5 fr.

SCHELLING. **Bruno, ou du principe divin**. 1 vol. in-8 . . . . . . 3 fr. 50

HEGEL.*Logique. 2 vol. in-8. 14 fr.
— * **Philosophie de la nature**. 3 vol. in-8 . . . . 25 fr.
— *Philosophie de l'esprit. 2 vol. in-8 . . . . 18 fr.
— * **Philosophie de la religion**. 2 vol. in-8 . . . . 20 fr.
— **La Poétique**, trad. par M. Ch. BÉNARD. Extraits de Schiller, Goethe, Jean-Paul, etc., 2 v. in-8. 12 fr.
— **Esthétique**. 2 vol. in-8, trad. BÉNARD . . . . 16 fr.
— **Antécédents de l'hégélianisme dans la philos. franç.**, par E. BEAUSSIRE. In-18. 2 fr. 50
— **Introduction à la philosophie de Hegel**, par VÉRA. in-8. 6 fr. 50
— * **La logique de Hegel**, par EUG. NOËL. In-8. 1897 . . . . 3 fr.

HERBART. * **Principales œuvres pédagogiques**, trad. A. PINLOCHE. In-8. 1894 . . . . 7 fr. 50

La métaphysique de Herbart et la critique de Kant, par M. MAUXION. 1 vol. in-8 . . . 7 fr. 50

MAUXION (M.). **L'éducation par l'instruction** *et les théories pédagogiques de Herbart.* 2° éd. In-12. 1906 . . . . 2 fr. 50

SCHILLER. **Sa Poétique**, par V. BASCH. 1 vol. in-8. 1902 . . . 4 fr.

Essai sur le mysticisme spéculatif en Allemagne au XIV° siècle, par DELACROIX (H.), maître de conf. à l'Univ. de Caen. 1 vol. in-8. 1900 . . . . . . 5 fr.

F. ALCAN.

PHILOSOPHIE ANGLAISE CONTEMPORAINE
(Voir *Bibliothèque de philosophie contemporaine*, pages 2 à 11.)

PHILOSOPHIE ALLEMANDE CONTEMPORAINE
(Voir *Bibliothèque de philosophie contemporaine*, pages 2 à 11.)

PHILOSOPHIE ITALIENNE CONTEMPORAINE
(Voir *Bibliothèque de philosophie contemporaine*, pages 2 à 11.)

LES MAITRES DE LA MUSIQUE
Études d'histoire et d'esthétique,
Publiées sous la direction de **M. JEAN CHANTAVOINE**

Chaque volume in-16 de 250 pages environ.................. 3 fr. 50
Collection honorée d'une souscription du Ministre de l'Instruction publique et des Beaux-Arts.

Volumes parus :
* J.-S. BACH, par André PIRRO (2ᵉ *édition*).
* CÉSAR FRANCK, par Vincent D'INDY (3ᵉ *édition*).
* PALESTRINA, par Michel BRENET.
BEETHOVEN, par Jean CHANTAVOINE (2ᵉ *édition*).

En préparation : Grétry, par PIERRE AUBRY. — Mendelssohn, par CAMILLE BELLAIGUE. — Moussorgsky, par J.-D. CALVOCORESSI. — Orlande de Lassus, par HENRY EXPERT. — Wagner, par HENRI LICHTENBERGER. — Berlioz, par ROMAIN ROLLAND. — Gluck, par JULIEN TIERSOT. — Schubert, par A. SCHWEITZER, etc., etc.

LES GRANDS PHILOSOPHES
Publié sous la direction de **M. C. PIAT**
Agrégé de philosophie, docteur ès lettres, professeur à l'École des Carmes.

Chaque étude forme un volume in-8° carré de 300 pages environ, dont le prix varie de 5 francs à 7 fr. 50.

*Kant, par M. RUYSSEN, chargé de cours à l'Université de Dijon. 2ᵉ édition. 1 vol. in-8. (*Couronné par l'Institut.*) 7 fr. 50
*Socrate, par l'abbé C. PIAT. 1 vol. in-8. 5 fr.
*Avicenne, par le baron CARRA DE VAUX. 1 vol. in-8. 5 fr.
*Saint Augustin, par l'abbé JULES MARTIN. 1 vol. in-8. 5 fr.
*Malebranche, par Henri JOLY, de l'Institut. 1 vol. in-8. 5 fr.
*Pascal, par A. HATZFELD. 1 vol. in-8. 5 fr.
*Saint Anselme, par DOMET DE VORGES. 1 vol. in-8. 5 fr.
Spinoza, par P.-L. COUCHOUD, agrégé de l'Université. 1 vol. in-8. (*Couronné par l'Académie Française*). 5 fr.
Aristote, par l'abbé C. PIAT. 1 vol. in-8. 5 fr.
Gazali, par le baron CARRA DE VAUX. 1 vol. in-8. (*Couronné par l'Académie Française*.) 5 fr.
*Maine de Biran, par Marius COUAILHAC. 1 vol. in-8. (*Récompensé par l'Institut*). 7 fr. 50
Platon, par l'abbé C. PIAT. 1 vol. in-8. 7 fr. 50
Montaigne, par F. STROWSKI, professeur à l'Université de Bordeaux. 1 vol. in-8. 6 fr.

MINISTRES ET HOMMES D'ÉTAT

HENRI WELSCHINGER, de l'Institut. — *Bismarck. 1 v. in-16. 1900. 2 fr. 50
H. LÉONARDON. — *Prim. 1 vol. in-16. 1901. . . . . 2 fr. 50
M. COURCELLE. — *Disraëli. 1 vol. in-16. 1901. . . . . . . 2 fr. 50
M. COURANT. — Okoubo. 1 vol. in-16, avec un portrait. 1904 . . 2 fr. 50
A. VIALLATE. — Chamberlain. Préface de E. BOUTMY. 1 vol. in-16. 2 fr. 50

F. ALCAN.

BIBLIOTHÈQUE GÉNÉRALE
des
SCIENCES SOCIALES

SECRÉTAIRE DE LA RÉDACTION : DICK MAY, Secrétaire général de l'École des Hautes Études sociales.
Chaque volume in-8 de 300 pages environ, cartonné à l'anglaise, 6 fr.

1. **L'Individualisation de la peine**, par R. SALEILLES, professeur à la Faculté de droit de l'Université de Paris.
2. **L'Idéalisme social**, par Eugène FOURNIÈRE.
3. *****Ouvriers du temps passé** (XV° et XVI° siècles), par H. HAUSER, professeur à l'Université de Dijon. 2° édit.
4. *****Les Transformations du pouvoir**, par G. TARDE, de l'Institut.
5. **Morale sociale**, par MM. G. BELOT, MARCEL BERNÈS, BRUNSCHVICG, F. BUISSON, DARLU, DAURIAC, DELBET, CH. GIDE, M. KOVALEVSKY, MALAPERT, le R. P. MAUMUS, DE ROBERTY, G. SOREL, le PASTEUR WAGNER. Préface de M. E. BOUTROUX,
6. **Les Enquêtes**, pratique et théorie, par P. DU MAROUSSEM. (*Ouvrage couronné par l'Institut.*)
7. *****Questions de Morale**, par MM. BELOT, BERNÈS, F. BUISSON, A. CROISET, DARLU, DELBOS, FOURNIÈRE, MALAPERT, MOCH, PARODI, G. SOREL (*Ecole de morale*). 2° édit.
8. **Le développement du Catholicisme social depuis l'encyclique *Rerum novarum***, par Max TURMANN.
9. ***** **Le Socialisme sans doctrines**. *La Question ouvrière et la Question agraire en Australie et en Nouvelle-Zélande*, par Albert MÉTIN, agrégé de l'Université, professeur à l'École Coloniale.
10. ***** **Assistance sociale**. *Pauvres et mendiants*, par PAUL STRAUSS, sénateur.
11. *****L'Éducation morale dans l'Université**. (*Enseignement secondaire.*) Par MM. LÉVY-BRUHL, DARLU, M. BERNÈS, KORTZ, CLAIRIN, ROCAFORT, BIOCHE, Ph. GIDEL, MALAPERT, BELOT. (*Ecole des Hautes Etudes sociales*, 1900-1901).
12. ***** **La Méthode historique appliquée aux Sciences sociales**, par Charles SEIGNOBOS, professeur à l'Université de Paris.
13. *****L'Hygiène sociale**, par E. DUCLAUX, de l'Institut, directeur de l'instit. Pasteur.
14. **Le Contrat de travail**. *Le rôle des syndicats professionnels*, par P. BUREAU, prof. à la Faculté libre de droit de Paris.
15. *****Essai d'une philosophie de la solidarité**, par MM. DARLU, RAUH, F BUISSON, GIDE, X. LÉON, LA FONTAINE, E. BOUTROUX (*Ecole des Hautes Etudes sociales*). 2° édit.
16. *****L'exode rural et le retour aux champs**, par E. VANDERVELDE, professeur à l'Université nouvelle de Bruxelles.
17. *****L'Education de la démocratie**, par MM. E. LAVISSE, A. CROISET, CH. SEIGNOBOS, P. MALAPERT, G. LANSON, J. HADAMARD (*Ecole des Hautes Etudes soc.*).
18. *****La Lutte pour l'existence et l'évolution des sociétés**, par J.-L. DE LANNESSAN, député, prof. agr. à la Fac. de méd. de Paris.
19. *****La Concurrence sociale et les devoirs sociaux**, par le MÊME.
20. *****L'Individualisme anarchiste, Max Stirner**, par V. BASCH, professeur à l'Université de Rennes.
21. *****La démocratie devant la science**, par C. BOUGLÉ, prof. de philosophie sociale à l'Université de Toulouse. (*Récompensé par l'Institut.*)
22. *****Les Applications sociales de la solidarité**, par MM. P. BUDIN, CH. GIDE, H. MONOD, PAULET, ROBIN, SIEGFRIED, BROUARDEL. Préface de M. Léon BOURGEOIS (*Ecole des Hautes Etudes soc.*, 1902-1903).
23. **La Paix et l'enseignement pacifiste**, par MM. Fr. PASSY, Ch. RICHET, d'ESTOURNELLES DE CONSTANT, E. BOURGEOIS, A. WEISS, H. LA FONTAINE, G. LYON (*Ecole des Hautes Etudes soc.*, 1902-1903).
24. *****Etudes sur la philosophie morale au XIX° siècle**, par MM. BELOT, A. DARLU, M. BERNÈS, A. LANDRY, CH. GIDE, E. ROBERTY, R. ALLIER, H. LICHTENBERGER, L. BRUNSCHVICG (*Ecole des Hautes Etudes soc.*, 1902-1903).
25. *****Enseignement et démocratie**, par MM. APPELL, J. BOITEL, A. CROISET, A. DEVINAT, Ch.-V. LANGLOIS, G. LANSON, A. MILLERAND, Ch. SEIGNOBOS (*Ecole des Hautes Etudes soc.*, 1903-1904).
26. *****Religions et Sociétés**, par MM. TH. REINACH, A. PUECH, R. ALLIER, A. LEROY-BEAULIEU, le baron CARRA DE VAUX, H. DREYFUS (*Ecole des Hautes Etudes soc.*, 1903-1904).
27. *****Essais socialistes**. *La religion, l'art, l'alcool*, par E. VANDERVELDE.
28. **Le surpeuplement et les habitations à bon marché**, par H. TUROT, conseiller municipal de Paris, et H. BELLAMY.
29. **L'individu, la société et l'état**, par E. FOURNIÈRE.

BIBLIOTHÈQUE
D'HISTOIRE CONTEMPORAINE

Volumes in-12 brochés à 3 fr. 50. — Volumes in-8 brochés de divers prix

EUROPE

DEBIDOUR, professeur à la Sorbonne, * **Histoire diplomatique de l'Europe, de 1815 à 1878.** 2 vol. in-8. (*Ouvrage couronné par l'Institut.* 18 fr.
DOELLINGER (I. de). **La papauté, ses origines au moyen âge, son influence jusqu'en 1870.** Traduit par A. GIRAUD-TEULON, 1904. 1 vol. in-8. 7 fr.
SYBEL (H. de). * **Histoire de l'Europe pendant la Révolution française**, traduit de l'allemand par Mlle DOSQUET. Ouvrage complet en 6 vol. in-8. 32 fr.
TARDIEU (A.). *Questions diplomatiques de l'année 1904. 1 vol. in-12. (*ouvrage couronné par l'Académie française*). 3 fr. 50

FRANCE
Révolution et Empire

AULARD, professeur à la Sorbonne. * **Le Culte de la Raison et le Culte de l'Être suprême**, étude historique (1793-1794). 2e édit. 1 vol. in-12. 3 fr. 50
— * **Études et leçons sur la Révolution française.** 5 v. in-12. Chacun. 3 fr. 50
DUMOULIN (Maurice). * **Figures du temps passé.** 1 vol. in-16. 1906. 3 fr. 50
MOLLIEN (Cte). **Mémoires d'un ministre du trésor public (1780-1815)**, publiés par M. Ch. GOMEL. 3 vol. in-8. 15 fr.
BOITEAU (P.). **État de la France en 1789.** Deuxième éd. 1 vol. in-8. 10 fr.
BORNARD (E.), doct ès-lettres. **Cambon et la Révolution française.** In-8. 7 fr.
CAHEN (L.), agrégé d'histoire, docteur ès lettres. * **Condorcet et la Révolution française.** 1 vol. in-8. (*Récompensé par l'Institut.*) 10 fr.
DESPOIS (Eug.). * **Le Vandalisme révolutionnaire.** Fondations littéraires, scientifiques et artistiques de la Convention. 4e édit. 1 vol. in-12. 3 fr. 50
DEBIDOUR, professeur à la Sorbonne. * **Histoire des rapports de l'Église et de l'État en France (1789-1870).** 1 fort vol. in-8. 1898. (*Couronné par l'Institut.*) 12 fr.
— *L'**Église catholique et l'État en France sous la troisième République (1870-1906).** — I. (1870-1889), 1 vol. in-8. 1906. 7 fr. — II. (1889-1906), paraîtra en 1907.
GOMEL (C.). **Les causes financières de la Révolution française. Les ministères de Turgot et de Necker.** 1 vol. in-8. 8 fr.
— **Les causes financières de la Révolution française ; les derniers contrôleurs généraux.** 1 vol. in-8. 8 fr.
— **Histoire financière de l'Assemblée Constituante (1789-1791).** 2 vol. in-8, 16 fr. — Tome I : (1789), 8 fr. ; tome II : (1790-1791), 8 fr.
— **Histoire financière de la Législative et de la Convention.** 2 vol. in-8, 15 fr. — Tome I : (1792-1793), 7 fr. 50 ; tome II : (1793-1795), 7 fr. 50
MATHIEZ (A.), agrégé d'histoire, docteur ès lettres. **La théophilanthropie et le culte décadaire, 1796-1801.** 1 vol. in-8. 12 fr.
— **Contributions à l'histoire religieuse de la Révolution française.** In-16, 1906. 3 fr. 50
ISAMBERT (G.). * **La vie à Paris pendant une année de la Révolution (1791-1792).** In-16. 1896. 3 fr. 50
MARCELLIN PELLET, ancien député. **Variétés révolutionnaires.** 3 vol. in-12, précédés d'une préface de A. RANC. Chaque vol. séparém. 3 fr. 50
CARNOT (H.), sénateur. * **La Révolution française, résumé historique.** In-16. Nouvelle édit. 3 fr. 50
DRIAULT (E.), professeur au lycée de Versailles. **La politique orientale de Napoléon.** SÉBASTIANI et GARDANE (1806-1808). 1 vol. in-8. (*Récompensé par l'Institut.*) 7 fr.
— *Napoléon en Italie (1800-1812). 1 vol. in-8. 1906. 10 fr.
SILVESTRE, professeur à l'École des sciences politiques. **De Waterloo à Sainte-Hélène** (20 Juin-16 Octobre 1815). 1 vol. in-16. 3 fr. 50
BONDOIS (P.), agrégé de l'Université. * **Napoléon et la société de son temps** (1793-1821). 1 vol. in-8. 7 fr.
VALLAUX (C.). * **Les campagnes des armées françaises (1792-1815).** In-16, avec 17 cartes dans le texte. 3 fr. 50

F. ALCAN

Epoque contemporaine

SCHEFER (Ch.), professeur à l'Ecole des sciences politiques. *La France moderne et le problème colonial. I. (1815-1830). 1 vol. in-8. 7 fr.

WEILL (G.), maître de conf. à l'Université de Caen. Histoire du parti républicain en France, de 1814 à 1870. 1 vol. in-8. 1900. (*Récompensé par l'Institut.*) 10 fr.

— *Histoire du mouvement social en France (1852-1902). 1 v. in-8. 1905. 7 fr.

— L'Ecole saint-simonienne, son histoire, son influence jusqu'à nos jours. In-16 1896. 3 fr. 50

BLANC (Louis). *Histoire de Dix ans (1830-1840). 5 vol. in-8. 25 fr.

GAFFAREL (P.), professeur à l'Université d'Aix. * Les Colonies françaises. 1 vol. in-8. 6° édition revue et augmentée. 5 fr.

LAUGEL (A.). * La France politique et sociale. 1 vol. in-8. 5 fr.

SPULLER (E.), ancien ministre de l'Instruction publique. *Figures disparues, portraits contemp., littér. et politiq. 3 vol. in-16. Chacun. 3 fr. 50

— Hommes et choses de la Révolution. In-16. 1896. 3 fr. 50

TAXILE DELORD. *Histoire du second Empire (1848-1870). 6 v. in-8. 42 fr.

TCHERNOFF (J.). Associations et Sociétés secrètes sous la deuxième République (1848-1851). 1 vol. in-8. 1905. 7 fr.

ZEVORT (E.), recteur de l'Académie de Caen. Histoire de la troisième République :
  Tome I. *La présidence de M. Thiers. 1 vol. in-8. 3° édit. 7 fr.
  Tome II. *La présidence du Maréchal. 1 vol. in-8. 2°édit. 7 fr.
  Tome III. * La présidence de Jules Grévy. 1 vol. in-8. 2° édit. 7 fr.
  Tome IV. La présidence de Sadi Carnot. 1 vol. in-8. 7 fr.

LANESSAN (J.-L. de). L'Etat et les Eglises de France. *Histoire de leurs rapports, des origines jusqu'à la Séparation.* 1 vol. in-16. 1906. 3 fr. 50

— Les Missions et leur protectorat. 1 vol. in-16. 1907. 3 fr. 50

WAHL, inspect. général, A. BERNARD, professeur à la Sorbonne. *L'Algérie. 1 vol. in-8. 4° édit., 1903. (*Ouvrage couronné par l'Institut.*) 5 fr.

NOEL (O.). Histoire du commerce extérieur de la France depuis la Révolution. 1 vol. in-8. 6 fr.

DUVAL (J.). L'Algérie et les colonies françaises, avec une notice biographique sur l'auteur, par J. LEVASSEUR, de l'Institut. 1 vol. in-8. 7 fr. 50

VIGNON (L.), professeur à l'Ecole coloniale. La France dans l'Afrique du nord. 2° édition. 1 vol. in-8. (*Récompensé par l'Institut.*) 7 fr.

— Expansion de la France. 1 vol. in-18. 3 fr. 50

LANESSAN (J.-L. de). *L'Indo-Chine française. Étude économique, politique et administrative. 1 vol. in-8, avec 5 cartes en couleurs hors texte. 15 fr.

PIOLET (J.-B.). La France hors de France, notre émigration, sa nécessité, ses conditions. 1 vol. in-8. 1900. (*Couronné par l'Institut.*) 10 fr.

LAPIÉ (P.), professeur à l'Université de Bordeaux. * Les Civilisations tunisiennes (Musulmans, Israélites, Européens). In-16. 1898. (*Couronné par l'Académie française.*) 3 fr. 50

LEBLOND (Marius-Ary). La société française sous la troisième République. 1905. 1 vol. 5 fr.

GAISMAN (A.). *L'Œuvre de la France au Tonkin. Préface de M. J.-L. de LANESSAN. 1 vol. in-16 avec 4 cartes en couleurs. 1906. 3 fr. 50

ANGLETERRE

MÉTIN (Albert), Prof. à l'Ecole Coloniale. * Le Socialisme en Angleterre. In-16. 3 fr. 50

ALLEMAGNE

SCHMIDT (Ch.), docteur ès lettres. Le grand duché de Berg (1806-1813) 1905. 1 vol. in-8. 10 fr.

VERON (Eug.). * Histoire de la Prusse, depuis la mort de Frédéric II. In-16. 6° édit. 3 fr. 50

— * Histoire de l'Allemagne, depuis la bataille de Sadowa jusqu'à nos jours. In-16. 3° éd., mise au courant des événements par P. BONDOIS. 3 fr. 50

ANDLER (Ch.), prof. à la Sorbonne. *Les origines du socialisme d'État en Allemagne. 1 vol. in-8. 1897. 7 fr.

GUILLAND (A.), professeur d'histoire à l'Ecole polytechnique suisse. * L'Allemagne nouvelle et ses historiens. (NIEBUHR, RANKE, MOMMSEN, SYBEL, TREITSCHKE.) 1 vol. in-8. 1899. 5 fr.

MILHAUD (G.), professeur à l'Université de Genève. *La Démocratie socialiste allemande. 1 vol. in-8. 1903. 10 fr.

MATTER (P.), doct. en droit, substitut au tribunal de la Seine. *La Prusse et la révolution de 1848. In-16. 1903. 3 fr. 50
— *Bismarck et son temps. I. *La préparation* (1815-1863). 1 vol. in-8. 10 fr.
II. *L'action (1863-1870). 1 vol. in-8. 10 fr.

AUTRICHE-HONGRIE

BOURLIER (J.). * Les Tchèques et la Bohême contemporaine. In-16. 1897. 3 fr. 50
AUERBACH, professeur à l'Université de Nancy. *Les races et les nationalités en Autriche-Hongrie. In-8. 1898. 5 fr.
SAYOUS (Ed.), professeur à la Faculté des lettres de Besançon. Histoire des Hongrois et de leur littérature politique, de 1790 à 1815. In-16. 3 fr. 50
*RECOULY (R.), agrégé de l'Univ. Le pays magyar. 1903. In-16. 3 fr. 50

RUSSIE

COMBES DE LESTRADE (Vte). La Russie économique et sociale à l'avènement de Nicolas II. 1 vol. in-8. 6 fr.

ITALIE

COMBES DE LESTRADE (Vte). La Sicile sous la maison de Savoie. 1 vol. in-18. 3 fr. 50
SORIN (Élie). *Histoire de l'Italie, depuis 1815 jusqu'à la mort de Victor-Emmanuel. In-16. 1888. 3 fr. 50
GAFFAREL (P.), professeur à l'Université d'Aix. *Bonaparte et les Républiques italiennes (1796-1799). 1895. 1 vol. in-8. 5 fr.
BOLTON KING (M. A.). *Histoire de l'unité italienne. Histoire politique de l'Italie, de 1814 à 1871, traduit de l'anglais par M. MACQUART; introduction de M. Yves GUYOT. 1900. 2 vol. in-8. 15 fr.

ESPAGNE

REYNALD (H.). * Histoire de l'Espagne, depuis la mort de Charles III In-16. 3 fr. 50

ROUMANIE

DAMÉ (Fr.). * Histoire de la Roumanie contemporaine, depuis l'avènement des princes indigènes jusqu'à nos jours. 1 vol. in-8. 1900. 7 fr.

SUISSE

DAENDLIKER. *Histoire du peuple suisse. Trad. de l'allem. par Mme Jules FAVRE et précédé d'une Introduction de Jules FAVRE. 1 vol. in-8. 5 fr.

SUÈDE

SCHEFER (C.). * Bernadotte roi (1810-1818-1844). 1 vol. in-8. 1899. 5 fr.

GRÈCE, TURQUIE, ÉGYPTE

BÉRARD (V.), docteur ès lettres. * La Turquie et l'Hellénisme contemporain. (*Ouvrage cour. par l'Acad. française*). In-16 5e éd. 3 fr. 50
RODOCANACHI (E.). *Bonaparte et les îles Ioniennes (1797-1816). 1 volume in-8. 1899. 5 fr.
MÉTIN (Albert), professeur à l'École coloniale. *La Transformation de l'Egypte. In-16. 1903. (Cour. par la Soc. de géogr. comm.) 3 fr. 50

INDE

PIRIOU (E.), agrégé de l'Université. *L'Inde contemporaine et le mouvement national. 1905. 1 vol. in-16. 3 fr. 50

CHINE

CORDIER (H.), professeur à l'Ecole des langues orientales. *Histoire des relations de la Chine avec les puissances occidentales (1860-1902), avec cartes. 3 vol. in-8, chacun séparément. 10 fr.
— L'Expédition de Chine de 1857-58. Histoire diplomatique, notes et documents. 1905. 1 vol. in-8. 7 fr.
— *L'Expédition de Chine de 1860. Histoire diplomatique, notes et documents. 1906. 1 vol. in-8. 7 fr.
COURANT (M.), maître de conférences à l'Université de Lyon. En Chine. *Mœurs et institutions. Hommes et faits.* 1 vol. in-16. 3 fr. 50

AMÉRIQUE

ELLIS STEVENS. Les Sources de la constitution des États-Unis. 1 vol. in-8. 7 fr. 50
DEBERLE (Alf.). * Histoire de l'Amérique du Sud, in-16. 3e éd. 3 fr. 50

F. ALCAN.

BARNI (Jules). *Histoire des idées morales et politiques en France au XVIII° siècle. 2 vol. in-16. Chaque volume. 3 fr. 50
— * Les Moralistes français au XVIII° siècle. In-16. 3 fr. 50
BEAUSSIRE (Émile), de l'Institut. La Guerre étrangère et la Guerre civile. In-16. 3 fr. 50
LOUIS BLANC. Discours politiques (1848-1881). 1 vol. in-8. 7 fr. 50
BONET-MAURY. *Histoire de la liberté de conscience (1598-1870). In-8. 1900. 5 fr.
BOURDEAU (J.). *Le Socialisme allemand et le Nihilisme russe. In-16. 2° édit. 1894. 3 fr. 50
— *L'évolution du Socialisme. 1901. 1 vol. in-16. 3 fr. 50
D'EICHTHAL (Eug.). Souveraineté du peuple et gouvernement. In-16. 1895. 3 fr. 50
DESCHANEL (E.), sénateur, professeur au Collège de France. *Le Peuple et la Bourgeoisie. 1 vol. in-8. 2° édit. 5 fr.
DEPASSE (Hector), député. Transformations sociales. 1894. In-16. 3 fr. 50
— Du Travail et de ses conditions (Chambres et Conseils du travail). In-16. 1895. 3 fr. 50
DRIAULT (E.), prof. agr. au lycée de Versailles. * Les problèmes politiques et sociaux à la fin du XIX° siècle. In-8. 1900. 7 fr.
— *La question d'Orient, préface de G. Monod, de l'Institut. 1 vol. in-8. 3° édit. 1905. (Ouvrage couronné par l'Institut). 7 fr.
GUÉROULT (G.). * Le Centenaire de 1789. In-16. 1889. 3 fr. 50
LAVELEYE (E. de), correspondant de l'Institut. Le Socialisme contemporain. In-16. 11° édit. augmentée. 3 fr. 50
LICHTENBERGER (A.). *Le Socialisme utopique, étude sur quelques précurseurs du Socialisme. In-16. 1898. 3 fr. 50
— * Le Socialisme et la Révolution française. 1 vol. in-8. 5 fr.
MATTER (P.). La dissolution des assemblées parlementaires, étude de droit public et d'histoire. 1 vol. in-8. 1898. 5 fr.
NOVICOW. La Politique internationale. 1 vol. in-8. 7 fr.
PAUL LOUIS. L'ouvrier devant l'État. Etude de la législation ouvrière dans les deux mondes. 1904. 1 vol. in-8. 7 fr.
— Histoire du mouvement syndical en France (1789-1906). 1 vol in-16 1907. 3 fr. 50
REINACH (Joseph), député. Pages républicaines. In-16. 3 fr 50
— *La France et l'Italie devant l'histoire. 1 vol. in-8. 5 fr.
SPULLER (E.).* Éducation de la démocratie. In-16. 1892. 3 fr. 50
— L'Évolution politique et sociale de l'Église. 1 vol. in-12. 1893. 3 fr. 50

PUBLICATIONS HISTORIQUES ILLUSTRÉES

*DE SAINT-LOUIS A TRIPOLI PAR LE LAC TCHAD, par le lieutenant-colonel Monteil. 1 beau vol. in-8 colombier, précédé d'une préface de M. de Vogüé, de l'Académie française, illustrations de Riou. 1895. Ouvrage couronné par l'Académie française (Prix Montyon), broché 20 fr., relié amat., 28 fr.

*HISTOIRE ILLUSTRÉE DU SECOND EMPIRE, par Taxile Delord. 6 vol. in-8, avec 500 gravures. Chaque vol. broché, 8 fr.

BIBLIOTHÈQUE DE LA FACULTÉ DES LETTRES
DE L'UNIVERSITÉ DE PARIS

HISTOIRE et LITTÉRATURE ANCIENNES

*De l'authenticité des épigrammes de Simonide, par M. le Professeur H. Hauvette, 1 vol. in-8. 5 fr.
*Les Satires d'Horace, par M. le Prof. A. Cartault. 1 vol. in-8. 11 fr.
*De la flexion dans Lucrèce, par M. le Prof. A. Cartault. 1 vol. in-8. 4 fr.
*La main-d'œuvre industrielle dans l'ancienne Grèce, par M. le Prof. Guiraud. 1 vol. in-8. 7 fr.

*Recherches sur le Discours aux Grecs de Tatien, suivies d'une *traduction française du discours*, avec notes, par A. PUECH, professeur adjoint à la Sorbonne. 1 vol. in-8. 1903. 6 fr.

*Les « Métamorphoses » d'Ovide et leurs modèles grecs, par A. LAFAYE, professeur adjoint à la Sorbonne. 1 vol. in-8. 1904. 8 fr. 50

MOYEN AGE

*Premiers mélanges d'histoire du Moyen âge, par MM. le Prof. A. LUCHAIRE, DUPONT-FERRIER et POUPARDIN. 1 vol. in-8. 3 fr. 50

Deuxièmes mélanges d'histoire du Moyen âge, publiés sous la direct. de M. le Prof. A. LUCHAIRE, par MM. LUCHAIRE, HALPHEN et HUCKEL. 1 vol. in-8. 6 fr.

Troisièmes mélanges d'histoire du Moyen âge, par MM. le Prof. LUCHAIRE, BEYSSIER, HALPHEN et CORDEY. 1 vol. in-8. 8 fr. 50

Quatrièmes mélanges d'histoire du Moyen âge, par MM. JACQUEMIN, FARAL, BEYSSIER. 1 vol. in-8. 7 fr.

*Essai de restitution des plus anciens Mémoriaux de la Chambre des Comptes de Paris, par MM. J. PETIT, GAVRILOVITCH, MAURY et TÉODORU, préface de M. CH.-V. LANGLOIS, prof. adjoint. 1 vol. in-8. 9 fr.

Constantin V, empereur des Romains (740-775). *Étude d'histoire byzantine*, par A. LOMBARD, licencié ès lettres. Préface de M. Ch. DIEHL, prof. adjoint. 1 vol. in-8. 6 fr.

Étude sur quelques manuscrits de Rome et de Paris, par M. le Prof. A. LUCHAIRE, membre de l'Institut. 1 vol. in-8. 6 fr.

Les archives de la cour des comptes, aides et finances de Montpellier, par L. MARTIN-CHABOT, archiviste-paléographe. 1 vol. in-8. 8 fr.

PHILOLOGIE et LINGUISTIQUE

*Le dialecte alaman de Colmar (Haute-Alsace) en 1870, grammaire et lexique, par M. le Prof. VICTOR HENRY. 1 vol. in-8. 8 fr.

*Études linguistiques sur la Basse-Auvergne, phonétique historique du patois de Vinzelles (Puy-de-Dôme), par ALBERT DAUZAT. Préface de M. le Prof. A. THOMAS. 1 vol. in-8. 6 fr.

*Antinomies linguistiques, par M. le Prof. VICTOR HENRY. 1 v. in-8. 2 fr.

Mélanges d'étymologie française, par M. le Prof. A. THOMAS. In-8. 7 fr.

A propos du corpus Tibullianum. *Un siècle de philologie latine classique*, par M. le Prof. A. CARTAULT. 1 vol. in-8. 18 fr.

PHILOSOPHIE

L'imagination et les mathématiques selon Descartes, par P. BOUTROUX, licencié ès lettres. 1 vol. in-8. 2 fr.

GÉOGRAPHIE

La rivière Vincent-Pinzon. *Étude sur la cartographie de la Guyane*, par M. le Prof. VIDAL DE LA BLACHE, de l'Institut. In-8, avec grav. et planches hors texte. 6 fr.

LITTÉRATURE MODERNE

*Mélanges d'histoire littéraire, par MM. FREMINET, DUPIN et DES COGNETS. Préface de M. le prof. LANSON. 1 vol. in-8. 6 fr. 50

HISTOIRE CONTEMPORAINE

*Le treize vendémiaire an IV, par HENRY ZIVY. 1 vol. in-8. 4 fr.

TRAVAUX DE L'UNIVERSITE DE LILLE

PAUL FABRE. La polyptyque du chanoine Benoît. In-8. 3 fr. 50
A. PINLOCHE. *Principales œuvres de Herbart. 7 fr. 50
A. PENJON. Pensée et réalité, de A. SPIR, trad. de l'allem. In-8. 10 fr.
— L'énigme sociale. 1902. 1 vol. in-8. 2 fr. 50
G. LEFÈVRE *Les variations de Guillaume de Champeaux et la question des Universaux. Étude suivie de documents originaux. 1898. 3 fr.
J. DEROCQUIGNY. Charles Lamb. Sa vie et ses œuvres. 1 vol. in-8 12 fr.

ANNALES DE L'UNIVERSITÉ DE LYON

Lettres intimes de J.-M. Alberoni adressées au comte J. Rocca, par Émile BOURGEOIS, 1 vol. in-8. 10 fr.
La républ. des Provinces-Unies, France et Pays-Bas espagnols, de 1630 à 1650, par A. WADDINGTON. 2 vol. in-8. 12 fr.
Le Vivarais, essai de géographie régionale, par BURDIN. 1 vol. in-8. 6 fr.

*RECUEIL DES INSTRUCTIONS
DONNÉES AUX AMBASSADEURS ET MINISTRES DE FRANCE
DEPUIS LES TRAITÉS DE WESTPHALIE JUSQU'A LA RÉVOLUTION FRANÇAISE

Publié sous les auspices de la Commission des archives diplomatiques
au Ministère des Affaires étrangères.

Beaux vol. in-8 rais., imprimés sur pap. de Hollande, avec Introduction et notes.

I. — AUTRICHE, par M. Albert SOREL, de l'Académie française. *Épuisé.*
II. — SUÈDE, par M. A. GEFFROY, de l'Institut.................. 20 fr.
III. — PORTUGAL, par le vicomte DE CAIX DE SAINT-AYMOUR..... 20 fr.
IV et V. — POLOGNE, par M. LOUIS FARGES. 2 vol............. 30 fr.
VI. — ROME, par M. G. HANOTAUX, de l'Académie française..... 20 fr.
VII. — BAVIÈRE, PALATINAT ET DEUX-PONTS, par M. André LEBON. 25 fr.
VIII et IX. — RUSSIE, par M. Alfred RAMBAUD, de l'Institut. 2 vol.
Le 1er vol. 20 fr. Le second vol...................... 25 fr.
X. — NAPLES ET PARME, par M. Joseph REINACH, député...... 20 fr.
XI. — ESPAGNE (1649-1750), par MM. MOREL-FATIO et LÉONARDON (t. I). 20 fr.
XII et XII bis. — ESPAGNE (1750-1789) (t. II et III), par les mêmes.... 40 fr.
XIII. — DANEMARK, par M. A. GEFFROY, de l'Institut............. 14 fr.
XIV et XV. — SAVOIE-MANTOUE, par M. HORRIC de BEAUCAIRE. 2 vol. 40 fr.
XVI. — PRUSSE, par M. A. WADDINGTON. 1 vol. (Couronné par l'Institut.) 28 fr.

*INVENTAIRE ANALYTIQUE
DES ARCHIVES DU MINISTÈRE DES AFFAIRES ÉTRANGÈRES
Publié sous les auspices de la Commission des archives diplomatiques

Correspondance politique de MM. de CASTILLON et de MARILLAC, ambassadeurs de France en Angleterre (1537-1542), par M. JEAN KAULEK, avec la collaboration de MM. Louis Farges et Germain Lefèvre-Pontalis. 1 vol. in-8 raisin.............. 15 fr.
Papiers de BARTHÉLEMY, ambassadeur de France en Suisse, de 1792 à 1797 par M. Jean KAULEK. 4 vol. in-8 raisin.
I. Année 1792, 15 fr. — II. Janvier-août 1793, 15 fr. — III. Septembre 1793 à mars 1794, 18 fr. — IV. Avril 1794 à février 1795, 20 fr. — V. Septembre 1794 à Septembre 1796................ 20 fr.
Correspondance politique de ODET DE SELVE, ambassadeur de France en Angleterre (1546-1549), par M. G. LEFÈVRE-PONTALIS. 1 vol. in-8 raisin........................ 15 fr.
Correspondance politique de GUILLAUME PELLICIER, ambassadeur de France à Venise (1540-1542), par M. Alexandre TAUSSERAT-RADEL. 1 fort vol. in-8 raisin................ 40 fr.

Correspondance des Deys d'Alger avec la Cour de France (1759-1833), recueillie par Eug. PLANTET, attaché au Ministère des Affaires étrangères. 2 vol. in-8 raisin avec 2 planches en taille-douce hors texte. 30 fr.
Correspondance des Beys de Tunis et des Consuls de France avec la Cour (1577-1830), recueillie par Eug. PLANTET, publiée sous les auspices du Ministère des Affaires étrangères. 3 vol. in-8 raisin. TOME I (1577-1700). *Épuisé.* — TOME II (1700-1770). 20 fr. — TOME III (1770-1830). 20 fr.

Les Introducteurs des Ambassadeurs (1585-1900). 1 vol. in-4, avec figures dans le texte et planches hors texte. 20 fr.

*REVUE PHILOSOPHIQUE
DE LA FRANCE ET DE L'ÉTRANGER
Dirigée par Th. RIBOT, Membre de l'Institut, Professeur honoraire au Collège de France.
(32ᵉ année, 1907.) — Paraît tous les mois.
Abonnement : Un an : Paris, 30 fr. — Départements et Etranger, 33 fr.
La livraison, 3 fr.
Les années écoulées, chacune 30 francs, et la livraison, 3 fr.
Tables des matières (1876-1887), in-8. 3 fr. — (1888-1895), in-8. 3 fr. — (1896-1905), in-8. 3 fr.

*REVUE GERMANIQUE (ALLEMAGNE — ANGLETERRE / ÉTATS-UNIS — PAYS SCANDINAVES)
Première année, 1905. — Paraît tous les deux mois (Cinq *numéros par an*).
Secrétaire général : M. PIQUET, professeur à l'Université de Lille.
Abonnement : Paris, 14 fr. — Départements et Etranger, 16 fr.
La livraison, 4 fr.

*Journal de Psychologie Normale et Pathologique
DIRIGÉ PAR LES DOCTEURS
Pierre JANET et Georges DUMAS
Professeur au Collège de France. Chargé de cours à la Sorbonne.
(4ᵉ année, 1907.) — Paraît tous les deux mois.
Abonnement : France et Etranger, 14 fr. — La livraison, 2 fr. 60.
Le prix d'abonnement est de 12 fr. pour les abonnés de la Revue philosophique

*REVUE HISTORIQUE
Dirigée par MM. G. MONOD, Membre de l'Institut, et Ch. BÉMONT
(32ᵉ année, 1907.) — Paraît tous les deux mois.
Abonnement : Un an : Paris, 30 fr. — Départements et Etranger, 33 fr.
La livraison, 6 fr.
Les années écoulées, chacune 30 fr.; le fascicule, 6 fr. Les fascicules de la 1ʳᵉ année, 9 fr.
TABLES GÉNÉRALES DES MATIÈRES
I. 1876 à 1880. 3 fr.; pour les abonnés, 1 fr. 50 | III. 1886 à 1890. 5 fr.; pour les abonnés, 2 fr. 50
II. 1881 à 1885. 3 fr.; — 1 fr. 50 | IV. 1891 à 1895. 3 fr.; — 1 fr. 50
V. 1896 à 1900. 3 fr.; pour les abonnés, 1 fr. 50

*ANNALES DES SCIENCES POLITIQUES
Revue bimestrielle publiée avec la collaboration des professeurs
et des anciens élèves de l'Ecole libre des Sciences politiques
(22ᵉ année, 1907.)
Rédacteur en chef : M. A. VIALLATE, Prof. à l'Ecole.
Abonnement. — Un an : Paris, 18 fr.; Départements et Etranger, 19 fr.
La livraison, 3 fr. 50.

*JOURNAL DES ÉCONOMISTES
Revue mensuelle de la science économique et de la statistique
Paraît le 15 de chaque mois par fascicules grand in-8 de 10 à 12 feuilles
Rédacteur en chef : G. DE MOLINARI, correspondant de l'Institut
Abonnement : Un an, France et Algérie, 36 fr. Six mois, 19 fr.
Union postale : Un an, 38 fr. Six mois, 20 fr. — Le numéro, 3 fr. 50
Les abonnements partent de janvier ou de juillet.
Tables des matières (1841 à 1865), in-8. 20 fr. — (1866 à 1904), in-8. 20 fr.

*Revue de l'École d'Anthropologie de Paris
Recueil mensuel publié par les professeurs. — (17ᵉ année, 1907).
Abonnement : France et Étranger, 10 fr. — Le numéro, 1 fr.
TABLE GÉNÉRALE DES MATIÈRES, 1891-1900. . . . 2 fr.

REVUE ÉCONOMIQUE INTERNATIONALE
(4ᵉ année, 1907) Mensuelle
Abonnement : Un an, France et Belgique, 50 fr.; autres pays, 56 fr.

Bulletin de la Société libre pour l'Étude psychologique de l'Enfant
10 numéros par an. — Abonnement du 1ᵉʳ octobre : 3 fr.

F. ALCAN.

BIBLIOTHÈQUE SCIENTIFIQUE
INTERNATIONALE

Publiée sous la direction de M. Émile ALGLAVE

Les titres marqués d'un astérisque * sont adoptés par le *Ministère de l'Instruction publique de France* pour les bibliothèques des lycées et des collèges.

LISTE PAR ORDRE D'APPARITION

109 VOLUMES IN-8, CARTONNÉS A L'ANGLAISE, OUVRAGES A 6, 9 ET 12 FR.

1. TYNDALL (J.). * Les Glaciers et les Transformations de l'eau, avec figures. 1 vol. in-8. 7° édition. 6 fr.
2. BAGEHOT. * Lois scientifiques du développement des nations. 1 vol. in-8. 6° édition. 6 fr.
3. MAREY. * La Machine animale. *Épuisé.*
4. BAIN. * L'Esprit et le Corps. 1 vol. in-8. 6° édition. 6 fr.
5. PETTIGREW. * La Locomotion chez les animaux, marche, natation et vol. 1 vol. in-8, avec figures. 2° édit. 6 fr.
6. HERBERT SPENCER. * La Science sociale. 1 v. in-8, 13° édit. 6 fr.
7. SCHMIDT (O.). * La Descendance de l'homme et le Darwinisme. 1 vol. in-8, avec fig. 6° édition. 6 fr.
8. MAUDSLEY. * Le Crime et la Folie. 1 vol. in-8. 7° édit. 6 fr.
9. VAN BENEDEN. * Les Commensaux et les Parasites dans le règne animal. 1 vol. in-8, avec figures. 4° édit. 6 fr.
10. BALFOUR STEWART. * La Conservation de l'énergie, avec figures. 1 vol. in-8. 6° édition. 6 fr.
11. DRAPER. Les Conflits de la science et de la religion. 1 vol. in-8. 10° édition. 6 fr.
12. L. DUMONT. * Théorie scientifique de la sensibilité. Le plaisir et la douleur. 1 vol. in-8. 4° édition. 6 fr.
13. SCHUTZENBERGER. * Les Fermentations. In-8, 6° édit. 6 fr.
14. WHITNEY. * La Vie du langage. 1 vol. in-8. 4° édit. 6 fr.
15. COOKE et BERKELEY. * Les Champignons. In-8, av. fig., 4° éd. 6 fr.
16. BERNSTEIN. * Les Sens. 1 vol. in-8, avec 91 fig. 5° édit. 6 fr.
17. BERTHELOT. * La Synthèse chimique. 1 vol. in-8. 8° édit. 6 fr.
18. NIEWENGLOWSKI (H.). * La photographie et la photochimie. 1 vol. in-8, avec gravures et une planche hors texte. 6 fr.
19. LUYS. * Le Cerveau et ses fonctions. *Épuisé.*
20. STANLEY JEVONS. * La Monnaie. *Épuisé.*
21. FUCHS. * Les Volcans et les Tremblements de terre. 1 vol. in-8, avec figures et une carte en couleurs. 5° édition. 6 fr.
22. GÉNÉRAL BRIALMONT. * Les Camps retranchés. *Épuisé.*
23. DE QUATREFAGES. * L'Espèce humaine. 1 v. in-8. 13° édit. 6 fr.
24. BLASERNA et HELMHOLTZ. * Le Son et la Musique. 1 vol. in-8. avec figures. 5° édition. 6 fr.
25. ROSENTHAL. * Les Nerfs et les Muscles. *Épuisé.*
26. BRUCKE et HELMHOLTZ. * Principes scientifiques des beaux-arts. 1 vol. in-8, avec 39 figures. 4° édition. 6 fr.

27. WURTZ. *La Théorie atomique. 1 vol. in-8. 9ᵉ édition.   6 fr.
28-29. SECCHI (le père). * Les Étoiles. 2 vol. in-8, avec 63 figures dans le texte et 17 pl. en noir et en couleurs hors texte. 3ᵉ édit.   12 fr.
30. JOLY.* L'Homme avant les métaux. *Épuisé.*
31. A. BAIN. *La Science de l'éducation. 1 vol. in-8. 9ᵉ édit.   6 fr.
32-33. THURSTON (R.). *Histoire de la machine à vapeur. 2 vol. in-8, avec 140 fig. et 16 planches hors texte. 3ᵉ édition.   12 fr.
34. HARTMANN (R.). *Les Peuples de l'Afrique. *Épuisé.*
35. HERBERT SPENCER. *Les Bases de la morale évolutionniste. 1 vol. in-8. 6ᵉ édition.   6 fr.
36. HUXLEY. *L'Écrevisse, introduction à l'étude de la zoologie. 1 vol. in-8, avec figures. 2ᵉ édition.   6 fr.
37. DE ROBERTY. *La Sociologie. 1 vol. in-8. 3ᵉ édition.   6 fr.
38. ROOD. * Théorie scientifique des couleurs. 1 vol. in-8, avec figures et une planche en couleurs hors texte. 2ᵉ édition.   6 fr.
39. DE SAPORTA et MARION. *L'Évolution du règne végétal (les Cryptogames). *Épuisé.*
40-41. CHARLTON BASTIAN. *Le Cerveau, organe de la pensée chez l'homme et chez les animaux. 2 vol. in-8, avec figures. 2ᵉ éd. 12 fr.
42. JAMES SULLY. * Les Illusions des sens et de l'esprit. 1 vol. in-8, avec figures. 3ᵉ édit.   6 fr.
43. YOUNG. * Le Soleil. *Épuisé.*
44. DE CANDOLLE. * L'Origine des plantes cultivées. 4ᵉ éd. 1 v. in-8. 6 fr.
45-46. SIR JOHN LUBBOCK. * Fourmis, abeilles et guêpes. *Épuisé.*
47. PERRIER (Edm.). La Philosophie zoologique avant Darwin. 1 vol. in-8. 3ᵉ édition.   6 fr.
48. STALLO. *La Matière et la Physique moderne. 1 vol. in-8. 3ᵉ éd., précédé d'une Introduction par Ch. Friedel.   6 fr.
49. MANTEGAZZA. La Physionomie et l'Expression des sentiments. 1 vol. in-8. 3ᵉ édit., avec huit planches hors texte.   6 fr.
50. DE MEYER. *Les Organes de la parole et leur emploi pour la formation des sons du langage. In-8, avec 51 fig.   6 fr.
51. DE LANESSAN.*Introduction à l'Étude de la botanique (le Sapin). 1 vol. in-8. 2ᵉ édit., avec 143 figures.   6 fr.
52-53. DE SAPORTA et MARION. *L'Évolution du règne végétal (les Phanérogames). 2 vol. *Épuisé.*
54. TROUESSART. *Les Microbes, les Ferments et les Moisissures. 1 vol. in-8. 2ᵉ édit., avec 107 figures.   6 fr.
55. HARTMANN (R.).*Les Singes anthropoïdes. *Épuisé.*
56. SCHMIDT (O.).*Les Mammifères dans leurs rapports avec leurs ancêtres géologiques. 1 vol. in-8, avec 51 figures   6 fr.
57. BINET et FÉRÉ. Le Magnétisme animal. 1 vol. in-8. 4ᵉ édit.   6 fr.
58-59. ROMANES. *L'Intelligence des animaux. 2 v. in-8 3ᵉ édit. 12 fr.
60. LAGRANGE (F.). Physiol. des exerc. du corps. 1 v. in-8. 7ᵉ éd. 6 fr.
61. DREYFUS.* Évolution des mondes et des sociétés. 1 v. in-8.   6 fr.
62. DAUBRÉE. * Les Régions invisibles du globe et des espaces célestes. 1 vol. in-8, avec 85 fig. dans le texte. 2ᵉ édit.   6 fr.
63-64. SIR JOHN LUBBOCK. * L'Homme préhistorique. 2 vol. *Épuisé.*
65. RICHET (Ch.). La Chaleur animale. 1 vol. in-8, avec figures.   6 fr.
66. FALSAN (A.).*La Période glaciaire. *Épuisé.*
67. BEAUNIS (H.). Les Sensations internes. 1 vol. in-8.   6 fr.
68. CARTAILHAC (E.). La France préhistorique, d'après les sépultures et les monuments. 1 vol. in-8, avec 162 figures. 2ᵉ édit.   6 fr.
69. BERTHELOT.*La Révol. chimique, Lavoisier. 1 vol. in-8. 2ᵉ éd. 6 fr.
70. SIR JOHN LUBBOCK. * Les Sens et l'Instinct chez les animaux, principalement chez les insectes. 1 vol. in-8, avec 150 figures.   6 fr.
71. STARCKE. *La Famille primitive. 1 vol. in-8.   6 fr.
72. ARLOING. * Les Virus. 1 vol. in-8, avec figures.   6 fr.

F. ALCAN.

73. TOPINARD. *L'Homme dans la Nature. 1 vol. in-8, avec fig. 6 fr.
74. BINET (Alf.). *Les Altérations de la personnalité. In-8, 2 éd. 6 fr.
75. DE QUATREFAGES (A.). *Darwin et ses précurseurs français. 1 vol. in-8. 2ᵉ édition refondue. 6 fr.
76. LEFÈVRE (A.). *Les Races et les langues. 1 vol. in-8. 6 fr.
77-78. DE QUATREFAGES (A.). *Les Émules de Darwin. 2 vol. in-8, avec préfaces de MM. Edm. PERRIER et HAMY. 12 fr.
79. BRUNACHE (P.). *Le Centre de l'Afrique. Autour du Tchad. 1 vol. in-8, avec figures. 6 fr.
80. ANGOT (A.). *Les Aurores polaires. 1 vol. in-8, avec figures. 6 fr.
81. JACCARD. * Le pétrole, le bitume et l'asphalte au point de vue géologique. 1 vol. in-8, avec figures. 6 fr.
82. MEUNIER (Stan.).*La Géologie comparée. 2ᵉ éd. in-8, avec fig. 6 fr.
83. LE DANTEC.*Théorie nouvelle de la vie. 3ᵉ éd. 1 v. in-8, avec fig. 6 fr.
84. DE LANESSAN. * Principes de colonisation. 1 vol. in-8. 6 fr.
85. DEMOOR, MASSART et VANDERVELDE. *L'évolution régressive en biologie et en sociologie. 1 vol. in-8, avec gravures. 6 fr.
86. MORTILLET (G. de). * Formation de la Nation française. 2ᵉ édit. 1 vol. in-8, avec 150 gravures et 18 cartes. 6 fr.
87. ROCHÉ (G.). *La Culture des Mers (piscifacture, pisciculture, ostréiculture). 1 vol. in-8, avec 81 gravures. 6 fr.
88. COSTANTIN (J.). *Les Végétaux et les Milieux cosmiques (adaptation, évolution). 1 vol. in-8, avec 171 gravures. 6 fr.
89. LE DANTEC. L'évolution individuelle et l'hérédité. 1 vol. in-8. 6 fr.
90. GUIGNET et GARNIER. * La Céramique ancienne et moderne. 1 vol., avec grav. 6 fr.
91. GELLÉ (E.-M.). *L'audition et ses organes. 1 v. in-8, avec grav. 6 fr.
92. MEUNIER (St.).*La Géologie expérimentale. 2ᵉ éd. in-8, av. gr. 6 fr.
93. COSTANTIN (J.). *La Nature tropicale. 1 vol. in-8, avec grav. 6 fr.
94. GROSSE (E.). *Les débuts de l'art. Introduction de L. MARILLIER. 1 vol. in-8, avec 32 gravures dans le texte et 3 pl. hors texte. 6 fr.
95. GRASSET (J.). Les Maladies de l'orientation et de l'équilibre. 1 vol. in-8, avec gravures. 6 fr.
96. DEMENŸ (G.). *Les bases scientifiques de l'éducation physique. 1 vol. in-8, avec 198 gravures. 3ᵉ édit. 6 fr.
97. MALMÉJAC (F.).*L'eau dans l'alimentation. 1 v. in-8, avec grav. 6 fr.
98. MEUNIER (Stan.). *La géologie générale. 1 v. in-8, avec grav. 6 fr.
99. DEMENŸ (G.). Mécanisme et éducation des mouvements. 2ᵉ édit. 1 vol. in-8, avec 565 gravures. 9 fr.
100. BOURDEAU (L.). Histoire de l'habillement et de la parure. 1 vol. in-8. 6 fr.
101. MOSSO (A.).*Les exercices physiques et le développement intellectuel. 1 vol. in-8. 6 fr.
102. LE DANTEC (F.). Les lois naturelles. 1 vol. in-8, avec grav. 6 fr.
103. NORMAN LOCKYER.*L'évolution inorganique. 1 vol. in-8, avec 42 gravures. 6 fr.
104. COLAJANNI (N.). *Latins et Anglo-Saxons. 1 vol. in-8. 9 fr.
105. JAVAL (E.).*Physiologie de la lecture et de l'écriture. 1 vol. in-8, avec 96 gravures, 2ᵉ édition. 6 fr.
106. COSTANTIN (J.). *Le Transformisme appliqué à l'agriculture. 1 vol. in-8, avec 105 gravures. 6 fr.
107. LALOY (L.).*Parasitisme et mutualisme en agriculture. Préface du Pʳ A. GIARD. 1 vol. in-8, avec 82 gravures. 6 fr.
108. CONSTANTIN (Capitaine). Le rôle sociologique de la guerre et le sentiment national. Suivi de la traduction de *La guerre, moyen de sélection collective*, par le Dʳ STEINMETZ. 1 vol. 6 fr.
109. LOEB. La dynamique de l'apparition de la vie. Traduit de l'allemand par MM. DAUDIN et SCHAEFFER. 1 vol. avec fig. 9 fr.

F. ALCAN.

RÉCENTES PUBLICATIONS
HISTORIQUES, PHILOSOPHIQUES ET SCIENTIFIQUES
qui ne se trouvent pas dans les collections précédentes.

ALAUX. Esquisse d'une philosophie de l'être. In-8. 1 fr.
— Les Problèmes religieux au XIX° siècle. 1 vol. in-8. 7 fr. 50
— Philosophie morale et politique. In-8. 1893. 7 fr. 50
— Théorie de l'âme humaine. 1 vol. in-8. 1895. 10 fr.
— Dieu et le Monde. Essai de phil. première. 1901. 1 vol. in-12. 2 fr. 50
AMIABLE (Louis). Une loge maçonnique d'avant 1789. 1 v. in-8. 6 fr.
ANDRÉ (L.), docteur ès lettres. Michel Le Tellier et l'organisation de l'armée monarchique. 1 vol. in-8 (couronné par l'Institut). 1906. 14 fr.
— Deux mémoires inédits de Claude Le Pelletier. In-8. 1906. 3 fr. 50
ARNAUNE (A.), directeur de la Monnaie. La monnaie, le crédit et le change, 3° édition, revue et augmentée. 1 vol. in-8. 1906. 8 fr.
ARRÉAT. Une Éducation intellectuelle. 1 vol. in-18. 2 fr. 50
— Journal d'un philosophe. 1 vol. in-18. 3 fr. 50 (Voy. p. 2 et 5.)
*Autour du monde, par les BOURSIERS DE VOYAGE DE L'UNIVERSITÉ DE PARIS. (Fondation Albert Kahn). 1 vol. gr. in-8. 1904. 5 fr.
ASLAN (G.). La Morale selon Guyau. 1 vol. in-16. 1906. 2 fr.
ATGER (F.). Hist. des doctrines du Contrat social. 1 v. in-8. 1906. 8 fr.
AZAM. Hypnotisme et double conscience. 1 vol. in-8. 9 fr.
BACHA (E.). Le Génie de Tacite. 1 vol. in-18. 4 fr.
BALFOUR STEWART et TAIT. L'Univers invisible. 1 vol. in-8. 7 fr.
BELLANGER (A.), docteur ès lettres. Les concepts de cause et l'activité intentionnelle de l'esprit. 1 vol. in-8. 1905. 5 fr.
BENOIST-HANAPPIER (L.), docteur ès lettres. Le drame naturaliste en Allemagne. In-8. Couronné par l'Académie française. 1905. 7 fr. 50
BERNATH (de). Cléopâtre. Sa vie, son règne. 1 vol in-8. 1903. 8 fr.
BERTON (H.), docteur en droit. L'évolution constitutionnelle du second empire. Doctrines, textes, histoire. 1 fort vol. In-8. 1900. 12 fr.
BLUM (E.), agrégé de philosophie. *La Déclaration des Droits de l'homme. Texte et commentaire. Préface de M. G. COMPAYRÉ, Inspecteur général. Récompensé par l'Institut. 3° édit. 1 vol. in-8. 1905. 3 fr. 75
BOURDEAU (Louis). Théorie des sciences. 2 vol. in-8. 20 fr.
— La Conquête du monde animal. In-8. 5 fr.
— La Conquête du monde végétal. In-8. 1893. 5 fr.
— L'Histoire et les historiens. 1 vol. in-8. 7 fr. 50
— *Histoire de l'alimentation. 1894. 1 vol. in-8. 5 fr.
BOUTROUX (Em.), de l'Institut. *De l'idée de loi naturelle dans la science et la philosophie. 1 vol. in-8. 2 fr. 50.
BRANDON-SALVADOR (M°°). A travers les moissons. Ancien Test. Talmud. Apocryphes. Poètes et moralistes juifs du moyen âge. In-16. 1903. 4 fr.
BRASSEUR. La question sociale. 1 vol. in-8. 1900. 7 fr. 50
BROOKS ADAMS. Loi de la civilisation et de la décadence. In-8. 7 fr. 50
BROUSSEAU (K.). Éducation des nègres aux États-Unis. In-8. 7 fr. 50
BÜCHER (Karl). Études d'histoire et d'économie polit. In-8. 1901. 6 fr.
BUDÉ (E. de). Les Bonaparte en Suisse. 1 vol. in-12. 1905. 3 fr. 50
BUNGE (C.-O.). Psychologie individuelle et sociale. In-16. 1904. 3 fr.
CANTON (G.). Napoléon antimilitariste. 1902. In-16. 3 fr. 50
CARDON (G.). *La Fondation de l'Université de Douai. In-8. 10 fr.
CELS (A.). Science de l'homme et anthropologie. 1904. 1 v. in-8. 7 fr. 50
CHARRIAUT (H.). Après la séparation. Enquête sur l'avenir des Églises. 1 vol. in-12. 1905. 3 fr. 50
CLAMAGERAN. La Réaction économique et la démocratie. In-18. 1 fr. 25
— La lutte contre le mal. 1 vol. in-18. 1897. 3 fr. 50

CLAMAGERAN. **Études politiques, économiques et administratives.**
Préface de M. BERTHELOT. 1 vol. gr. in-8. 1904. 10 fr.
— **Philosophie religieuse.** *Art et voyages.* 1 vol. in-12. 1904. 3 fr. 50
— **Correspondance (1849-1902).** 1 vol. gr. in-8. 1905. 10 fr.
COLLIGNON (A.). **Diderot.** 2ᵉ édit. 1907. In-12. 3 fr. 50
COMBARIEU (J.). *Les rapports de la musique et de la poésie considérés au point de vue de l'expression. 1 vol. in-8. 1893. 7 fr. 50
Congrès de l'Éducation sociale, Paris 1900. 1 vol. in-8. 1901. 10 fr.
IVᵉ Congrès international de Psychologie, Paris 1900. In-8. 20 fr.
Vᵉ Congrès international de Psychologie, Rome 1905. In-8. 20 fr.
Congrès de l'enseignement des Sciences sociales, Paris 1900.
1 vol. in-8. 1901. 7 fr. 50
COSTE. Économie polit. et physiol. sociale. In-18. 3 fr. 50 (V. p. 2 et 6).
COUBERTIN (P. de). **La gymnastique utilitaire.** *Défense. Sauvetage. Locomotion.* 2ᵉ édit. 1 vol. in-12. 2 fr. 50
COUTURAT (Louis). *De l'infini mathématique. In-8. 1896. 12 fr.
DANY (G.), docteur en droit. *Les idées politiques en Pologne à la fin du XVIIIᵉ siècle. La Constit. du 3 mai 1793. In-8. 1901. 6 fr.
DAREL (Th.). **La Folie.** Ses causes. Sa thérapeutique. 1901. In-12. 4 fr.
— **Le peuple-roi.** *Essai de sociologie universaliste.* In-8. 1904. 3 fr. 50
DAURIAC. **Croyance et réalité.** 1 vol. in-18. 1889. 3 fr. 50
— **Le Réalisme de Reid.** In-8. 1 fr.
DEFOURNY (M.). La sociologie positiviste. Auguste Comte. In-8. 1902. 6 fr.
DERAISMES (Mˡˡᵉ Maria). Œuvres complètes. 4 vol. Chacun. 3 fr. 50
DESCHAMPS. **Principes de morale sociale.** 1 vol. in-8. 1903. 3 fr. 50
DESPAUX. **Genèse de la matière et de l'énergie.** In-8. 1900. 4 fr.
— **Causes des énergies attractives.** 1 vol. in-8. 1902. 5 fr.
— **Explication mécanique de la matière, de l'électricité et du magnétisme.** 1 vol. in-8. 1905. 4 fr.
DOLLOT (R.), docteur en droit. **Les origines de la neutralité de la Belgique (1609-1830).** 1 vol. in-8. 1902. 10 fr.
DUBUC (P.). *Essai sur la méthode en métaphysique. 1 vol. in-8. 5 fr.
DUGAS (L.). *L'amitié antique. 1 vol. in-8. 7 fr. 50
DUNAN. *Sur les formes a priori de la sensibilité. 1 vol. in-8. 5 fr.
DUNANT (E.). **Les relations diplomatiques de la France et de la République helvétique (1798-1803).** 1 vol. in-8. 1902. 20 fr.
DU POTET. **Traité complet de magnétisme.** 5ᵉ éd. 1 vol. in-8. 8 fr.
— Manuel de l'étudiant magnétiseur. 6ᵉ éd., gr. in-18, avec fig. 3 fr. 50
— Le magnétisme opposé à la médecine. 1 vol. in-8. 6 fr.
DUPUY (Paul). **Les fondements de la morale.** In-8. 1900. 5 fr.
— **Méthodes et concepts.** 1 vol. in-8. 1903. 5 fr.
*Entre Camarades, par les anciens élèves de l'Université de Paris. *Histoire, littérature, philologie, philosophie.* 1901, in-8. 10 fr.
ESPINAS (A.). *Les Origines de la technologie. 1 vol. in-8. 1897. 5 fr.
FERRÈRE (F.). **La situation religieuse de l'Afrique romaine** depuis la fin du IVᵉ siècle jusqu'à l'invasion des Vandales. 1 v. in-8. 1898. 7 fr. 50
FERRIÈRE (Em.). **Les Apôtres**, essai d'histoire religieuse. 1 vol. in-12. 4 fr. 50
— **L'Ame est la fonction du cerveau.** 2 volumes in-18. 7 fr.
— **Le Paganisme des Hébreux.** 1 vol. in-18. 3 fr. 50
— **La Matière et l'Énergie.** 1 vol. in-18. 4 fr. 50
— **L'Ame et la Vie.** 1 vol. in-18. 4 fr. 50
— **Les Mythes de la Bible.** 1 vol. in-18. 1893. 3 fr. 50
— **La Cause première d'après les données expérim.** In-18. 1896. 3 fr. 50
— **Étymologie de 400 prénoms.** In-18. 1898. 1 fr. 50. (V. p. 11.)
Fondation universitaire de Belleville (La). Ch. GIDE. *Travail intellect. et travail manuel;* J. BARDOUX. *Prem. efforts et prem. année.* In-16. 1 fr. 50
GELEY (G.). **Les preuves du transformisme et les enseignements de la doctrine évolutionniste.** 1 vol. in-8. 1901. 6 fr.

F. ALCAN.

GILLET (M.). **Fondement intellectuel de la morale.** In-8. 3 fr. 75
GIRAUD-TEULON. **Les origines de la papauté** *d'après Dollinger.* 1 vol. in-12. 1905. 2 fr.
GOURD. **Le Phénomène.** 1 vol. in-8. 7 fr. 50
GREEF (Guillaume de). **Introduction à la Sociologie.** 2 vol. in-8. 10 fr.
— L'évol. des croyances et des doctr. polit. In-12. 1895. 4 fr.(V.p.3 et 8.)
GRIVEAU (M.). **Les Éléments du beau.** In-18. 4 fr. 50
— **La Sphère de beauté,** 1901. 1 vol. in-8. 10 fr.
GUEX (F.), professeur à l'Université de Lausanne. **Histoire de l'Instruction et de l'Éducation.** In-8 avec gravures, 1906. 6 fr.
GUYAU. **Vers d'un philosophe.** In-18. 3ᵉ édit. 3 fr. 50
HALLEUX (J.). **L'Évolutionnisme en morale** (*H. Spencer*). In-12. 1901. 3 fr. 50
HALOT (C.). **L'Extrême-Orient.** *Études d'hier. Événements d'aujourd'hui.* 1 vol. in-16. 1905. 4 fr.
HOCQUART (E.). **L'Art de juger le caractère des hommes sur leur écriture,** préface de J. CRÉPIEUX-JAMIN. Br. in-8. 1898. 1 fr.
HORVATH, KARDOS et ENDRODI. ***Histoire de la littérature hongroise,** adapté du hongrois par J. KONT. Gr. in-8, avec gr. 1900. Br. 10 fr. Rel. 15 fr.
ICARD. **Paradoxes ou vérités.** 1 vol. in-12. 1895. 3 fr. 50
JAMES (W.). **L'Expérience religieuse,** traduit par F. ABAUZIT, agrégé de philosophie. 1 vol. in-8°. 2ᵉ éd. 1907. Cour. par l'Acad. française. 10 fr.
JANSSENS (E.). **Le néo-criticisme de Ch. Renouvier.** In-16. 1904. 3 fr. 50
— **La philosophie et l'apologétique de Pascal.** 1 vol. in-16. 4 fr.
JOURDY (Général). **L'Instruction de l'armée française,** de 1815 à 1902. 1 vol. in-16. 1903. 3 fr. 50
JOYAU. **De l'invention dans les arts et dans les sciences.** 1 v. in-8. 5 fr.
— **Essai sur la liberté morale.** 1 vol. in-18. 3 fr. 50
KARPPE (S.), docteur ès lettres. **Les origines et la nature du Zohar,** précédé d'une *Étude sur l'histoire de la Kabbale.* 1901. In-8. 7 fr. 50
KAUFMANN. **La cause finale et son importance.** In-12. 2 fr. 50
KINGSFORD (A.) et MAITLAND (E.). **La Voie parfaite ou le Christ ésotérique,** précédé d'une préface d'Edouard SCHURÉ. 1 vol. in-8. 1892. 6 fr.
KOSTYLEFF. **Esquisse d'une évolution dans l'histoire de la philosophie.** 1 vol. in-16. 1903. 2 fr. 50
— **Les substituts de l'âme dans la psychologie moderne.** 1 vol. in-8. 1906. 4 fr.
LACOMBE (Cˡ de). **La maladie contemporaine.** *Examen des principaux problèmes sociaux au point de vue positiviste.* 1 vol. in-8. 1906. 3 fr. 50
LAFONTAINE. **L'art de magnétiser.** 7ᵉ édit. 1 vol. in-8. 5 fr.
— **Mémoires d'un magnétiseur.** 2 vol. gr. in-18. 7 fr.
LANESSAN (de). **Le Programme maritime de 1900-1906.** In-12. 2ᵉ éd. 1903. 3 fr. 50
LASSERRE (A.). **La participation collective des femmes à la Révolution française.** In-8. 1905. 5 fr.
LAVELEYE (Em. de). **De l'avenir des peuples catholiques.** In-8. 25 c.
LEFÉBURE (Cˡ). **Méthode de gymnastique éducative.** 1905. In-8. 5 fr.
LEMAIRE (P.). **Le cartésianisme chez les Bénédictins.** In-8. 6 fr. 50
LEMAITRE (J.), professeur au Collège de Genève. **Audition colorée et phénomènes connexes observés chez des écoliers.** In-12. 1900. 4 fr.
LETAINTURIER (J.). **Le socialisme devant le bon sens.** In-18. 1 fr. 50
LEVI (Eliphas). **Dogme et rituel de la haute magie.** 3ᵉ édit. 2 vol. in-8, avec 24 figures. 18 fr.
— **Histoire de la magie.** Nouvelle édit. 1 vol. in-8, avec 90 fig. 12 fr.
— **La clef des grands mystères.** 1 vol. in-8, avec 22 pl. 12 fr.
— **La science des esprits.** 1 vol. 7 fr.
LEVY (L.-G.), docteur ès lettres. **La famille dans l'antiquité israélite.** 1 vol. in-8. 1905. Couronné par l'Académie française. 5 fr.

F. ALCAN.

LÉVY-SCHNEIDER (L.), docteur ès lettres. **Le conventionnel Jeanbon Saint-André (1749-1813). 1901. 2 vol. in-8.** 15 fr.
LICHTENBERGER (A.). **Le socialisme au XVIII° siècle.** In-8. 7 fr. 50
LIESSE (A.), prof. au Conservatoire des Arts et Métiers. **La statistique.** *Ses difficultés. Ses procédés. Ses résultats.* In-16, 1905. 2 fr. 50
MABILLEAU (L.). *Histoire de la philos. atomistique. In-8. 1895. 12 fr.
MAGNIN (E.). **L'art et l'hypnose.** 1 vol. in-8 avec gravures et planches, cart. 1906. 20 fr.
MAINDRON (Ernest). *L'Académie des sciences (Histoire de l'Académie; fondation de l'Institut national; Bonaparte, membre de l'Institut). In-8 cavalier, 53 grav., portraits, plans. 8 pl. hors texte et 2 autographes. 6 fr.
MANDOUL (J.) **Un homme d'État italien : Joseph de Maistre.** In-8. 8 fr.
MARGUERY (E.). **Le droit de propriété et le régime démocratique.** 1 vol. in-16. 1905. 2 fr. 50
MARIÉTAN (J.). **La classification des sciences, d'Aristote à saint Thomas.** 1 vol. in-8. 1901. 3 fr.
MATAGRIN. **L'esthétique de Lotze.** 1 vol. in-12. 1900. 2 fr.
MERCIER (Mgr). **Les origines de la psych. contemp.** In-12. 1898. 5 fr.
MICHOTTE (A.). **Les signes régionaux** (répartition de la sensibilité tactile). 1 vol. in-8 avec planches, 1905. 5 fr.
MILHAUD (G.) *Le positiv. et le progrès de l'esprit. In-16. 1902. 2 fr. 50
MILLERAND, FAGNOT, STROHL. **La durée légale du travail.** in-12. 1906. 2 fr. 50
MODESTOV (B). **Introduction à l'Histoire romaine.** *L'ethnologie préhistorique, les influences civilisatrices à l'époque préromaine et les commencements de Rome,* traduit du russe sur MICHEL DELINES. Avant-propos de M. SALOMON REINACH, de l'Institut. 1 vol. in-4 avec 36 planches hors texte et 27 figures dans le texte. 1907. 15 fr.
MONNIER (Marcel). *Le drame chinois. 1 vol. in-16. 1900. 2 fr. 50
NEPLUYEFF (N. de). **La confrérie ouvrière et ses écoles,** in-12. 2 fr.
NODET (V.). **Les agnosies, la cécité psychique.** In-8. 1899. 4 fr.
NOVICOW (J.). **La Question d'Alsace-Lorraine.** In-8.1 fr. (V. p. 4, 10 et 19.)
— **La Fédération de l'Europe.** 1 vol. in-18. 2° édit. 1901. 3 fr. 50
— **L'affranchissement de la femme.** 1 vol. in-16. 1903. 3 fr.
OVERBERGH (C. VAN). **La réforme de l'enseignement.** 2 vol. in-8. 1906. 10 fr.
PARIS (Comte de). **Les Associations ouvrières en Angleterre** (Trades-unions). 1 vol. in-18. 7° édit. 1 fr. — Édition sur papier fort. 2 fr. 50
PARISET (G.), professeur à l'Université de Nancy. **La Revue germanique de Dollfus et Nefftzer.** In-8. 1906. 2 fr.
PAUL-BONCOUR (J.). **Le fédéralisme économique,** préf. de M. WALDECK-ROUSSEAU. 1 vol. in-8. 2° édition. 1901. 6 fr.
PAULHAN (Fr.). **Le Nouveau mysticisme.** 1 vol. in-18. 2 fr. 50
PELLETAN (Eugène). *La Naissance d'une ville (Royan). In-18. 2 fr.
— *Jarousseau, le pasteur du désert. 1 vol. in-18. 2 fr.
— *Un Roi philosophe : *Frédéric le Grand.* In-18. 3 fr. 50
— **Droits de l'homme.** In-16. 3 fr. 50
— **Profession de foi du XIX° siècle.** In-16. 3 fr. 50
PEREZ (Bernard). **Mes deux chats.** In-12, 2° édition. 1 fr. 50
— **Jacotot et sa Méthode d'émancipation intellect.** In-18. 3 fr.
— **Dictionnaire abrégé de philosophie.** 1893. in-12. 1 fr. 50 (V. p. 9.)
PHILBERT (Louis). **Le Rire.** In-8. (Cour. par l'Académie française.) 7 fr. 50
PHILIPPE (J.). **Lucrèce dans la théologie chrétienne.** In-8. 2 fr. 50
PHILIPPSON (J.). **L'autonomie et la centralisation du système nerveux des animaux.** 1 vol. in-8 avec planches. 1905. 5 fr.
PIAT (C.). **L'Intellect actif.** 1 vol. in-8. 4 fr.
— **L'Idée ou critique du Kantisme.** 2° édition 1901. 1 vol. in-8. 6 fr.

PICARD (Ch.). **Sémites et Aryens** (1893). In-18. 1 fr. 50
PICTET (Raoul). **Étude critique du matérialisme et du spiritualisme par la physique expérimentale**. 1 vol. gr. in-8. 10 fr.
PINLOCHE (A.), professeur hon⁰ⁿ de l'Univ. de Lille. *Pestalozzi et l'éducation populaire moderne. In-16. 1902. (Cour. par l'Institut.) 2 fr. 50
POËY. **Littré et Auguste Comte**. 1 vol. in-18. 3 fr. 50
PRAT (Louis). **Le mystère de Platon (Aglaophamos)**. 1 v. in-8. 1900. 4 fr.
— **L'Art et la beauté (Kalliklès)**. 1 vol. in-8. 1903. 5 fr.
Protection légale des travailleurs (La). 1 vol. in-12. 1904. 3 fr. 50
Les dix conférences composant ce volume se vendent séparées chacune. 0 fr. 60
REGNAUD (P.). **L'origine des idées éclairée par la science du langage**. 1904. In-12. 1 fr. 50
RENOUVIER, de l'Inst. **Uchronie**. *Utopie dans l'Histoire*. 2ᵉ éd. 1901. In-8. 7 50
ROBERTY (J.-E.) **Auguste Bouvier**, pasteur et théologien protestant. 1826-1893. 1 fort vol. in-12. 1901. 3 fr. 50
ROISEL. **Chronologie des temps préhistoriques**. In-12. 1900. 1 fr.
ROTT (Ed.). **La représentation diplomatique de la France auprès des cantons suisses confédérés**. T. I (1498-1559). Gr. in-8. 1900, 12 fr. — T. II (1559-1610). Gr. in-8. 1902. T. III (1610-1626). Gr. in-8. 1906. 20 fr.
SABATIER (C.). **Le Dupleisme humain**. 1 vol. in-18. 1906. 2 fr. 50
SAUSSURE (L. de). *Psychol. de la colonisation franç. In-12. 3 fr. 50
SAYOUS (E.), *Histoire générale des Hongrois. 2ᵉ éd. revisée. 1 vol. grand in-8, avec grav. et pl. hors texte. 1900. Br. 15 fr. Relié. 20 fr.
SCHILLER (Études sur), par MM. SCHMIDT, FAUCONNET, ANDLER, XAVIER LÉON, SPENLÉ, BALDENSPERGER, DRESCH, TIBAL, EHRHARD, Mᵐᵉ TALAYRACH D'ECKARDT, H. LICHTENBERGER, A. LÉVY. In-8. 1906. 4 fr.
SCHINZ. **Problème de la tragédie en Allemagne**. In-8. 1903. 1 fr. 25
SECRÉTAN (H.). **La Société et la morale**. 1 vol. in-12. 1897. 3 fr. 50
SEIPPEL (P.), professeur à l'École polytechnique de Zurich. **Les deux Frances et leurs origines historiques**. 1 vol. in-8. 1906. 7 fr. 50
SIGOGNE (E.). **Socialisme et monarchie**. In-16. 1906. 2 fr. 50
SKARZYNSKI (L.). *Le progrès social à la fin du XIXᵉ siècle. Préface de M. LÉON BOURGEOIS. 1901. 1 vol. in-12. 4 fr. 50
SOREL (Albert), de l'Acad. franç. **Traité de Paris de 1815**. In-8. 4 fr. 50
TEMMERMAN, directeur d'École normale. **Notions de psychologie appliquées à la pédagogie et à la didactique**. In-8, avec fig. 1903. 3 fr.
VALENTINO (Dʳ Ch.). **Notes sur l'Inde**. In-16. 1906. 4 fr.
VAN BIERVLIET (J.-J.). **Psychologie humaine**. 1 vol. in-8. 8 fr.
— **La Mémoire**. Br. in-8. 1893. 2 fr.
— **Études de psychologie**. 1 vol. in-8. 1901. 4 fr.
— **Causeries psychologiques**. 2 vol. in-8. Chacun. 3 fr.
— **Esquisse d'une éducation de la mémoire**. 1904. In-16. 2 fr.
VERMALE (F). **La répartition des biens ecclésiastiques nationalisés dans le département du Rhône**. In-8. 1906. 2 fr. 50
VITALIS. **Correspondance politique de Dominique de Gabre**. 1904. 1 vol. in-8. 12 fr. 50
WYLM (Dʳ A.). **La morale sexuelle**. 1907. In-8. 5 fr.
ZAPLETAL. **Le récit de la création dans la Genèse**. In-8. 3 fr. 50
ZOLLA (D.). **Les questions agricoles d'hier et d'aujourd'hui**. 1894, 1895. 2 vol. in-12. Chacun. 3 fr. 50

F. ALCAN.

TABLE ALPHABÉTIQUE DES AUTEURS

Adam 5, 13	Bücher (Karl)...... 26	Dumas (G.).... 2, 7, 22	Hébert............ 3
Alaux......... 2, 26	Budé............. 26	Dumont............ 23	Hegel............. 13
Arglave........... 23	Bunge (G. O.)...... 26	Dumoulin.......... 16	Heimholtz......... 13
Allier............. 2	Burd.n............ 21	Dunan........ 2, 27	Hemon............ 8
Altmeyr........... 25	Bureau............ 15	Dunant (E.)....... 27	Henneguy........ 27
Amiable........... 26	Cahen (L.)........ 16	Du Potet........... 27	Henry (Victor)... 20
André............. 26	Caix de St-Aymour.. 21	Duprat........ 2, 7	Herbart........... 13
Annales de sociologie 22	Candolle........... 24	Duproix...... 7, 13	Herbert Spencer.Voy.
Andler............ 17	Canton............ 26	Dupuy............ 27	Spencer.
Angot............. 25	Cardon............ 26	Durand (de Gros). 3, 7	Herckenrath....... 3
Ansiaux........... 25	Carnot............ 16	Durkheim...... 3, 7	Hirth............. 8
Aristote........... 12	Carra de Vaux..... 14	Duval............. 17	Hocquart......... 25
Arloing........... 24	Carrau............. 6	Egger.............. 7	Höffding.......... 8
Arnauné.......... 26	Cartailhac........ 24	Eichthal (d')..... 3, 19	Horric de Beaucaire. 26
Arnold (Matthew)... 26	Cartault...... 19, 20	Ellis Stevens...... 18	Horvath.......... 28
Arréat...... 2, 5, 26	Cels............. 26	Encausse........... 3	Huxley........... 24
Aslan............. 26	Chabot............ 6	Endrodi........... 28	Icard............. 3
Atger............. 26	Chantavoine...... 14	Erasme............ 13	Isambert...... 8, 10
Aubry............. 6	Charriaut......... 26	Espinas....... 3, 7, 27	Jaccard........... 25
Auerbach.......... 18	Charlton Bastian.. 24	Fabre (J.)......... 12	Jacoby............ 8
Aulard............ 16	Clamageran... 26, 27	Fabre (P.)......... 16	Jaell.............. 3
Azam............. 26	Clay............... 6	Fagnot............ 29	James........... 28
Bachat............ 26	Colajanni.......... 25	Faivre............. 3	Janet (Paul)... 3, 8, 12
Bacon............. 12	Collignon.......... 27	Farges............ 21	Janet (Pierre).... 8, 12
Bagehot........... 23	Collins............ 6	Favre (Mme J.).... 12	Janssens.......... 26
Bain (Alex.).. 6, 23, 24	Combarieu........ 27	Fédérici........... 26	Jaukelwitch....... 11
Ballet (Gilbert).... 2	Combes de Lestrade. 18	Féré.......... 3, 24	Jaurès............ 3
Baldwin........... 6	Comte (A.)........ 15	Ferrère............ 27	Javal............. 26
Balfour Stewart.. 23, 26	Constantin........ 25	Ferrero........ 7, 9	Joly (H.)......... 14
Bardoux........ 6, 27	Cooke............. 26	Ferri (Enrico)... 3, 7	Joly.............. 24
Barni............. 19	Cordier............ 18	Ferri (L.)......... 7	Jourdy............ 26
Barthélemy St-Hilaire 6	Cosentini.......... 4	Ferrière........... 27	Joyau............. 28
Barzi............. 12	Costantin.......... 25	Fiorens-Gevaert... 3	Kant.............. 12
Barzelotti......... 6	Coste......... 2, 6, 27	Figard............. 12	Kardos............ 3
Basch........ 13, 15	Couailhac......... 14	Finot.............. 3	Karppe........ 8, 28
Bayot............. 2	Coubertin......... 27	Fleury (de)........ 3	Kaufmann......... 28
Bazaillas.......... 6	Couchoud.......... 6	Fonsegrive..... 3, 7	Kaulek............ 21
Beaunis........... 24	Courant...... 14, 18	Foucault........... 7	Kingsford......... 28
Beaussire..... 2, 13, 26	Courcelle.... 13, 14, 23	Fouillée..... 3, 7, 12	Kostyleff.......... 25
Bellamy........... 15	Couturat.......... 6	Fournière..... 3, 8, 15	Krantz............ 12
Bellanger......... 26	Crépieux-Jamin... 6	Franck............ 3	Lachelier.......... 4
Belot............. 6	Cresson....... 2, 6, 13	Fuchs............. 23	Lacombe.......... 2
Benard............ 12	Daendliker........ 18	Fulliquet.......... 8	Lacombe (de)..... 28
Beneden (Van)... 21, 23	Damé............. 18	Gaffarel....... 17, 18	Lafaye............ 20
Benoist-Hanappier.. 26	Danville........... 2	Gaisman........... 17	Lafontaine........ 26
Bérard (V.)....... 18	Dany.............. 27	Garnier........... 16	Lafontaine (A.)... 13
Bergson......... 2, 6	Darel (Th.)........ 7	Garofalo........... 8	Lagrange......... 24
Berkeley....... 13, 23	Daubrée........... 24	Gauckler........... 3	Laisant............ 3
Bernard (A.)...... 17	Dauriac....... 2, 6, 27	Geffroy........... 21	Lalande........... 9
Bernath (de)...... 26	Dauzat (A.)........ 20	Geley........... 3, 27	Laloy............. 25
Bernstein.......... 23	Deberle............ 18	Gellé.............. 25	Lampérière........ 3
Bertauld.......... 2	Debidour.......... 16	Gérard-Varet...... 8	Landry........ 3, 9
Berthelot...... 23, 24	Defourny........... 27	Gide............... 27	Lanessan (de) 9, 15,
Berton............ 26	Delacroix.......... 13	Gillet............. 28	17, 24, 25, 28
Bertrand.......... 6	De la Grasserie... 6	Giraud-Teulon.... 28	Lang.............. 9
Binet........ 2, 6, 24, 26	Delbos............. 8	Gley............... 8	Lange............. 3
Blanc (Louis)... 17, 19	Delord........ 17, 19	Goblot........... 3, 8	Langlois.......... 18
Blaserna.......... 23	Delvaille.......... 6	Godfernaux........ 3	Lanson........... 20
Blondel........... 2	Delvolve........... 2	Gomel............. 16	Lapie........ 3, 9, 17
Blum............. 26	Demeny........... 25	Gompers.......... 12	Laschi............. 9
Boirac............ 6	Demoor........... 25	Gory.............. 8	Lasserre.......... 28
Boiteau........... 16	Depasse........... 19	Gourd............ 28	Laugel........ 3, 17
Bolton King...... 18	Deraismes......... 27	Grasset...... 3, 8, 25	Lauvrière......... 9
Bondois........... 16	Derocquigny....... 20	Groef (de).... 3, 8, 28	Laveleye (de .. 9, 19, 26
Bonet-Maury..... 19	Deschamps........ 27	Griveau........... 28	Leblond (M.-A.).. 17
Bos............... 2	Deschanel......... 19	Groos............. 8	Lebon (A.)....... 21
Boucher.......... 2	Despaux........... 27	Grosse............ 25	Le-Bon (G.)..... 3, 9
Bouglé........ 2, 6, 15	Despois............ 16	Guéroult.......... 19	Léchalas....... 3, 9
Bourdeau (J.).... 2, 19	Dewaule........... 6	Guex.............. 28	Lechartier........ 9
Bourdeau (L.).. 6, 25, 26	Dick May......... 15	Guillard........... 17	Leclère (A.)....... 9
Bourdon........... 6	D'Indy............ 14	Guignet........... 25	Le Dantec.... 3, 9, 26
Bourgeois (E.).... 21	Doellinger......... 16	Guiraud........... 19	Lefébure......... 28
Bourier........... 18	Dollot............. 27	Gurney............ 8	Lefèvre (A.)...... 25
Boutroux (E.).. 2, 6, 26	Domet de Vorges.. 14	Guyau...... 3, 8, 13, 28	Lefèvre (G.)..... 3, 20
Boutroux (P.)..... 20	Draghicesco....... 8	Guyot............. 12	Lefèvre-Pontalis.. 21
Brandon-Salvador.. 26	Draper............ 23	Halévy (E ie).. 8, 12	Lemaire.......... 28
Braunschvicg..... 6	Dreyfus (C.)...... 24	Halleux............ 28	Lemaire.......... 28
Brasseur.......... 26	Dreyfus-Brisac... 13	Halot............. 28	Léon (Xavier)..... 9
Bray.............. 6	Driault........ 16, 21	Hannequin........ 8	Léonardon..... 14, 21
Brenet............ 14	Droz............... 13	Hanotaux.......... 21	Leroy (Bernard).. 9
Brochard.......... 6	Dubuc............. 6	Hartenberg........ 8	Leroy-Beaulieu (A.). 14
Brooks Adams..... 26	Duclaux........... 15	Hartmann (E. de). 3	Letourneau....... 28
Brousseau......... 26	Dufour (Médéric).. 7	Hartmann (R.).... 24	Lévi (Eliphas).... 26
Brucke............ 23	Dugald-Stewart... 13	Hatzfeld...... 12, 14	Lévy (A.)....... 9, 13
Brunache......... 25	Dugas......... 2, 27	Hauser............ 15	Lévy-Bruhl..... 9, 26
Brunschvicg..... 2, 6	Du Maroussem.... 15	Hauvette.......... 19	Lévy (L.-G.)...... 28

F. ALCAN.

Lévy-Schneider	29	Nodet	29	Reinach (J.)	19, 21	Starcke	24
Liard	4, 9, 12	Noël	13	Renard	4, 10	Stein	11
Lichtenberger (A.)	19, 29	Noel	17	Renouvier	10, 30	Strauss	15
Lichtenberger (H.)	4, 9	Nordau (Max)	4, 10	Réville	4	Strothl.	30
Liesse	29	Norman Lockyer	25	Reynald	13	Srrowski	14
Lœb	25	Novicow	4, 10, 19, 29	Ribéry	10	Stuart Mill	5, 11
Lombard	20	Oldenberg	10	Ribot (Th.)	4, 5, 10, 11, 22	Sully (James)	11, 24
Lombroso	4, 9	Ogereau	11	Ricardou	11	Sully Prudhomme	5, 11
Lubac	9	Ollé-Laprune	13	Richard	5, 11	Swarte (de)	12
Lubbock	4, 24	Ossip-Lourié	4, 10	Richet	5, 24	Swift	5
Luchaire	20	Ouvré	10, 12	Riemann	11	Sybel (H. de)	16
Luquet	9	Overbergh (Van)	29	Rignano	13	Tait	26
Lyon (Georges)	4, 9	Palante	4, 10	Rivaud	11, 12	Tannery	12
Mabilleau	29	Papus	3	Roberty (de)	5, 11, 24	Tanon	5
Magnin	29	Paris (Cte de)	29	Roberty	30	Tarde	5, 11, 15
Maitland	28	Pariset	29	Roché	25	Tardieu (E.)	11
Maindron	29	Paul-Boncour	29	Rodier	12	Tardieu (A.)	17
Malapert	9	Paul-Boncour (J.)	4	Rodocanachi	18	Tausserat-Radel	24
Malméjac	25	Paul Louis	19	Roisel	5, 30	Tchernoff	17
Mandoul	29	Paulet	11	Romanes	11, 24	Temmermann	30
Mantegazza	24	Paulhan	4, 10, 29	Rood	24	Thamin	5
Marguery	4, 29	Payot	10	Rott	30	Thomas (A.)	20
Mariétan	29	Pellet	16	Rousseau (J.-J.)	13	Thomas (P.-F.)	5, 11, 13
Marion	9	Pelletan	29	Roussel-Despierres	5	Thurston	24
Martin-Chabot	20	Penjon	10	Ruyssen	11, 14	Tissié	5
Martin (F.)	9	Peres	10	Sabatier (G.)	30	Topinard	25
Martin (J.)	14	Perez (Bernard)	10, 29	Saigey	11, 13	Trouessart	24
Massard	25	Perrier	24	Saint-Paul	11	Turmann	15
Matagrin	29	Pettigrew	23	Saleilles	15	Turot	15
Mathez	16	Philbert	16	Sanz y Escartin	11	Tyndall	23
Matter	18, 29	Philippe (J.)	4, 29	Saussure	30	Vacherot	11
Maudsley	23	Philippson	29	Sayous	18, 30	Valentino	30
Maxion	4, 13	Piat	10, 13, 14, 29	Scheffer	17, 12	Vallaux	20
Maxwell	9	Picard (Ch.)	29	Schelling	13	Van Biervliet	30
Mercier (Mgr)	29	Picard (E.)	30	Schinz	30	Vandervelde	15, 25
Métin	15, 17, 18	Picavet	10, 12, 13	Schmidt	23, 24	Vermale	30
Meunier (Stan.)	25	Pictet	30	Schmidt (Ch.)	17	Véra	13
Meyer (de)	24	Piderit	10	Schopenhauer	5, 11	Véron	17
Michotte	29	Pillon	4, 10	Schutzenberger	23	Vialiate	14, 22
Milhaud (E.)	4, 12, 29	Pinloche	20, 30	Secrétan (H.)	30	Vidal de la Blache	20
Milhaud (G.)	18	Pioger	4, 10	Seignobos	15	Vignon	17
Mill. Voy. Stuart Mill.		Piolet	17	Séailles	11	Vitalis	30
Millerand		Piriou	18	Secchi	24	Waddington	21
Modestor	29	Pirro	14	Seippel	30	Wahl	17
Molinari (G. de)	22	Plantet	21	Sighele	11	Weber	11
Mollien	16	Platon	12	Sigogne	30	Weil (D.)	29
Monnier	29	Podmore	24	Silvestre	16	Weill (G.)	17
Monod (G.)	22	Poey	30	Skarzynski	30	Welschinger	14
Monteil	19	Prat	10, 30	Socrate	12	Whitney	23
Morel-Fatio	21	Preyer	10	Sollier	5, 11	Wulff (de)	13
Mortillet (de)	25	Proal	10	Sorel (A.)	21, 30	Wundt	5
Mosso	4, 25	Puech	10	Sorin	18	Wurtz	24
Muller (Max)	9	Quatrefages (de)	23, 25	Souriau	5, 11	Wylin	30
Murisier	4	Queyrat	4	Spencer	3, 8, 23, 24	Yung	23, 25
Myers	8, 9	Rageot	10	Spinoza	13	Zapletal	30
Naville (A.)	4	Rambaud (A.)	21	Spir	12	Zeller	5
Naville (Ernest)	9	Rauh	10	Spuller	17, 19	Zevort	17
Nayrac	10	Recéjac	10	Staffer	11	Ziegler	5
Nepluyeff	29	Recouly	10	Stallo	24	Zivy	30
Niewenglowski	23	Regnaud	4, 30	Stanley Jevons	21, 24	Zolla	30

TABLE DES AUTEURS ÉTUDIÉS

Albéroni	21	Diderot	27	Lamennais	3	Renan	2
Aristote	12, 14, 29	Disraëli	14	Lavoisier	24	Renouvier	24
Anselme (Saint)	14	Epicure	12	Leibniz	8, 12	Saint-Simon	7
Augustin (Saint)	14	Erasme	14	Leroux (Pierre)	11	Schiller	13, 30
Avicenne	14	Fernel (Jean)	12, 13	Littré	23, 30	Schopenhauer	4
Bach	14	Feuerbach	9, 13	Lucrèce	19	Secrétan	4
Bacon	13	Fichte	7, 9, 13	Maine de Biran	14	Straton de Lampsaque	12
Barthélemy	21	Gassendi	13	Maistre (J. de)	14	Simonide	19
Baur (Christian)	5	Gazali	14	Malebranche	13, 14	Socrate	12, 14
Bayle	6	Guyau	7, 26	Montaigne	14	Spencer (Herbert)	6, 8
Beethoven	14	Hegel	14	Napoléon	16	Spinoza	6, 11, 12, 14
Bernadotte	14	Heine	9	Nietzsche	4, 5, 7	Stuart Mill	9
Bismarck	14, 18	Herbart	13, 20	Okoubo	14	Sully Prudhomme	8
Bouvier (Aug.)	30	Hobbes	4	Ovide	30	Tacite	26
César Franck	14	Horace	19	Palestrina	14	Taine	6, 9
Chamberlain	14	Hume	8	Pascal	11, 13, 14, 18	Tatien	30
Comte (Aug.)	5, 7, 9, 30	Ibsen	4	Pestalozzi	30	Thomas (Saint)	29
Condillac	6	Jacobi	9, 13	Platon	14	Tibulle	30
Condorcet	16	Kant	2, 7, 10, 13, 14, 29	Poë	9	Tolstoï	4
Cousin	2	Lamarck	3	Prim	14	Voltaire	13
Darwin	3, 25	Lamb	20	Reid	17	Wagner (Richard)	9
Descartes	9, 13						

3445. — Imp. Motteroz et Martinet, rue Saint-Benoît, 7, Paris.

www.ingramcontent.com/pod-product-compliance
Lightning Source LLC
Chambersburg PA
CBHW050321170426
43200CB00009BA/1410